YOUR
HOROSCOPE
2015

LIBRA

Your Personal

Horoscope

2015

Libra

YOUR PERSONAL HOROSCOPE 2015

LIBRA

24th September–23rd October

igl00books

Published in 2014
by Igloo Books Ltd

Cottage Farm
Sywell
NN6 0BJ
www.igloobooks.com

Produced for Igloo Books by W. Foulsham & Co. Ltd, The Old Barrel Store,
Drayman's Lane, Marlow, Bucks SL7 2FF, England

HUN001 0714
2 4 6 8 10 9 7 5 3 1
ISBN: 978-1-783-43642-2

This is an abridged version of material originally published
in Old Moore's Horoscope and Astral Diary.

Printed and manufactured in China

CONTENTS

CONTENTS

INTRODUCTION

Your Personal Horoscopes have been specifically created to allow you to get the most from astrological patterns and the way they have a bearing on not only your zodiac sign, but nuances within it. Using the diary section of the book you can read about the influences and possibilities of each and every day of the year. It will be possible for you to see when you are likely to be cheerful and happy or those times when your nature is in retreat and you will be more circumspect. The diary will help to give you a feel for the specific 'cycles' of astrology and the way they can subtly change your day-to-day life. For example, when you see the sign ☿, this means that the planet Mercury is retrograde at that time. Retrograde means it appears to be running backwards through the zodiac. Such a happening has a significant effect on communication skills, but this is only one small aspect of how the Personal Horoscope can help you.

With Your Personal Horoscope the story doesn't end with the diary pages. It includes simple ways for you to work out the zodiac sign the Moon occupied at the time of your birth, and what this means for your personality. In addition, if you know the time of day you were born, it is possible to discover your Ascendant, yet another important guide to your personal make-up and potential.

Many readers are interested in relationships and in knowing how well they get on with people of other astrological signs. You might also be interested in the way you appear to very different sorts of individuals. If you are such a person, the section on Venus will be of particular interest. Despite the rapidly changing position of this planet, you can work out your Venus sign, and learn what bearing it will have on your life.

Using Your Personal Horoscope you can travel on one of the most fascinating and rewarding journeys that anyone can take – the journey to a better realisation of self.

THE ESSENCE OF LIBRA

Exploring the Personality of Libra the Scales

(24TH SEPTEMBER – 23RD OCTOBER)

What's in a sign?

At heart you may be the least complicated of all the zodiac sign types, though your ruling element is Air, and that is always going to supply some surprises. Diplomatic, kind and affectionate, your nature blows like a refreshing breeze through the lives of almost anyone you meet. It isn't like you to be gloomy for very long at a time, and you know how to influence the world around you.

It's true that you don't like dirt, or too much disorganisation, and you tend to be very artistic by inclination. You get your own way in life, not by dint of making yourself unpopular in any way but rather with the sort of gentle persuasion to which almost everyone you know falls victim at one time or another. Being considerate of others is more or less second nature to you, though you may not be quite as self-sacrificing as sometimes appears to be the case. You definitely know what you want from life and are not above using a little subterfuge when it comes to getting it.

You are capable and resourceful, but just a little timid on occasions. All the same, when dealing with subject matter that you know and relish, few can better you out there in the practical world. You know how to order your life and can be just as successful in a career sense as you tend to be in your home life. There are times when personal attractions can be something of a stumbling block because you love readily and are very influenced by the kindness and compliments of those around you.

Librans do need to plan ahead, but don't worry about this fact too much because you are also extremely good at thinking on your feet. Getting others to do your bidding is a piece of cake because you are not tardy when it comes to showing your affections. Nevertheless you need to be careful not to allow yourself to fall into

9

unreliable company, or to get involved in schemes that seem too good to be true – some of them are. But for most of the time you present a happy picture to the world and get along just fine, with your ready smile and adaptable personality. You leave almost any situation happier and more contented than it was when you arrived.

Libra resources

When it comes to getting on in life you have as much ammunition in your armoury as most zodiac signs and a great deal more than some. For starters you are adaptable and very resourceful. When you have to take a leap in logic there is nothing preventing you from doing so, and the strong intuition of which your zodiac sign is capable can prove to be very useful at times.

One of your strongest points is the way you manage to make others love you. Although you might consider yourself to be distinctly 'ordinary', that's not the way the world at large perceives you. Most Librans have the ability to etch themselves onto the minds of practically everyone they come across. Why? It's simple. You listen to what people have to say and appear to be deeply interested. On most occasions you are, but even if the tale is a tedious one you give the impression of being rooted to the spot with a determination to hear the story right through. When it comes to responding you are extremely diplomatic and always manage to steer a sensible course between any two or more opposing factions.

Having said that you don't like dirt or untidy places, this is another fact that you can turn to your advantage, because you can always find someone who will help you out. So charming can Libra be that those who do all they can to make you more comfortable regularly end up feeling that you have done them a favour.

It is the sheer magic of the understated Libran that does the trick every time. Even on those rare occasions when you go out with all guns blazing to get what you want from life, you are very unlikely to make enemies on the way. Of course you do have to be careful on occasions, like everyone, but you can certainly push issues further than most. Why? Mainly because people don't realise that you are doing so.

You could easily sell any commodity – though it might be necessary to believe in it yourself first. Since you can always see the good points in anything and tend to be generally optimistic, that should not be too problematical either.

Beneath the surface

In many respects Libra could be the least complicated sign of the zodiac so it might be assumed that 'what you see is what you get'. Life is rarely quite that simple, though you are one of the most straightforward people when it comes to inner struggle. The fact is that most Librans simply don't have a great deal. Between subconscious motivation and in-your-face action there is a seamless process. Librans do need to be loved and this fact can be quite a strong motivation in itself towards any particular course of action. However, even this desire for affection isn't the most powerful factor when considering the sign of the Scales.

What matters most to you is balance, which is probably not at all surprising considering what your zodiac sign actually means. Because of this you would go to tremendous lengths to make sure that your inner resolves create the right external signs and actions to offer the peace that you are looking for most of all.

Like most people born under the Air signs you are not quite as confident as you sometimes appear to be. In the main you are modest and not given to boasting, so you don't attract quite the level of attention of your fellow Air signs, Gemini and Aquarius. All the same you are quite capable of putting on an act when it's necessary to give a good account of yourself in public. You could be quaking inside but you do have the ability to hide this from the world at large.

Librans exhibit such a strong desire to be kind to everyone they meet that they may hide their inner feelings from some people altogether. It's important to remember to be basically honest, even if that means upsetting others a little. This is the most difficult trait for Libra to deal with and may go part of the way to explaining why so many relationship break-ups occur for people born under this zodiac sign. However, as long as you find ways and means to explain your deepest emotional needs, at least to those you love, all should be well.

In most respects you tend to be an open book, particularly to those who take the trouble to look. Your nature is not over-deep, and you are almost certainly not on some secret search to find the 'real you'. Although Libra is sometimes accused of being superficial there are many people in the world who would prefer simplicity to complications and duplicity.

11

Making the best of yourself

This may be the easiest category by far for the zodiac sign of Libra. The fact is that you rarely do anything else but offer the best version of what you are. Presentation is second nature to Libra, which just loves to be noticed. Despite this you are naturally modest and so not inclined to go over the top in company. You can be relied upon to say and do the right things for most of the time. Even when you consider your actions to be zany and perhaps less acceptable, this is not going to be the impression that the majority of people would get.

In a work sense you need to be involved in some sort of occupation that is clean, allows for a sense of order and ultimately offers the ability to use your head as well as your hands. The fact is that you don't care too much for unsavoury sorts of work and need to be in an environment that suits your basically refined nature. If the circumstances are right you can give a great deal to your work and will go far. Librans also need to be involved with others because they are natural co-operators. For this reason you may not be at your best when working alone or in situations that necessitate all the responsibilities being exclusively yours.

When in the social mainstream you tend to make the best of yourself by simply being what you naturally are. You don't need frills and fancies. Libra is able to make the best sort of impression by using the natural qualities inherent in the sign. As a result, your natural poise, your ability to cut through social divisions, your intelligence and your adaptability should all ensure that you remain popular.

What may occasionally prove difficult is being quite as dominant as the world assumes you ought to be. Many people equate efficiency with power. This is not the way of people born under the Scales, and you need to make that fact plain to anyone who seems to have the desire to shape you.

The impressions you give

Although the adage 'what you see is what you get' may be truer for Libra than for any of its companion signs, it can't be exclusively the case. However, under almost all circumstances you are likely to make friends. You are a much shrewder operator than sometimes appears to be the case and tend to weigh things in the balance very carefully. Libra can be most things to most people, and that's the sort of adaptability that ensures success at both a social and a professional level.

The chances are that you are already well respected and deeply liked by most of the people you know. This isn't so surprising since you are not inclined to make waves of any sort. Whether or not this leads to you achieving the degree of overall success that you deserve in life is quite a different matter. When impressions count you don't tend to let yourself down, or the people who rely on you. Adapting yourself to suit different circumstances is the meat and drink of your basic nature and you have plenty of poise and charm to disarm even the most awkward of people.

In affairs of the heart you are equally adept at putting others at their ease. There is very little difficulty involved in getting people to show their affection for you and when it comes to romance you are one of the most successful practitioners to be found anywhere. The only slight problem in this area of life, as with others, is that you are so talented at offering people what they want that you might not always be living the sort of life that genuinely suits you. Maybe giving the right impression is a little too important for Libra. A deeper form of honesty from the start would prevent you from having to show a less charming side to your nature in the end.

In most circumstances you can be relied upon to exhibit a warm, affectionate, kind, sincere and interesting face to the world at large. As long as this underpins truthfulness it's hard to understand how Libra could really go far wrong.

The way forward

You must already be fairly confident that you have the necessary skills and natural abilities to get on well in a world that is also filled with other people. From infancy most Librans learn how to rub along with others, whilst offering every indication that they are both adaptable and amenable to change. Your chameleon-like ability to 'change colour' in order to suit prevailing circumstances means that you occasionally drop back to being part of the wallpaper in the estimation of at least some people. A greater ability to make an impression probably would not go amiss sometimes, but making a big fuss isn't your way and you actively seek an uncomplicated sort of life.

Balance is everything to Libra, a fact that means there are times when you end up with nothing at all. What needs to be remembered is that there are occasions when everyone simply has to make a decision. This is the hardest thing in the world for you to do but when you manage it you become even more noticed by the world at large.

There's no doubt that people generally hold you in great affection. They know you to be quite capable and love your easy-going attitude to life. You are rarely judgmental and tend to offer almost anyone the benefit of the doubt. Although you are chatty, and inclined to listen avidly to gossip, it isn't your natural way to be unkind, caustic or backbiting. As a result it would seem that you have all the prerequisites to live an extremely happy life. Alas, things are rarely quite that easy.

It is very important for you to demonstrate to yourself, as well as to others, that you are an individual with thoughts and feelings of your own. So often do you defer to the needs of those around you that the real you gets somewhat squashed on the way. There have to be times when you are willing to say 'yes' or 'no' unequivocally, instead of a noncommittal 'I don't really mind' or 'whatever you think best'. At the end of the day you do have opinions and can lead yourself into the path of some severe frustrations if you are unwilling to voice them in the first place.

Try to be particularly honest in deep, emotional attachments. Many Libran relationships come to grief simply because there isn't enough earthy honesty present in the first place. People knowing how you feel won't make them care for you any less. A fully integrated, truthful Libran, with a willingness to participate in the decision making, turns out to be the person who is both successful and happy.

LIBRA ON THE CUSP

Astrological profiles are altered for those people born at either the beginning or the end of a zodiac sign, or, more properly, on the cusps of a sign. In the case of Libra this would be on the 24th of September and for two or three days after, and similarly at the end of the sign, probably from the 21st to the 23rd of October.

The Virgo Cusp – September 24th to 26th

Here we find a Libran subject with a greater than average sense of responsibility and probably a better potential for success than is usually the case for Libra when taken alone. The Virgoan tendency to take itself rather too seriously is far less likely when the sign is mixed with Libra and the resultant nature is often deeply inspiring, and yet quite centred. The Virgo-cusp Libran has what it takes to break through the red tape of society, and yet can understand the need for its existence in the first place. You are caring and concerned, quick on the uptake and very ready to listen to any point of view but, at the end of the day, you know when it is going to be necessary to take a personal stance and this you are far more willing to do than would be the case for non-cuspid Librans.

Family members are important to you, but you always allow them their own individuality and won't get in the way of their personal need to spread their own wings, even at times when it's hard to take this positive stance. Practically speaking, you are a good home-maker but you also enjoy travelling and can benefit greatly from seeing the way other cultures think and behave. It is true that you can have the single- mindedness of a Virgoan, but even this aspect is modified by the Libran within you, so that you usually try to see alternative points of view and often succeed in doing so.

At work you really come into your own. Not only are you capable enough to deal with just about any eventuality, you are also willing to be flexible and to make up your mind instantly when it proves necessary to do so. Colleagues and subordinates alike tend to trust you. You may consider self-employment, unlike most Librans who are usually very worried by this prospect. Making your way in life is something you tend to take for granted, even when the going gets tough.

What people most like about you is that, despite your tremendously practical approach to life, you can be very zany and retain a sense of fun that is, at its best, second to none. Few people find you difficult to understand or to get on with in a day-to-day sense.

The Scorpio Cusp – October 21st to 23rd

The main difference between this cusp and the one at the Virgo end of Libra, is that you tend to be more emotionally motivated and of a slightly less practical nature. Routines are easy for you to address, though you can become very restless and tend to find your own emotional responses difficult to deal with. Sometimes even you don't understand what makes you tick, and that can be a problem. Actually you are not as complicated as you may have come to believe. It's simply that you have a unique view of life and one that doesn't always match that of the people around you, but as Libra instinctively wants to conform, this can lead to some personal confusion.

In family matters you are responsible, very caring and deeply committed to others. It's probable that you work in some field that finds you in direct contact with the public at large and many Scorpio-cusp Librans choose welfare, social or hospital work as a first choice. When it comes to love, you are flexible in your choice and the necessary attributes to promote a long-lasting and happy relationship are clearly present in your basic nature. If there are problems, they may come about as a result of your inability to choose properly in the first place, because you are the first to offer anyone the benefit of the doubt.

When it comes to the practicalities of life, Scorpio can prove to be extremely useful. It offers an 'edge' to your nature and, as Scorpio is a Fixed sign, you are less likely to lose ground because of lack of confidence than Libra alone would be. Your future can be bright, but only if you are willing to get involved in something that really interests you in the first place. You certainly do not care for getting your hands dirty and tend to gravitate towards more refined positions.

Creative potential is good and you could be very artistic, though if this extends to fine art, at least some of your pictures will have 'dark' overtones that might shock some people, including yourself. At base you are kind, caring, complicated, yet inspiring.

LIBRA AND ITS
ASCENDANTS

The nature of every individual on the planet is composed of the rich variety of zodiac signs and planetary positions that were present at the time of their birth. Your Sun sign, which in your case is Libra, is one of the many factors when it comes to assessing the unique person you are. Probably the most important consideration, other than your Sun sign, is to establish the zodiac sign that was rising over the eastern horizon at the time that you were born. This is your Ascending or Rising sign. Most popular astrology fails to take account of the Ascendant, and yet its importance remains with you from the very moment of your birth, through every day of your life. The Ascendant is evident in the way you approach the world, and so, when meeting a person for the first time, it is this astrological influence that you are most likely to notice first. Our Ascending sign essentially represents what we appear to be, while the Sun sign is what we feel inside ourselves.

The Ascendant also has the potential for modifying our overall nature. For example, if you were born at a time of day when Libra was passing over the eastern horizon (this would be around the time of dawn) then you would be classed as a double Libran. As such, you would typify this zodiac sign, both internally and in your dealings with others. However, if your Ascendant sign turned out to be a Water sign, such as Pisces, there would be a profound alteration of nature, away from the expected qualities of Libra.

One of the reasons why popular astrology often ignores the Ascendant is that it has always been rather difficult to establish. We have found a way to make this possible by devising an easy-to-use table, which you will find on page 157 of this book. Using this, you can establish your Ascendant sign at a glance. You will need to know your rough time of birth, then it is simply a case of following the instructions.

For those readers who have no idea of their time of birth it might be worth allowing a good friend, or perhaps your partner, to read through the section that follows this introduction. Someone who deals with you on a regular basis may easily discover your Ascending sign, even though you could have some difficulty establishing it for yourself. A good understanding of this component of your nature is essential if you want to be aware of that 'other person' who is responsible for the way you make contact with the world at large. Your Sun sign, Ascendant sign, and the other pointers in this book will, together, allow you a far better understanding of what makes you tick as an individual. Peeling back the different layers of your astrological make-up can be an enlightening experience, and the Ascendant may represent one of the most important layers of all.

Libra with Libra Ascendant

There is no doubt that you carry the very best of all Libran worlds in your nature, though at the same time there is a definite possibility that you often fall between two stools. The literal advice as a result is that you must sometimes make a decision, even though it isn't all that easy for you to do so. Not everyone understands your easy-going side and there are occasions when you could appear to be too flippant for your own good.

The way you approach the world makes you popular, and there is no doubt at all that you are the most diplomatic person to be found anywhere in the length and breadth of the zodiac. It is your job in life to stop people disagreeing and since you can always see every point of view, you make a good impression on the way.

Relationships can sometimes be awkward for you because you can change your mind so easily. But love is never lacking and you can be fairly certain of a generally happy life. Over-indulging is always a potential problem for Air-sign people such as yourself, and there are times in your life when you must get the rest and relaxation which is so important in funding a strong nervous system. Drink plenty of water to flush out a system that can be over-high in natural salts.

Libra with Scorpio Ascendant

There is some tendency for you to be far more deep than the average Libran would appear to be, and for this reason it is crucial that you lighten up from time to time. Every person with a Scorpio quality needs to remember that there is a happy and carefree side to all events, and your Libran quality should allow you to bear this in mind. Sometimes you try to do too many things at the same time. This is fine if you take the casual overview of Libra, but less sensible when you insist on picking the last bone out of every potential, as is much more the case for Scorpio.

When worries come along, as they sometimes will, be able to listen to what your friends have to say and also realise that they are more than willing to work on your behalf, if only because you are so loyal to them. You do have a quality of self-deception, but this should not get in the way too much if you combine the instinctive actions of Libra with the deep intuition of your Scorpio component.

Probably the most important factor of this combination is your ability to succeed in a financial sense. You make a good manager, but not of the authoritarian sort. Jobs in the media or where you are expected to make up your mind quickly would suit you because there is always an underpinning of practical sense that rarely lets you down.

Libra with Sagittarius Ascendant

A very happy combination this, with a great desire for life in all its forms and a need to push forward the bounds of the possible in a way that few other zodiac sign connections would do. You don't like the unpleasant or ugly in life and yet you are capable of dealing with both if you have to. Giving so much to humanity, you still manage to retain a degree of individuality that would surprise many, charm others, and please all.

On the reverse side of the same coin you might find that you are sometimes accused of being fickle, but this is only an expression of your need for change and variety, which is endemic to both these signs. True, you have more of a temper than would be the case for Libra when taken on its own, but such incidents would see you up and down in a flash, and it is almost impossible for you to bear a grudge of any sort. Routines get on your nerves and you are far happier when you can please yourself and get ahead at your own pace, which is quite fast.

As a lover you can make a big impression and most of you will not go short of affection in the early days, before you choose to commit yourself. Once you do, there is always a chance of romantic problems, but these are less likely when you have chosen carefully in the first place.

Libra with Capricorn Ascendant

It is a fact that Libra is the most patient of the Air signs, though like the others it needs to get things done fairly quickly. Capricorn, on the other hand, will work long and hard to achieve its objectives and will not be thwarted in the end. As a result this is a quite powerful sign combination and one that should lead to ultimate success.

Capricorn is often accused of taking itself too seriously and yet it has an ironic and really very funny sense of humour which only its chief confidants recognise. Libra is lighthearted, always willing to have fun and quite anxious to please. When these two basic types come together in their best forms, you might find yourself to be one of the most well- balanced people around. Certainly you know what you want, but you don't have to use a bulldozer in order to get it.

Active and enthusiastic when something really takes your fancy, you might also turn out to be one of the very best lovers of them all. The reason for this is that you have the depth of Capricorn but the lighter and more directly affectionate qualities of the Scales. What you want from life in a personal sense, you eventually tend to get, but you don't care too much if this takes you a while. Few people could deny that you are a faithful friend, a happy sort and a deeply magnetic personality.

Libra with Aquarius Ascendant

Stand by for a truly interesting and very inspiring combination here, but one that is sometimes rather difficult to fathom, even for the sort of people who believe themselves to be very perceptive. The reason for this could be that any situation has to be essentially fixed and constant in order to get a handle on it, and this is certainly not the case for the Aquarian–Libran type. The fact is that both these signs are Air signs, and to a certain extent as unpredictable as the wind itself.

To most people you seem to be original, frank, free and very outspoken. Not everything you do makes sense to others, and if you were alive during the hippy era, it is likely that you went around with flowers in your hair, for you are a free-thinking idealist at heart. With age you mature somewhat, but never too much, because you will always see the strange, the comical and the original in life. This is what keeps you young and is one of the factors that makes you so very attractive to members of the opposite sex. Many people will want to 'adopt' you, and you are at your very best when in company.

Much of your effort is expounded on others and yet, unless you discipline yourself a good deal, personal relationships of the romantic sort can bring certain difficulties. Careful planning is necessary.

Libra with Pisces Ascendant

An Air and Water combination, you are not easy to understand and have depths that show at times, surprising those people who thought they already knew what you were. You will always keep people guessing and are just as likely to hitchhike around Europe as you are to hold down a steady job, both of which you would undertake with the same degree of commitment and success. Usually young at heart, but always carrying the potential for an old head on young shoulders, you are something of a paradox and not at all easy for totally 'straight' types to understand. But you always make an impression and tend to be very attractive to members of the opposite sex.

In matters of health you do have to be a little careful because you dissipate much nervous energy and can sometimes be inclined to push yourself too hard, at least in a mental sense. Frequent periods of rest and meditation will do you the world of good and should improve your level of wisdom, which tends to be fairly high already. Much of your effort in life is expounded on behalf of humanity as a whole, for you care deeply, love totally and always give of your best. Whatever your faults and failings might be, you are one of the most popular people around.

Libra with Aries Ascendant

Libra has the tendency to bring out the best in any zodiac sign, and this is no exception when it comes together with Aries. You may, in fact, be the most comfortable of all Aries types, simply because Libra tempers some of your more assertive qualities and gives you the chance to balance out opposing forces, both inside yourself and in the world outside. You are fun to be with and make the staunchest friend possible. Although you are generally affable, few people would try to put one over on you because they would quickly come to know how far you are willing to go before you let forth a string of invective that would shock those who previously underestimated your basic Aries traits.

Home and family are very dear to you, but you are more tolerant than some Aries types are inclined to be and you have a youthful zest for life that should stay with you no matter what age you manage to achieve. There is always something interesting to do and your mind is a constant stream of possibilities. This makes you very creative and you may also demonstrate a desire to look good at all times. You may not always be quite as confident as you appear to be, but few would guess the fact.

Libra with Taurus Ascendant

A fortunate combination in many ways, this is a double-Venus rulership, since both Taurus and Libra are heavily reliant on the planet of love. You are social, amiable and a natural diplomat, anxious to please and ready to care for just about anyone who shows interest in you. You hate disorder, which means that there is a place for everything and everything in its place. This can throw up the odd paradox however, since being half Libran you cannot always work out where that place ought to be! You deal with life in a humorous way and are quite capable of seeing the absurd in yourself, as well as in others. Your heart is no bigger than that of the quite typical Taurean, but it sits rather closer to the surface and so others recognise it more.

On those occasions when you know you are standing on firm ground you can show great confidence, even if you have to be ready to change some of your opinions at the drop of a hat. When this happens you can be quite at odds with yourself, because Taurus doesn't take very many U-turns, whereas Libra does. Don't expect to know yourself too well, and keep looking for the funny side of things, because it is within humour that you forge the sort of life that suits you best.

Libra with Gemini Ascendant

What a happy-go-lucky soul you are and how popular you tend to be with those around you. Libra is, like Gemini, an Air sign and this means that you are the communicator par excellence, even by Gemini standards. It can sometimes be difficult for you to make up your mind about things because Libra does not exactly aid this process, and especially not when it is allied to Mercurial Gemini. Frequent periods of deep thought are necessary, and meditation would do you a great deal of good. All the same, although you might sometimes be rather unsure of yourself, you are rarely without a certain balance. Clean and tidy surroundings suit you the best, though this is far from easy to achieve because you are invariably dashing off to some place or other, so you really need someone to sort things out in your absence.

The most important fact of all is that you are much loved by your friends, of which there are likely to be very many. Because you are so willing to help them out, in return they are usually there when it matters and they would probably go to almost any length on your behalf. You exhibit a fine sense of justice and will usually back those in trouble. Charities tend to be attractive to you and you do much on behalf of those who live on the fringes of society or people who are truly alone.

Libra with Cancer Ascendant

What an absolutely pleasant and approachable sort of person you are, and how much you have to offer. Like most people associated with the sign of Cancer you give yourself freely to the world, and will always be on hand if anyone is in trouble or needs the special touch you can bring to almost any problem. Behaving in this way is the biggest part of what you are and so people come to rely on you very heavily. Like Libra you can see both sides of any coin and you exhibit the Libran tendency to jump about from one foot to the other when it is necessary to make decisions relating to your own life. This is not usually the case when you are dealing with others however, because the cooler and more detached qualities of Cancer will show through in these circumstances.

It would be fair to say that you do not deal with routines as well as Cancer alone might do and you need a degree of variety in your life, which in your case often comes in the form of travel, which can be distant and of long duration. It isn't unusual for people who have this zodiac combination to end up living abroad, though even this does little to prevent you from getting itchy feet from time to time. In romance you show an original quality that keeps the relationship young and working very well.

Libra with Leo Ascendant

Libra brings slightly more flexibility to the fixed quality of the Leo nature. On the whole you do not represent a picture that is so much different from other versions of the Lion, though you find more time to smile, enjoy changing your mind a great deal more and have a greater number of casual friends. Few would find you proud or haughty and you retain the common touch that can be so important when it comes to getting on in life generally. At work you like to do something that brings variety, and would probably soon tire of doing the same task over and over again. Many of you are teachers, for you have patience, allied to a stubborn core. This can be an indispensable combination on occasions and is part of the reason for the material success that many folk with this combination of signs achieve.

It isn't often that you get down in the dumps, after all there is generally something more important around the next corner, and you love the cut and thrust of everyday life. You always manage to stay young at heart, no matter what your age might be, and you revel in the company of interesting and stimulating types. Maybe you should try harder to concentrate on one thing at once and also strive to retain a serious opinion for more than ten minutes at a time. However, Leo helps to control your flighty tendencies.

Libra with Virgo Ascendant

Libra has the ability to lighten almost any load, and it is particularly good at doing so when it is brought together with the much more repressed sign of Virgo. To the world at large you seem relaxed, happy and able to cope with most of the pressures that life places upon you. Not only do you deal with your own life in a bright and breezy manner but you are usually on hand to help others out of any dilemma that they might make for themselves. With excellent powers of communication, you leave the world at large in no doubt whatsoever concerning both your opinions and your wishes. It is in the talking stakes that you really excel because Virgo brings the silver tongue of Mercury and Libra adds the Air-sign desire to be in constant touch with the world outside your door.

You like to have a good time and can often be found in the company of interesting and stimulating people, who have the ability to bring out the very best in your bright and sparkling personality. Underneath however, there is still much of the worrying Virgoan to be found and this means that you have to learn to relax inside as well as appearing to do so externally. In fact you are much more complex than most people would realise, and definitely would not be suited to a life that allowed you too much time to think about yourself.

Libra with Virgo Ascendant

THE MOON AND THE PART IT PLAYS IN YOUR LIFE

In astrology the Moon is probably the single most important heavenly body after the Sun. Its unique position, as partner to the Earth on its journey around the solar system, means that the Moon appears to pass through the signs of the zodiac extremely quickly. The zodiac position of the Moon at the time of your birth plays a great part in personal character and is especially significant in the build-up of your emotional nature.

Your Own Moon Sign

Discovering the position of the Moon at the time of your birth has always been notoriously difficult because tracking the complex zodiac positions of the Moon is not easy. This process has been reduced to three simple stages with our Lunar Tables. A breakdown of the Moon's zodiac positions can be found from page 35 onwards, so that once you know what your Moon Sign is, you can see what part this plays in the overall build-up of your personal character.

If you follow the instructions on the next page you will soon be able to work out exactly what zodiac sign the Moon occupied on the day that you were born and you can then go on to compare the reading for this position with those of your Sun sign and your Ascendant. It is partly the comparison between these three important positions that goes towards making you the unique individual you are.

HOW TO DISCOVER YOUR MOON SIGN

This is a three-stage process. You may need a pen and a piece of paper but if you follow the instructions below the process should only take a minute or so.

STAGE 1 First of all you need to know the Moon Age at the time of your birth. If you look at Moon Table 1, on page 33, you will find all the years between 1917 and 2015 down the left side. Find the year of your birth and then trace across to the right to the month of your birth. Where the two intersect you will find a number. This is the date of the New Moon in the month that you were born. You now need to count forward the number of days between the New Moon and your own birthday. For example, if the New Moon in the month of your birth was shown as being the 6th and you were born on the 20th, your Moon Age Day would be 14. If the New Moon in the month of your birth came after your birthday, you need to count forward from the New Moon in the previous month. Whatever the result, jot this number down so that you do not forget it.

STAGE 2 Take a look at Moon Table 2 on page 34. Down the left hand column look for the date of your birth. Now trace across to the month of your birth. Where the two meet you will find a letter. Copy this letter down alongside your Moon Age Day.

STAGE 3 Moon Table 3 on page 34 will supply you with the zodiac sign the Moon occupied on the day of your birth. Look for your Moon Age Day down the left hand column and then for the letter you found in Stage 2. Where the two converge you will find a zodiac sign and this is the sign occupied by the Moon on the day that you were born.

Your Zodiac Moon Sign Explained

You will find a profile of all zodiac Moon Signs on pages 35 to 38, showing in yet another way how astrology helps to make you into the individual that you are. In each daily entry of the Astral Diary you can find the zodiac position of the Moon for every day of the year. This also allows you to discover your lunar birthdays. Since the Moon passes through all the signs of the zodiac in about a month, you can expect something like twelve lunar birthdays each year. At these times you are likely to be emotionally steady and able to make the sort of decisions that have real, lasting value.

MOON TABLE 1

YEAR	AUG	SEP	OCT	YEAR	AUG	SEP	OCT	YEAR	AUG	SEP	OCT
1917	17	15	15	1950	13	12	11	1983	8	7	6
1918	6	4	4	1951	2	1	1/30	1984	26	25	24
1919	25	23	23	1952	20	19	18	1985	16	14	14
1920	14	12	12	1953	9	8	8	1986	5	4	3
1921	3	2	1/30	1954	28	27	26	1987	24	23	22
1922	22	21	20	1955	17	16	15	1988	12	11	10
1923	12	10	10	1956	6	4	4	1989	1/31	29	29
1924	30	28	28	1957	25	23	23	1990	20	19	18
1925	19	18	17	1958	15	13	12	1991	9	8	8
1926	8	7	6	1959	4	3	2/31	1992	28	26	25
1927	27	25	25	1960	22	21	20	1993	17	16	15
1928	16	14	14	1961	11	10	9	1994	7	5	5
1929	5	3	2	1962	30	28	28	1995	26	24	24
1930	24	22	20	1963	19	17	17	1996	14	13	11
1931	13	12	11	1964	7	6	5	1997	3	2	2/31
1932	2/31	30	29	1965	26	25	24	1998	22	20	20
1933	21	19	19	1966	16	14	14	1999	11	10	8
1934	10	9	8	1967	5	4	3	2000	29	27	27
1935	29	27	27	1968	24	23	22	2001	19	17	17
1936	17	15	15	1969	12	11	10	2002	8	6	6
1937	6	4	4	1970	2	1	1/30	2003	27	26	25
1938	25	23	23	1971	20	19	19	2004	14	13	12
1939	15	13	12	1972	9	8	8	2005	4	3	2
1940	4	2	1/30	1973	28	27	26	2006	23	22	21
1941	22	21	20	1974	17	16	15	2007	13	12	11
1942	12	10	10	1975	7	5	5	2008	1/31	30	29
1943	1/30	29	29	1976	25	23	23	2009	20	19	18
1944	18	17	17	1977	14	13	12	2010	10	8	8
1945	8	6	6	1978	4	2	2/31	2011	29	27	27
1946	26	25	24	1979	22	21	20	2012	17	16	15
1947	16	14	14	1980	11	10	9	2013	6	4	4
1948	5	3	2	1981	29	28	27	2014	24	23	22
1949	24	23	21	1982	19	17	17	2015	15	13	12

TABLE 2   MOON TABLE 3

DAY	SEP	OCT	M/D	X	Y	Z	a	b	d	e
1	X	a	0	VI	VI	LI	LI	LI	LI	SC
2	X	a	1	VI	LI	LI	LI	LI	SC	SC
3	X	a	2	LI	LI	LI	LI	SC	SC	SC
4	Y	b	3	LI	LI	SC	SC	SC	SC	SA
5	Y	b	4	LI	SC	SC	SC	SA	SA	SA
6	Y	b	5	SC	SC	SC	SA	SA	SA	CP
7	Y	b	6	SC	SA	SA	SA	CP	CP	CP
8	Y	b	7	SA	SA	SA	SA	CP	CP	AQ
9	Y	b	8	SA	SA	CP	CP	CP	CP	AQ
10	Y	b	9	SA	CP	CP	CP	AQ	AQ	AQ
11	Y	b	10	CP	CP	CP	AQ	AQ	AQ	PI
12	Y	b	11	CP	AQ	AQ	AQ	PI	PI	PI
13	Y	b	12	AQ	AQ	AQ	PI	PI	PI	AR
14	Z	d	13	AQ	AQ	PI	PI	AR	PI	AR
15	Z	d	14	PI	PI	PI	AR	AR	AR	TA
16	Z	d	15	PI	PI	PI	AR	AR	AR	TA
17	Z	d	16	PI	AR	AR	AR	AR	TA	TA
18	Z	d	17	AR	AR	AR	AR	TA	TA	GE
19	Z	d	18	AR	AR	AR	TA	TA	GE	GE
20	Z	d	19	AR	TA	TA	TA	TA	GE	GE
21	Z	d	20	TA	TA	TA	GE	GE	GE	CA
22	Z	d	21	TA	GE	GE	GE	GE	CA	CA
23	Z	d	22	GE	GE	GE	GE	CA	CA	CA
24	a	e	23	GE	GE	GE	CA	CA	CA	LE
25	a	e	24	GE	CA	CA	CA	CA	LE	LE
26	a	e	25	CA	CA	CA	CA	LE	LE	LE
27	a	e	26	CA	LE	LE	LE	LE	VI	VI
28	a	e	27	LE	LE	LE	LE	VI	VI	VI
29	a	e	28	LE	LE	LE	VI	VI	VI	LI
30	a	e	29	LE	VI	VI	VI	VI	LI	LI
31	–	e								

AR = Aries, TA = Taurus, GE = Gemini, CA = Cancer, LE = Leo, VI = Virgo,
LI = Libra, SC = Scorpio, SA = Sagittarius, CP = Capricorn, AQ = Aquarius, PI = Pisces

MOON SIGNS

Moon in Aries

You have a strong imagination, courage, determination and a desire to do things in your own way and forge your own path through life.

Originality is a key attribute; you are seldom stuck for ideas although your mind is changeable and you could take the time to focus on individual tasks. Often quick-tempered, you take orders from few people and live life at a fast pace. Avoid health problems by taking regular time out for rest and relaxation.

Emotionally, it is important that you talk to those you are closest to and work out your true feelings. Once you discover that people are there to help, there is less necessity for you to do everything yourself.

Moon in Taurus

The Moon in Taurus gives you a courteous and friendly manner, which means you are likely to have many friends.

The good things in life mean a lot to you, as Taurus is an Earth sign that delights in experiences which please the senses. Hence you are probably a lover of good food and drink, which may in turn mean you need to keep an eye on the bathroom scales, especially as looking good is also important to you.

Emotionally you are fairly stable and you stick by your own standards. Taureans do not respond well to change. Intuition also plays an important part in your life.

Moon in Gemini

You have a warm-hearted character, sympathetic and eager to help others. At times reserved, you can also be articulate and chatty: this is part of the paradox of Gemini, which always brings duplicity to the nature. You are interested in current affairs, have a good intellect, and are good company and likely to have many friends. Most of your friends have a high opinion of you and would be ready to defend you should the need arise. However, this is usually unnecessary, as you are quite capable of defending yourself in any verbal confrontation.

Travel is important to your inquisitive mind and you find intellectual stimulus in mixing with people from different cultures. You also gain much from reading, writing and the arts but you do need plenty of rest and relaxation in order to avoid fatigue.

Moon in Cancer

The Moon in Cancer at the time of birth is a fortunate position as Cancer is the Moon's natural home. This means that the qualities of compassion and understanding given by the Moon are especially enhanced in your nature, and you are friendly and sociable and cope well with emotional pressures. You cherish home and family life, and happily do the domestic tasks. Your surroundings are important to you and you hate squalor and filth. You are likely to have a love of music and poetry.

Your basic character, although at times changeable like the Moon itself, depends on symmetry. You aim to make your surroundings comfortable and harmonious, for yourself and those close to you.

Moon in Leo

The best qualities of the Moon and Leo come together to make you warm-hearted, fair, ambitious and self-confident. With good organisational abilities, you invariably rise to a position of responsibility in your chosen career. This is fortunate as you don't enjoy being an 'also-ran' and would rather be an important part of a small organisation than a menial in a large one.

You should be lucky in love, and happy, provided you put in the effort to make a comfortable home for yourself and those close to you. It is likely that you will have a love of pleasure, sport, music and literature. Life brings you many rewards, most of them as a direct result of your own efforts, although you may be luckier than average and ready to make the best of any situation.

Moon in Virgo

You are endowed with good mental abilities and a keen receptive memory, but you are never ostentatious or pretentious. Naturally quite reserved, you still have many friends, especially of the opposite sex. Marital relationships must be discussed carefully and worked at so that they remain harmonious, as personal attachments can be a problem if you do not give them your full attention.

Talented and persevering, you possess artistic qualities and are a good homemaker. Earning your honours through genuine merit, you work long and hard towards your objectives but show little pride in your achievements. Many short journeys will be undertaken in your life.

Moon in Libra

With the Moon in Libra you are naturally popular and make friends easily. People like you, probably more than you realise, you bring fun to a party and are a natural diplomat. For all its good points, Libra is not the most stable of astrological signs and, as a result, your emotions can be a little unstable too. Therefore, although the Moon in Libra is said to be good for love and marriage, your Sun sign and Rising sign will have an important effect on your emotional and loving qualities.

You must remember to relate to others in your decision-making. Co-operation is crucial because Libra represents the 'balance' of life that can only be achieved through harmonious relationships. Conformity is not easy for you because Libra, an Air sign, likes its independence.

Moon in Scorpio

Some people might call you pushy. In fact, all you really want to do is to live life to the full and protect yourself and your family from the pressures of life. Take care to avoid giving the impression of being sarcastic or impulsive and use your energies wisely and constructively.

You have great courage and you invariably achieve your goals by force of personality and sheer effort. You are fond of mystery and are good at predicting the outcome of situations and events. Travel experiences can be beneficial to you.

You may experience problems if you do not take time to examine your motives in a relationship, and also if you allow jealousy, always a feature of Scorpio, to cloud your judgement.

Moon in Sagittarius

The Moon in Sagittarius helps to make you a generous individual with humanitarian qualities and a kind heart. Restlessness may be intrinsic as your mind is seldom still. Perhaps because of this, you have a need for change that could lead you to several major moves during your adult life. You are not afraid to stand your ground when you know your judgement is right, you speak directly and have good intuition.

At work you are quick, efficient and versatile and so you make an ideal employee. You need work to be intellectually demanding and do not enjoy tedious routines.

In relationships, you anger quickly if faced with stupidity or deception, though you are just as quick to forgive and forget. Emotionally, there are times when your heart rules your head.

37

Moon in Capricorn

The Moon in Capricorn makes you popular and likely to come into the public eye in some way. The watery Moon is not entirely comfortable in the Earth sign of Capricorn and this may lead to some difficulties in the early years of life. An initial lack of creative ability and indecision must be overcome before the true qualities of patience and perseverance inherent in Capricorn can show through.

You have good administrative ability and are a capable worker, and if you are careful you can accumulate wealth. But you must be cautious and take professional advice in partnerships, as you are open to deception. You may be interested in social or welfare work, which suit your organisational skills and sympathy for others.

Moon in Aquarius

The Moon in Aquarius makes you an active and agreeable person with a friendly, easy-going nature. Sympathetic to the needs of others, you flourish in a laid-back atmosphere. You are broad-minded, fair and open to suggestion, although sometimes you have an unconventional quality which others can find hard to understand.

You are interested in the strange and curious, and in old articles and places. You enjoy trips to these places and gain much from them. Political, scientific and educational work interests you and you might choose a career in science or technology.

Money-wise, you make gains through innovation and concentration and Lunar Aquarians often tackle more than one job at a time. In love you are kind and honest.

Moon in Pisces

You have a kind, sympathetic nature, somewhat retiring at times, but you always take account of others' feelings and help when you can.

Personal relationships may be problematic, but as life goes on you can learn from your experiences and develop a better understanding of yourself and the world around you.

You have a fondness for travel, appreciate beauty and harmony and hate disorder and strife. You may be fond of literature and would make a good writer or speaker yourself. You have a creative imagination and may come across as an incurable romantic. You have strong intuition, maybe bordering on a mediumistic quality, which sets you apart from the mass. You may not be rich in cash terms, but your personal gifts are worth more than gold.

LIBRA IN LOVE

Discover how compatible you are with people from the same and other signs of the zodiac. Five stars equals a match made in heaven!

Libra meets Libra

This is a potentially successful match because Librans are extremely likeable people, and so it stands to reason that two Librans together will be twice as pleasant and twice as much fun. However, Librans can also be indecisive and need an anchor from which to find practical and financial success, and obviously one Libran won't provide this for another. Librans can be flighty in a romantic sense, so both parties will need to develop a steadfast approach for a long-term relationship. Star rating: ****

Libra meets Scorpio

Many astrologers have reservations about this match because, on the surface, the signs are so different. However, this couple may find fulfilment because these differences mean that their respective needs are met. Scorpio needs a partner to lighten the load which won't daunt Libra, while Libra looks for a steadfast quality which it doesn't possess, but Scorpio can supply naturally. Financial success is possible because they both have good ideas and back them up with hard work and determination. All in all, a promising outlook. Star rating: ****

Libra meets Sagittarius

Libra and Sagittarius are both adaptable signs who get on well with most people, but this promising outlook often does not follow through because each brings out the flighty side of the other. This combination is great for a fling, but when the romance is over someone needs to see to the practical side of life. Both signs are well meaning, pleasant and kind, but are either of them constant enough to build a life together? In at least some of the cases, the answer would be no. Star rating: ***

Libra meets Capricorn

Libra and Capricorn rub each other up the wrong way because their attitudes to life are so different, and although both are capable of doing something about this, in reality they probably won't. Capricorn is steady, determined and solid, while Libra is bright but sometimes superficial and not entirely reliable. They usually lack the instant spark needed to get them together in the first place, so when it does happen it is often because one of the partners is not typical of their sign. Star rating: **

Libra meets Aquarius

One of the best combinations imaginable, partly because both are Air signs and so share a common meeting point. But perhaps the more crucial factor is that both signs respect each other. Aquarius loves life and originality, and is quite intellectual. Libra is similar, but more balanced and rather less eccentric. A visit to this couple's house would be entertaining and full of zany wit, activity and excitement. Both are keen to travel and may prefer to 'find themselves' before taking on too many domestic responsibilities. Star rating: *****

Libra meets Pisces

Libra and Pisces can be extremely fond of each other, even deeply in love, but this alone isn't a stable foundation for long-term success. Pisces is extremely deep and doesn't even know itself very well. Libra may initially find this intriguing but will eventually feel frustrated at being unable to understand the Piscean's emotional and personal feelings. Pisces can be jealous and may find Libra's flightiness difficult, which Libra can't stand. They are great friends and they may make it to the romantic stakes, but when they get there a lot of effort will be necessary. Star rating: ***

Libra meets Aries

These are zodiac opposites which means a make-or-break situation. The match will either be a great success or a dismal failure. Why? Well, Aries finds it difficult to understand the flighty Air-sign tendencies of Libra, whilst the natural balance of Libra contradicts the unorthodox Arian methods. Any flexibility will come from Libra, which may mean that things work out for a while, but Libra only has so much patience and it may eventually run out. In the end, Aries may be just too bossy for an independent but sensitive sign like Libra. Star rating: **

Libra meets Taurus

A happy life is important to both these signs and, as they are both ruled by Venus, they share a common understanding, even though they display themselves so differently. Taurus is quieter than Libra, but can be decisive, and that's what counts. Libra is interested in absolutely everything, an infectious quality when seen through Taurean eyes. The slightly flighty qualities of Libra may lead to jealousy from the Bull. Not an argumentative relationship and one that often works well. There could be many changes of address for this pair. Star rating: ****

Libra meets Gemini

One of the best possible zodiac combinations. Libra and Gemini are both Air signs, which leads to a meeting of minds. Both signs simply love to have a good time, although Libra is the tidiest and less forgetful. Gemini's capricious nature won't bother Libra, who acts as a stabilising influence. Life should generally run smoothly, and any rows are likely to be short and sharp. Both parties genuinely like each other, which is of paramount importance in a relationship and, ultimately, there isn't a better reason for being or staying together. Star rating: *****

Libra meets Cancer

Almost anyone can get on with Libra, which is one of the most adaptable signs of them all. But being adaptable does not always lead to fulfilment and a successful match here will require a quiet Libran and a slightly more progressive Cancerian than the norm. Both signs are pleasant and polite, and like domestic order, but Libra may find Cancer too emotional and perhaps lacking in vibrancy, while Libra, on the other hand, may be a little too flighty for steady Cancer. Star rating: ***

Libra meets Leo

The biggest drawback here is likely to be in the issue of commitment. Leo knows everything about constancy and faithfulness, a lesson which, sadly, Libra needs to learn. Librans are easy-going and diplomatic, qualities which are useful when Leo is on the war-path. This couple should be compatible on a personal level and any problems tend to relate to the different way in which these signs deal with outside factors. With good will and an open mind, it can work out well enough. Star rating: ***

Libra meets Virgo

There have been some rare occasions when this match has found great success, but usually the darker and more inward-looking Virgoan depresses the naturally gregarious Libran. Libra appears self-confident, but is not so beneath the surface, and needs encouragement to develop inner confidence, which may not come from Virgo. Constancy can be a problem for Libra, who also tires easily and may find Virgo dull. A lighter, less serious approach to life from Virgo is needed to make this work. Star rating: **

VENUS:
THE PLANET OF LOVE

If you look up at the sky around sunset or sunrise you will often see Venus in close attendance to the Sun. It is arguably one of the most beautiful sights of all and there is little wonder that historically it became associated with the goddess of love. But although Venus does play an important part in the way you view love and in the way others see you romantically, this is only one of the spheres of influence that it enjoys in your overall character.

Venus has a part to play in the more cultured side of your life and has much to do with your appreciation of art, literature, music and general creativity. Even the way you look is responsive to the part of the zodiac that Venus occupied at the start of your life, though this fact is also down to your Sun sign and Ascending sign. If, at the time you were born, Venus occupied one of the more gregarious zodiac signs, you will be more likely to wear your heart on your sleeve, as well as to be more attracted to entertainment, social gatherings and good company. If on the other hand Venus occupied a quiet zodiac sign at the time of your birth, you would tend to be more retiring and less willing to shine in public situations.

It's good to know what part the planet Venus plays in your life for it can have a great bearing on the way you appear to the rest of the world and since we all have to mix with others, you can learn to make the very best of what Venus has to offer you.

One of the great complications in the past has always been trying to establish exactly what zodiac position Venus enjoyed when you were born because the planet is notoriously difficult to track. However, we have solved that problem by creating a table that is exclusive to your Sun sign, which you will find on the following page.

Establishing your Venus sign could not be easier. Just look up the year of your birth on the next page and you will see a sign of the zodiac. This was the sign that Venus occupied in the period covered by your sign in that year. If Venus occupied more than one sign during the period, this is indicated by the date on which the sign changed, and the name of the new sign. For instance, if you were born in 1950, Venus was in Virgo until the 4th October, after which time it was in Libra. If you were born before 4th October your Venus sign is Virgo, if you were born on or after 4th October, your Venus sign is Libra. Once you have established the position of Venus at the time of your birth, you can then look in the pages which follow to see how this has a bearing on your life as a whole.

1917 SCORPIO / 12.10 SAGITTARIUS
1918 VIRGO / 6.10 LIBRA
1919 SCORPIO / 12.10 SAGITTARIUS
1920 LIBRA / 30.9 SCORPIO
1921 LEO / 26.9 VIRGO /
    21.10 LIBRA
1922 SCORPIO / 11.10 SAGITTARIUS
1923 LIBRA / 16.10 SCORPIO
1924 LEO / 8.10 VIRGO
1925 SCORPIO / 12.10 SAGITTARIUS
1926 VIRGO / 6.10 LIBRA
1927 VIRGO
1928 LIBRA / 29.9 SCORPIO
1929 LEO / 26.9 VIRGO /
    20.10 LIBRA
1930 SCORPIO / 12.10 SAGITTARIUS
1931 LIBRA / 15.10 SCORPIO
1932 LEO / 7.10 VIRGO
1933 SCORPIO / 11.10 SAGITTARIUS
1934 VIRGO / 5.10 LIBRA
1935 VIRGO
1936 LIBRA / 28.9 SCORPIO
1937 LEO / 25.9 VIRGO /
    20.10 LIBRA
1938 SCORPIO / 14.10 SAGITTARIUS
1939 LIBRA / 14.10 SCORPIO
1940 LEO / 7.10 VIRGO
1941 SCORPIO / 11.10 SAGITTARIUS
1942 VIRGO / 5.10 LIBRA
1943 VIRGO
1944 LIBRA / 28.9 SCORPIO
1945 LEO / 25.9 VIRGO /
    19.10 LIBRA
1946 SCORPIO / 14.10 SAGITTARIUS
1947 LIBRA / 13.10 SCORPIO
1948 LEO / 7.10 VIRGO
1949 SCORPIO / 11.10 SAGITTARIUS
1950 VIRGO / 4.10 LIBRA
1951 VIRGO
1952 LIBRA / 27.9 SCORPIO
1953 VIRGO / 19.10 LIBRA
1954 SCORPIO / 16.10 SAGITTARIUS
1955 LIBRA / 12.10 SCORPIO
1956 LEO / 6.10 VIRGO
1957 SCORPIO / 10.10 SAGITTARIUS
1958 VIRGO / 4.10 LIBRA
1959 VIRGO / 28.9 LEO
1960 LIBRA / 27.9 SCORPIO
1961 VIRGO / 18.10 LIBRA
1962 SCORPIO / 16.10 SAGITTARIUS
1963 LIBRA / 12.10 SCORPIO
1964 LEO / 6.10 VIRGO
1965 SCORPIO / 9.10 SAGITTARIUS
1966 VIRGO / 4.10 LIBRA

1967 VIRGO / 3.10 LEO
1968 LIBRA / 26.9 SCORPIO
1969 VIRGO / 17.10 LIBRA
1970 SCORPIO / 19.10 SAGITTARIUS
1971 LIBRA / 11.10 SCORPIO
1972 LEO / 6.10 VIRGO
1973 SCORPIO / 9.10 SAGITTARIUS
1974 VIRGO / 3.10 LIBRA
1975 VIRGO / 5.10 LEO
1976 LIBRA / 26.9 SCORPIO
1977 VIRGO / 17.10 LIBRA
1978 SCORPIO / 19.10 SAGITTARIUS
1979 LIBRA / 11.10 SCORPIO
1980 LEO / 5.10 VIRGO
1981 SCORPIO / 9.10 SAGITTARIUS
1982 VIRGO / 3.10 LIBRA
1983 VIRGO / 7.10 LEO
1984 LIBRA / 25.9 SCORPIO
1985 VIRGO / 16.10 LIBRA
1986 SCORPIO
1987 LIBRA / 10.10 SCORPIO
1988 LEO / 5.10 VIRGO
1989 SCORPIO / 8.10 SAGITTARIUS
1990 VIRGO / 2.10 LIBRA
1991 VIRGO / 8.10 LEO
1992 LIBRA / 25.9 SCORPIO
1993 VIRGO / 16.10 LIBRA
1994 SCORPIO
1995 LIBRA / 10.10 SCORPIO
1996 LEO / 5.10 VIRGO
1997 SCORPIO / 8.10 SAGITTARIUS
1998 VIRGO / 2.10 LIBRA
1999 VIRGO / 9.10 LEO
2000 LIBRA / 25.9 SCORPIO
2001 LEO / 5.10 VIRGO
2002 SCORPIO / 8.10 SAGITTARIUS
2003 LIBRA / 10.10 SCORPIO
2004 LEO / 5.10 VIRGO
2005 SCORPIO / 8.10 SAGITTARIUS
2006 VIRGO / 2.10 LIBRA
2007 VIRGO / 9.10 LEO
2008 LIBRA / 25.9 SCORPIO
2009 LEO / 5.10 VIRGO
2010 SCORPIO / 8.10 SAGITTARIUS
2011 LIBRA / 10.10 SCORPIO
2012 LEO / 5.10 VIRGO
2013 SCORPIO / 8.10 SAGITTARIUS
2014 VIRGO / 2.10 LIBRA
2015 VIRGO / 9.10 LEO

VENUS THROUGH THE ZODIAC SIGNS

Venus in Aries

Amongst other things, the position of Venus in Aries indicates a fondness for travel, music and all creative pursuits. Your nature tends to be affectionate and you would try not to create confusion or difficulty for others if it could be avoided. Many people with this planetary position have a great love of the theatre, and mental stimulation is of the greatest importance. Early romantic attachments are common with Venus in Aries, so it is very important to establish a genuine sense of romantic continuity. Early marriage is not recommended, especially if it is based on sympathy. You may give your heart a little too readily on occasions.

Venus in Taurus

You are capable of very deep feelings and your emotions tend to last for a very long time. This makes you a trusting partner and lover, whose constancy is second to none. In life you are precise and careful and always try to do things the right way. Although this means an ordered life, which you are comfortable with, it can also lead you to be rather too fussy for your own good. Despite your pleasant nature, you are very fixed in your opinions and quite able to speak your mind. Others are attracted to you and historical astrologers always quoted this position of Venus as being very fortunate in terms of marriage. However, if you find yourself involved in a failed relationship, it could take you a long time to trust again.

Venus in Gemini

As with all associations related to Gemini, you tend to be quite versatile, anxious for change and intelligent in your dealings with the world at large. You may gain money from more than one source but you are equally good at spending it. There is an inference here that you are a good communicator, via either the written or the spoken word, and you love to be in the company of interesting people. Always on the look-out for culture, you may also be very fond of music, and love to indulge the curious and cultured side of your nature. In romance you tend to have more than one relationship and could find yourself associated with someone who has previously been a friend or even a distant relative.

Venus in Cancer

You often stay close to home because you are very fond of family and enjoy many of your most treasured moments when you are with those you love. Being naturally sympathetic, you will always do anything you can to support those around you, even people you hardly know at all. This charitable side of your nature is your most noticeable trait and is one of the reasons why others are naturally so fond of you. Being receptive and in some cases even psychic, you can see through to the soul of most of those with whom you come into contact. You may not commence too many romantic attachments but when you do give your heart, it tends to be unconditionally.

Venus in Leo

It must become quickly obvious to almost anyone you meet that you are kind, sympathetic and yet determined enough to stand up for anyone or anything that is truly important to you. Bright and sunny, you warm the world with your natural enthusiasm and would rarely do anything to hurt those around you, or at least not intentionally. In romance you are ardent and sincere, though some may find your style just a little overpowering. Gains come through your contacts with other people and this could be especially true with regard to romance, for love and money often come hand in hand for those who were born with Venus in Leo. People claim to understand you, though you are more complex than you seem.

Venus in Virgo

Your nature could well be fairly quiet no matter what your Sun sign might be, though this fact often manifests itself as an inner peace and would not prevent you from being basically sociable. Some delays and even the odd disappointment in love cannot be ruled out with this planetary position, though it's a fact that you will usually find the happiness you look for in the end. Catapulting yourself into romantic entanglements that you know to be rather ill-advised is not sensible, and it would be better to wait before you committed yourself exclusively to any one person. It is the essence of your nature to serve the world at large and through doing so it is possible that you will attract money at some stage in your life.

Venus in Libra

Venus is very comfortable in Libra and bestows upon those people who have this planetary position a particular sort of kindness that is easy to recognise. This is a very good position for all sorts of friendships and also for romantic attachments that usually bring much joy into your life. Few individuals with Venus in Libra would avoid marriage and since you are capable of great depths of love, it is likely that you will find a contented personal life. You like to mix with people of integrity and intelligence but don't take kindly to scruffy surroundings or work that means getting your hands too dirty. Careful speculation, good business dealings and money through marriage all seem fairly likely.

Venus in Scorpio

You are quite open and tend to spend money quite freely, even on those occasions when you don't have very much. Although your intentions are always good, there are times when you get yourself in to the odd scrape and this can be particularly true when it comes to romance, which you may come to late or from a rather unexpected direction. Certainly you have the power to be happy and to make others contented on the way, but you find the odd stumbling block on your journey through life and it could seem that you have to work harder than those around you. As a result of this, you gain a much deeper understanding of the true value of personal happiness than many people ever do, and are likely to achieve true contentment in the end.

Venus in Sagittarius

You are lighthearted, cheerful and always able to see the funny side of any situation. These facts enhance your popularity, which is especially high with members of the opposite sex. You should never have to look too far to find romantic interest in your life, though it is just possible that you might be too willing to commit yourself before you are certain that the person in question is right for you. Part of the problem here extends to other areas of life too. The fact is that you like variety in everything and so can tire of situations that fail to offer it. All the same, if you choose wisely and learn to understand your restless side, then great happiness can be yours.

Venus in Capricorn

The most notable trait that comes from Venus in this position is that it makes you trustworthy and able to take on all sorts of responsibilities in life. People are instinctively fond of you and love you all the more because you are always ready to help those who are in any form of need. Social and business popularity can be yours and there is a magnetic quality to your nature that is particularly attractive in a romantic sense. Anyone who wants a partner for a lover, a spouse and a good friend too would almost certainly look in your direction. Constancy is the hallmark of your nature and unfaithfulness would go right against the grain. You might sometimes be a little too trusting.

Venus in Aquarius

This location of Venus offers a fondness for travel and a desire to try out something new at every possible opportunity. You are extremely easy to get along with and tend to have many friends from varied backgrounds, classes and inclinations. You like to live a distinct sort of life and gain a great deal from moving about, both in a career sense and with regard to your home. It is not out of the question that you could form a romantic attachment to someone who comes from far away or be attracted to a person of a distinctly artistic and original nature. What you cannot stand is jealousy, for you have friends of both sexes and would want to keep things that way.

Venus in Pisces

The first thing people tend to notice about you is your wonderful, warm smile. Being very charitable by nature you will do anything to help others, even if you don't know them well. Much of your life may be spent sorting out situations for other people, but it is very important to feel that you are living for yourself too. In the main, you remain cheerful, and tend to be quite attractive to members of the opposite sex. Where romantic attachments are concerned, you could be drawn to people who are significantly older or younger than yourself or to someone with a unique career or point of view. It might be best for you to avoid marrying whilst you are still very young.

LIBRA:
2014 DIARY PAGES

October

2014

1 WEDNESDAY   *Moon Age Day 7   Moon Sign Sagittarius*

There is now a major new focus on leisure and romantic matters. One benefit of getting things working well in general is that it enables you to appreciate the impression you are making on others. There are distinct gains to be made at this time from simply being what you naturally are. Personalities abound, both at work at socially.

2 THURSDAY   *Moon Age Day 8   Moon Sign Capricorn*

Financial objectives can benefit from planetary assistance today, making this a favourable interlude to look at money and to work out how best to plan for the future. At the same time there is a strong social quality to the day, and you shouldn't have too much trouble in mixing business with pleasure.

3 FRIDAY   *Moon Age Day 9   Moon Sign Capricorn*

Even if part of you wants to push forward progressively, there may be aspects of your mind that are restricted and far from forward-looking. Your willingness to take on board the needs of those close to you is a key ingredient in your efforts to enjoy a family day. Discussions can be useful, but avoid allowing them to lead to arguments.

4 SATURDAY   *Moon Age Day 10   Moon Sign Aquarius*

The astrological trends around you favour progress on most fronts, assisting you to make any work in progress at the moment both rewarding and materially satisfying. It might sometimes be difficult to understand the motivations of those who are close to you, and a little probing could well be necessary in order to clarify things.

5 SUNDAY ☿ *Moon Age Day 11   Moon Sign Aquarius*

There ought to be plenty of ways you can feed your ego at the moment. After all, it isn't as large as is the case with some zodiac signs. It's natural to want to preen yourself now and again, and to appreciate how important you are to those around you. Fishing for compliments might allow you to land you a bigger than expected catch today!

6 MONDAY ☿ *Moon Age Day 12   Moon Sign Pisces*

This would be an auspicious time to push ahead with any sort of fresh start you have been contemplating, or any improvements and changes you want to make at home. Enlisting the support of family members in the planning stage would be no bad thing, but at the end of the day it's really a case of taking the bull by the horns.

7 TUESDAY ☿ *Moon Age Day 13   Moon Sign Pisces*

Even if this part of the working week is fast and furious, you need to be prepared to slow things down considerably tomorrow. This will be the legacy of the lunar low, and if you realise that fact now, you have a chance to put a few matters on hold in advance of the quieter interlude.

8 WEDNESDAY ☿ *Moon Age Day 14   Moon Sign Aries*

This would not be the best time in which to make any major decisions. On the contrary, the lunar low encourages you to hold yourself back somewhat, and you may decide that the best option is to spend at least a few hours on your own. None of this has any bearing on your creativity, which shows itself strongly at the moment.

9 THURSDAY ☿ *Moon Age Day 15   Moon Sign Aries*

Libra can afford to be a little self-indulgent and even quite inward-looking today. Your idea of being selfish is simply spending a little time on your own and there is nothing wrong with that. In any case, it provides an opportunity to come up with some new ideas, which you can act upon under the more progressive trends tomorrow.

10 FRIDAY ☿ *Moon Age Day 16   Moon Sign Taurus*

Social encounters offer plenty of potential rewards today, and will probably be more interesting than concentrating on the strictly practical aspects of life, some of which may be downright boring! Confidence remains essentially high, and if anyone tries to deflate you, you need to ask yourself whether this is down to jealousy.

11 SATURDAY ☿ *Moon Age Day 17   Moon Sign Taurus*

New opportunities for growth and expansion are within your reach at the present time. Trends indicate that you have the Midas touch at the moment, but that still doesn't mean you should be taking too many financial risks. As the day wears on a slightly quieter, more contemplative approach is indicated for Libra.

12 SUNDAY ☿ *Moon Age Day 18   Moon Sign Gemini*

It's time to put the more competitive side of your nature firmly on display and push forward on all fronts. This might not be especially easy, and you will need to use that extra bit of effort that is necessary to get ahead of any small difficulties you encounter. Acting on impulse comes as second nature under current planetary influences.

13 MONDAY ☿ *Moon Age Day 19   Moon Sign Gemini*

Success today is about your willingness to work hard and to do whatever it takes to get to your chosen destination. Rather than getting bogged down with details today, your best approach is to stick to the main themes of life because it's the big picture that counts. By the evening you have scope to find happiness and in the bosom of your family.

14 TUESDAY ☿ *Moon Age Day 20   Moon Sign Cancer*

Capitalise on the boost to your ego that is on offer now, perhaps as a result of the compliments that you are able to attract at the moment. The more you mix with the world at large, the greater are the potential rewards you can obtain. Even if your attention is somewhat divided at the moment, that needn't prevent you from concentrating.

15 WEDNESDAY ☿ *Moon Age Day 21 Moon Sign Cancer*

Monetary stability is well marked now, assisting you to look at things with a greater degree of certainty. There is real scope available for building on the successes of the past, and you can persuade other people to put their shoulders to the wheel on your behalf. Confidence gradually grows across today and tomorrow.

16 THURSDAY ☿ *Moon Age Day 22 Moon Sign Cancer*

Be prepared to cut your losses regarding a current project in order to make the very best of what lies in store for later. Arrangements for the weekend can be made today, especially if you are looking towards an important social gathering of some sort. It's important to take into account the feelings of those who are close to you today.

17 FRIDAY ☿ *Moon Age Day 23 Moon Sign Leo*

An ideal day for in-depth discussions, though how much they are worth remains to be seen. In the main there are good reasons to spend at least short periods of time on your own, or in the company of those you love and trust. By tomorrow any slight negative trends will be out of the way, so it pays to remain patient.

18 SATURDAY ☿ *Moon Age Day 24 Moon Sign Leo*

Your personality now seems stronger, giving you everything you need to take the weekend by storm if you choose. There are possible high spots on offer in terms of gatherings, particularly if you are able to mix with the sort of people you find both interesting and inspirational. Even previously awkward types might seem entertaining.

19 SUNDAY ☿ *Moon Age Day 25 Moon Sign Virgo*

Ridding yourself of any situation that seems to be holding you back would be a positive step now. You would be wise to sit and think about such matters before you take action, because present astrological trends encourage a slightly impulsive tendency. Nevertheless, once you have made up your mind, go for it!

20 MONDAY ☿ *Moon Age Day 26 Moon Sign Virgo*

Professional communications with colleagues or superiors are emphasised at present, and you make best use of this period by laying down plans for what might turn out to be a major professional coup. Meanwhile, romance is also well accented, with some Librans definitely spoiled for choice at the moment.

21 TUESDAY ☿ *Moon Age Day 27 Moon Sign Virgo*

A slightly quieter day suits the present interlude, but things will soon change and this evening you can start tapping into a greater sense of urgency and energy. In the meantime, it pays to clear the decks for action and to set things up both at work and socially. Don't be surprised if you find certain individuals difficult to read now.

22 WEDNESDAY ☿ *Moon Age Day 28 Moon Sign Libra*

Positive thinking really does pay off well today. The fact is that with the lunar high assisting you to bring so much light and energy into your life, virtually nothing is beyond your capabilities. Now would be a favourable time to address anything that has been at the back of your mind and which has been troubling you of late.

23 THURSDAY ☿ *Moon Age Day 0 Moon Sign Libra*

The positive trends continue, giving you every encouragement to stretch your mind in all sorts of new directions at the moment. It appears that your capacity for hard work is noteworthy, but you might not even notice the effort. Social trends also benefit, and time spent out and about with friends could prove exciting.

24 FRIDAY ☿ *Moon Age Day 1 Moon Sign Scorpio*

Trends are around that assist you to use your powers of attraction, and this indicates a time during which you should be ready to act on significant information. You may well already have a part of your mind set on matters for even later in the year, and might even be thinking about a change of scenery around Christmas.

25 SATURDAY ☿ *Moon Age Day 2 Moon Sign Scorpio*

Communication has a great deal to offer, so this is not a good time for keeping quiet. All the same, your interests are best served by taking a listening approach rather than always pushing your own point of view. This is not simply a matter of being diplomatic, as it offers you scope to collect ideas that you may want to adopt as your own.

26 SUNDAY *Moon Age Day 3 Moon Sign Scorpio*

Love and romance look particularly hopeful for Libra now. Personal attachments can help you to put a smile on your face and you know how to get the best out of any sort of relationship. It's time to use a combination of your natural charm, together with your ability to make anyone feel as if they are very important.

27 MONDAY *Moon Age Day 4 Moon Sign Sagittarius*

Today marks a period during which communicating well with colleagues can really pay dividends. Co-operative matters are especially well starred and this is definitely not a go-it-alone sort of period. Even if you find routines quite tedious, you can find ways to make them go with a swing and to get the most out of them.

28 TUESDAY *Moon Age Day 5 Moon Sign Sagittarius*

For much of the month you have had room to make reasonable progress in material matters, and now comes a time when it's worth consolidating all your efforts up to now. Some ingenuity may be required, and you also need to be fairly definite in your actions. That might not seem like much, but it's very important to Libra.

29 WEDNESDAY *Moon Age Day 6 Moon Sign Capricorn*

Material duties may limit your possibilities today, and if this is the case you probably won't feel yourself to have the freedom you would wish. It may be difficult to make this the most startling day of the month generally, but there are gains if you look for them. Your best approach is to stick to things you already know you are good at.

30 THURSDAY   *Moon Age Day 7   Moon Sign Capricorn*

Emotional issues you haven't been able to remedy could be the source of your discontent today. If you can stay away from these, generally speaking the world should be your oyster. You have what it takes to come out of the fog that has surrounded your decision-making for a few days, and to create a clear picture of the future.

31 FRIDAY   *Moon Age Day 8   Moon Sign Aquarius*

Getting well on top of most practical issues today enables you to focus more on enjoyment. If you haven't exactly been painting the town red of late, now is the time to put that right. Make the most of any opportunities to discover the true feelings of someone who's been very special to you for a long time.

♎ November 2014

1 SATURDAY
Moon Age Day 9   Moon Sign Aquarius

Where practical interests are concerned, there's an indication that you may be rather short-sighted at present, which is why it would be sensible to seek the opinions of more experienced individuals. You can't be an expert at everything, and if you have done favours for others in the past, you shouldn't be afraid to call one or two of them in now.

2 SUNDAY
Moon Age Day 10   Moon Sign Pisces

At this time there is potential for great harmony in and around your home, so this might seem to be the best place to be. Although you are probably right, you shouldn't ignore any issues in the outside world that still demand your attention. Under these circumstances, getting any real peace and quiet may not be at all easy. Take matters in your stride.

3 MONDAY
Moon Age Day 11   Moon Sign Pisces

The focus today is on your ability to fulfil demands of various kinds. You can't expect everything to be quite as secure as you wish, though if life keeps you guessing that can add exactly the sort of spice you like. There are no easy ways to success right now, but having to surmount obstacles enables you to enjoy the results all the more.

4 TUESDAY
Moon Age Day 12   Moon Sign Aries

With the lunar low now in evidence, it's important to avoid reacting in a negative way to situations that are clearly temporary. By all means give yourself fully to the task at hand, but don't expect to push down every barrier around now. Social trends are well accented, especially in terms of mixing with people you already know and like.

5 WEDNESDAY   *Moon Age Day 13   Moon Sign Aries*

If your capacity for getting ahead is still less than you would wish, a certain amount of frustration could be the result. Patience is called for, at a time when you don't seem to have much. Creative powers remain undiminished, however, making this an ideal time to embark on practical projects that require a steady approach.

6 THURSDAY   *Moon Age Day 14   Moon Sign Taurus*

There are favourable trends available for financial dealings of any sort at the moment, though you would be wise to keep your eyes open for people and situations that are not quite what they seem. It's important to read the small print carefully before entering into any sort of binding commitment. A day to be on your guard generally.

7 FRIDAY   *Moon Age Day 15   Moon Sign Taurus*

A great sense of both fulfilment and security is on offer for Libra at the moment, encouraging you to stay close to home and family when you can. If the attitudes of some of your colleagues are making work a less than wonderful experience, your best approach is simply to focus as best you can on whatever else is going on in your life.

8 SATURDAY   *Moon Age Day 16   Moon Sign Taurus*

Be prepared to make full use of a continuing trend that has a strong bearing on money matters. Part of your success during the current interlude is your willingness to accept help and support from other people, whether or not you have asked for it. You need to be sure of yourself before taking any sort of risk.

9 SUNDAY   *Moon Age Day 17   Moon Sign Gemini*

You can now afford to branch out on your own, and have what it takes to make significant headway in directions that you didn't expect. There is much about today that seems distinctly original, and it's up to you to respond positively to new offers that are available. There's little point in getting involved in discussions that lead nowhere.

10 MONDAY
Moon Age Day 18   Moon Sign Gemini

The focus is on your determination to make outright progress, especially at work. If you are between jobs at the moment, this ought to be a good time to keep your eyes and ears open. It's flattering if people want to do you favours, though that doesn't necessarily mean that all of their offers of help will be particularly welcome.

11 TUESDAY
Moon Age Day 19   Moon Sign Cancer

Current trends suggest that you may need to streamline your life in some way at the moment. Beware of spending more money than is necessary, especially on things that you don't really want or need at all. A settled and happy time is available in the company of family members, though the influence of strangers may not be quite as positive just now.

12 WEDNESDAY
Moon Age Day 20   Moon Sign Cancer

It's time to put your mind to work and take care of any details that need to be sorted. The more you get done early in the day, the better is the prospect for social happiness later on. This would not be a good time to argue for your limitations, especially at work. There's nothing wrong with believing that you can do almost anything!

13 THURSDAY
Moon Age Day 21   Moon Sign Leo

Communications are now in your best interest and there is very little point in sitting in a corner and waiting for life to come to you. Once again the focus is on family matters. Be prepared to offer congratulations where these are due, and make the most of the chance to make a special fuss of relatives who have done well of late.

14 FRIDAY
Moon Age Day 22   Moon Sign Leo

Your personality sparkles around now, assisting you to discover lots of possibilities waiting in the wings. In some ways this is the most fortunate time of the month because of your levels of energy and your desire to please others. You can't expect this to work in every single case. After all, you are not a miracle-worker.

15 SATURDAY
Moon Age Day 23   Moon Sign Leo

Wanting to have the last word in discussions is all very well, though it could prove to be something of an irritant to others. Bear in mind that Christmas is just around the corner and be ready to undertake some forward planning. There are worse medium-term objectives that that of gathering your family around you.

16 SUNDAY
Moon Age Day 24   Moon Sign Virgo

You can now take positive action to expand your financial horizons, and could make gains as a result of the actions of others. Even if you are looking closely at money, this doesn't necessarily have to be the entire motivation of your life at the moment. Close, personal ties are also on the agenda, and you should be doing what you can to strengthen them.

17 MONDAY
Moon Age Day 25   Moon Sign Virgo

Financial and business trends could well be a slightly mixed bag. The spotlight is on a distinctly unsettled element at the moment, and it may be difficult for you to feel totally comfortable in any specific way. Confidence should grow as the day progresses, but trying to move any mountains is unlikely to be on your agenda right now.

18 TUESDAY
Moon Age Day 26   Moon Sign Libra

The lunar high offers you plenty of opportunity to redress the balance and fits you for great things today. At this stage of the week you should be keen to get on, and should be pushing the bounds of the possible whenever you can. You can't expect to get everyone on your side, so it's worth concentrating on the people who really matter.

19 WEDNESDAY
Moon Age Day 27   Moon Sign Libra

This would be an excellent period for telling others how things really are. Even if you have been slightly shy of facing up to a specific individual, you're encouraged to overcome that today. Stand up for what you believe to be true and you may be surprised at just how willingly others defer to your opinion.

20 THURSDAY   *Moon Age Day 28   Moon Sign Libra*

Be ready to make the most of potentially pleasurable social events around now, even if you are also quite busy at work. There are gains to be made from simply watching and waiting, whilst at other times it is actions that count. Knowing the difference is really down to your very strong intuition, which is heightened under present influences.

21 FRIDAY   *Moon Age Day 29   Moon Sign Scorpio*

It's sensible to leave room for new plans and schemes because you have plenty of scope to make things happen at the moment, and need to be on the ball if you want to make the most of this interlude. If you need to do something you hate, your best approach is to get it out of the way as early in the day as possible.

22 SATURDAY   *Moon Age Day 0   Moon Sign Scorpio*

This is not the best day of month to be gambling, but if you really must take a chance it is important that your risks are very calculated. Some limitations are placed upon you by life itself and you have to realise that it isn't always possible to get exactly what you want. Your ability to stay cool in tight situations really counts now.

23 SUNDAY   *Moon Age Day 1   Moon Sign Sagittarius*

There may be little double that you are mentally alert and anxious to do whatever it takes to prove yourself, though the best trends today are definitely personal ones. Attitude is very important when it comes to getting the best from romance, and there's nothing wrong with overblown gestures such as chocolates, flowers – or a ticket to the next match!

24 MONDAY   *Moon Age Day 2   Moon Sign Sagittarius*

A good lift is now available to you where one-to-one relationships are concerned, and it's worth concentrating plenty of your effort on securing and maintaining positive relationships. You could do worse than to heap attention on your partner or the person you care for the most. This evening could prove particularly opportune for love.

25 TUESDAY   *Moon Age Day 3   Moon Sign Capricorn*

Make arrangements now, because there are signs that your organisational skills are about as good as they have been at any time during November. Even if it is hard to bring others round to your way of thinking, make the most of the fact that you are very much under the influence of some positive planetary associations.

26 WEDNESDAY   *Moon Age Day 4   Moon Sign Capricorn*

Inspiration is there for the taking right now, and it's time to put the unconventional side of your nature clearly on display. Your best option is to try for a very different sort of day and to take other people on the ride with you. This is not an ideal interlude for sticking around at home wearing your slippers.

27 THURSDAY   *Moon Age Day 5   Moon Sign Aquarius*

This is not a good day to be making comparisons. It's important to realise that you are what you are, and as such have your own individual characteristics. It doesn't matter how much you admire a particular person, you can't change your nature to be exactly the same as they are. Show that you are proud to be yourself.

28 FRIDAY   *Moon Age Day 6   Moon Sign Aquarius*

The forthright and challenging side of the Libra nature is emphasised, encouraging you not to take anything for granted, but rather to turn over every stone in life to see what lies beneath it. This is admirable in one way, but you need to bear in mind how others will view it. Being considered interfering may not be helpful in the longer term.

29 SATURDAY   *Moon Age Day 7   Moon Sign Pisces*

You can't expect everyone to respond in the way you wish, and you need to be as flexible as possible if you want to make the most of what is available right now. Romance is the key to the greatest sense of happiness that surrounds you today. For some Libran people that might involve responding to overtures from surprising directions.

30 SUNDAY

Moon Age Day 8   Moon Sign Pisces

This is a Sunday on which talking to family members could prove very useful, especially anyone who seems to have been out of sorts recently. If congratulations are in the offing somewhere in your social circle, there are good reasons to make sure you are the first at the front of the queue to offer them.

December
2014

1 MONDAY
Moon Age Day 9   Moon Sign Pisces

If you are involved in important meetings of any sort today, it would be sensible to rehearse what you are going to say instead of shooting from the hip. Libra is rarely impetuous, but an element of this trait is indicated under present astrological trends. Personalities could well predominate as far as your social life is concerned.

2 TUESDAY
Moon Age Day 10   Moon Sign Aries

Whether you like it or not the Moon has moved into your opposite zodiac sign, suggesting that a couple of quieter days would be no bad thing. This isn't easy because other planetary positions and aspects are pushing you forward. Being caught between the devil and the deep blue sea is something you have to cope with.

3 WEDNESDAY
Moon Age Day 11   Moon Sign Aries

Keeping a fairly low profile is the name of the game today. This doesn't mean you have to put a damper on things for others, though your own progress may be a little below par. Routines have a great deal to offer now, and there is happiness to be found in your home environment. By the evening you might be feeling on better form.

4 THURSDAY
Moon Age Day 12   Moon Sign Taurus

The emphasis at the moment is on a broad-minded outlook, which is not so unusual for your zodiac sign. Once again, routines can be very useful, but at the same time you should now look well ahead and notice the stimulating potential of what lies before you in more than one area of life.

5 FRIDAY
Moon Age Day 13   Moon Sign Taurus

Work issues are particularly well accented at the moment, despite the possibility that your level of efficiency in a general sense is not quite as high as would usually be the case. Realising that Christmas is now so close might not help, particularly if there is still a great deal to get done, in amongst a busy schedule.

6 SATURDAY
Moon Age Day 14   Moon Sign Gemini

There are many priorities to be dealt with just now, and once again you could discover that time is of the essence. Why not pass some of these tasks to other people? You have what it takes to persuade friends in particular to lend a hand and to do whatever they can to lessen your burden in life.

7 SUNDAY
Moon Age Day 15   Moon Sign Gemini

Financially speaking you can now capitalise on more positive trends. Of course you can't guarantee that any minor gains made at the moment will continue for too long, because the approach of Christmas is often a time for some extra spending. Take every opportunity to wallow in life's little luxuries now if you can.

8 MONDAY
Moon Age Day 16   Moon Sign Cancer

Versatility seems to be the chief key to success around now, and it is what will enable you to keep up with the general flow of life. Be ready to respond to any small stumbling blocks you encounter at work, though in the main you have the ability to make more than steady progress, and to tap into positive social trends.

9 TUESDAY
Moon Age Day 17   Moon Sign Cancer

Even if you feel you are pretty much on target with regard to your broad aims in life, the quieter side of your nature could now be the source of a few minor setbacks. Maybe you don't have quite the level of confidence to get things running your way, whether practically or financially. The answer is easy – enlist some support!

10 WEDNESDAY   *Moon Age Day 18*   *Moon Sign Cancer*

Today is about your ability to deal with the pressures coming in from the outside world and your willingness commit yourself fully to what lies ahead in terms of the celebrations. Librans generally love the run-up to Christmas, even if a few of you try to pretend that this is not the case. You can afford to socialise whenever possible.

11 THURSDAY   *Moon Age Day 19*   *Moon Sign Leo*

There is much to be said for spending time thinking about and planning for your social life at the moment. Although there are small gains to be made in the more practical aspects of your life, you should also be looking for opportunities to allow your mind to focus on less concrete issues.

12 FRIDAY   *Moon Age Day 20*   *Moon Sign Leo*

If you are prepared to take on board all the interesting things that are available at present, there probably won't be enough time to take it all in! In terms of communication, you are in a very mercurial state of mind, and this assists you to mix freely with all sorts of people. You can't expect all your acquaintances to approve of one another.

13 SATURDAY   *Moon Age Day 21*   *Moon Sign Virgo*

It's time to put your best qualities on display and ensure that today proves to be both rewarding and interesting. Risk-taking is on the agenda, even if these are fairly calculated gambles. Keeping one eye on the Christmas period is a good idea, and in many respects this is the time when you can really begin to get yourself into a festive mood.

14 SUNDAY   *Moon Age Day 22*   *Moon Sign Virgo*

You may not feel like taking on the whole world at the moment, even if your levels of energy are actually fairly high. The Moon is in your solar twelfth house, enhancing the very contemplative aspect of your nature. Thinking carefully before you embark on anything major is certainly not a waste of time.

15 MONDAY
Moon Age Day 23   Moon Sign Virgo

Once again, a slower approach is now the order of the day, and that should leave you some time to stand and think about life. This is a positive exercise for you now and again, and it can lead to some startling realisations. Most of the time you are too busy living your life to actually work out whether your direction is the right one.

16 TUESDAY
Moon Age Day 24   Moon Sign Libra

The lunar high assists you to maintain a very happy frame of mind and to have a go at anything – even things you have turned your nose up at in the past. Who knows, you might enjoy yourself much more than you expected. Even if you don't, there's a certain satisfaction in having got involved, and in bringing joy to other people.

17 WEDNESDAY
Moon Age Day 25   Moon Sign Libra

You can successfully broaden the number of social contacts who are important to your life now and who could play an even bigger part later. Doing half a dozen different things at the same time should come as second nature to you, and you need to look out for the chance to make some financial gains that are basically down to luck.

18 THURSDAY
Moon Age Day 26   Moon Sign Scorpio

Practical matters should be running smoothly enough, and you have a chance to contribute a very joyful attitude to whatever is going on around you at this time. Today would be favourable for organising and for getting an overview of where you are at the moment. There ought to be time for extreme activity – and for relaxation too!

19 FRIDAY
Moon Age Day 27   Moon Sign Scorpio

The question now is whether you can find the right kind of opportunities necessary to get ahead. Even little chances should be seized upon, giving you the impetus you need to make progress in the professional stakes and enjoy better luck generally. Although you might be in the mood to take a gamble, a little care would still be advisable.

20 SATURDAY   *Moon Age Day 28   Moon Sign Sagittarius*

Everyday matters have the potential to keep you busy this weekend, but that needn't stop you from finding time to get together with friends, especially if there are occasions that could provide plenty of entertainment. The weekend ought to offer you the chance to stop and take stock, but that doesn't rule out having a good time as well.

21 SUNDAY   *Moon Age Day 29   Moon Sign Sagittarius*

Ask yourself whether social groups with which you haven't been associated before could now prove important in your life now, and be prepared to widen your horizons whenever possible. There mightn't be very much time for rest, and even if this doesn't bother you too much personally, it's worth giving some thought to your partner and family members.

22 MONDAY   *Moon Age Day 0   Moon Sign Sagittarius*

The planetary emphasis today is mainly on domestic matters, and for this reason you may decide to put practical and professional matters on the back burner for a little while. The social maelstrom that is Christmas is already beginning, but there's nothing wrong with taking a rain check regarding at least some of the festivities, especially today and tomorrow.

23 TUESDAY   *Moon Age Day 1   Moon Sign Capricorn*

Ask yourself whether any difficulties between yourself and your partner have more to do with pressures from the outside world than with personal disagreements. It would be good to look at things from a distance and not to allow the world at large to impinge on your deepest attachments. Your willingness to seek relaxation can make all the difference today.

24 WEDNESDAY   *Moon Age Day 2   Moon Sign Capricorn*

Social relationships start to offer bigger and better times, and it's time for you to show that you can turn heads. Whatever the beliefs of others, you have what it takes to succeed in matters that haven't been your forte before, and your consistent commitment should be there for all to see. This should be an excellent Christmas Eve.

25 THURSDAY
Moon Age Day 3   Moon Sign Aquarius

Today has much to offer you, particularly if you are determined to remain happy and confident as you embark on the Christmas festivities. Being naturally caring and giving, you can get a great deal of your own joy from helping others to have a good time. Be prepared to share yourself between your partner, family and friends.

26 FRIDAY
Moon Age Day 4   Moon Sign Aquarius

If you feel it is necessary to make some slight changes to an aspect of your personal life, you needn't be short of advice on this score. Find friends who are willing to share their wisdom with you, even if you are unsure how much they actually know. In the end it comes down to whether or not you would prefer to suit yourself.

27 SATURDAY
Moon Age Day 5   Moon Sign Pisces

Mental stimulation is the key for this weekend. If you allow yourself to get so bogged down with boring routines that you have no time to think, this is unlikely to produce good results. Libra is very ingenious at the best of times, but that ingenuity could be going off the scale today. It's time to show others your most charismatic and attractive side.

28 SUNDAY
Moon Age Day 6   Moon Sign Pisces

A slightly more independent approach is now the name of the game, though this could be somewhat stifled if you feel you can't get on with things. That's the nature of the Christmas holidays, because even if you are in the mood to keep moving, you can't guarantee that others share your enthusiasm. Keep a sense of proportion where money is concerned.

29 MONDAY
Moon Age Day 7   Moon Sign Aries

Your interests are best served by getting rid of situations that are not doing you any good at all, and the lunar low offers you an opportunity to do this. This is certainly a favourable time for clearing the decks for action that you are planning for later, and may well be the last chance you have to do so before the New Year arrives.

30 TUESDAY   *Moon Age Day 8   Moon Sign Aries*

Practical matters could be a little fraught under current influences, particularly if you insist on trying to do too many things at the same time. There are possible gains in a romantic sense, though even here you might find it slightly tricky to understand the behaviour and attitude of your partner or sweetheart. Be willing to stop and think carefully today.

31 WEDNESDAY   *Moon Age Day 9   Moon Sign Taurus*

Domestic issues continue to offer you scope for fulfilment, and new social influences may help you to lighten the load if you feel that certain jobs are getting you down a little. With the New Year celebrations in view, there's even a suggestion that you may be tiring of having a good time. An organised approach is the key to success at the moment.

LIBRA:
YOUR YEAR IN BRIEF

LIBRA:
2015 DIARY PAGES

LIBRA:
YOUR YEAR IN BRIEF

Libran people are generally content to be busy, so you will be happy to learn that this is possible almost from the very start of this year. Get yourself into the right position to make advancements at work and do all you can to elevate yourself in the minds of bosses and superiors as these trends stick around throughout most of January and February.

The approach of the spring, with March and April, finds you on top form and still keen to get ahead whenever circumstances allow. You will want to address matters of the heart and to give more attention to family and friends. Any money that comes your way is likely to be as much as a result of luck as good planning on your behalf.

Libra should now be firing on all cylinders and there seems to be every chance of you making an important breakthrough. This should come in the practical and professional areas of life, whilst more personal matters tend to take a back seat until a little later. Both May and June might be above average in terms of financial gains, but this is mainly as a result of the very real effort you are putting in yourself. June also sees you keen to travel and make opportunities to come to you.

July and August could turn out to be two of the strongest and most important months for Libran people. You will still have the chance to travel – something that is always of interest to you – and it could also be the case that you will be slightly better off than you expected to be at this time. You will be working hard, but also enjoying what you are doing and there are likely to be gains in your personal life, with some Libran people starting new and intense relationships at this time.

September might see you taking a late holiday and you will certainly be anxious for fresh fields and pastures new. Money matters should be going fairly smoothly and there might even be some cash coming to you that you didn't expect. Both September and October see you relying much more on your intuition than your common sense and some of the decisions you take will surprise those around you.

With the end of the year comes an extra series of incentives and a push towards finishing those tasks that you set yourself much earlier in the year. It looks as though both November and December are going to be very busy for most Libran people and there won't be as much time as you would wish for Christmas preparations. When it comes to enjoyment you won't have any trouble making the last part of December special. You finish the year with a definite flourish and that is what counts.

January 2015

1 THURSDAY
Moon Age Day 11   Moon Sign Taurus

Although life might somewhat steadier now, there is no reason to think that you are losing power or influence. You find the time to talk to people and to let them know how important they are in your life as a whole. Creative potential is good, but there could be a disagreement or two around.

2 FRIDAY
Moon Age Day 12   Moon Sign Gemini

News from far off could prove to be especially heart-warming and this is likely to be a red-letter day in more than one sense of the word. Keep up your efforts to get ahead at work, but there are also social trends to be enjoyed at present. An inspirational new idea stands a chance of working out well.

3 SATURDAY
Moon Age Day 13   Moon Sign Gemini

Try to keep life as varied as possible and don't allow yourself to get stuck in any sort of rut. You need a weekend that typifies Libra working at its best, which means variety and excitement. If family pressures make some of this difficult, compartmentalise your life to counter the sense of responsibility.

4 SUNDAY
Moon Age Day 14   Moon Sign Gemini

There are signs that a domestic partner or perhaps a friend is showing a degree of inflexibility that is quite difficult to counter. Actually, it might not be worth trying. Accept people for what they are and let them get on with the life they want to live, but ensure that their attitude is not transferred to you in any way.

73

5 MONDAY
Moon Age Day 15 Moon Sign Cancer

Beware of pressure from friends or colleagues that is difficult to counter today, especially if what they are saying makes a great deal of sense. Listen, think and then take the sort of action that you know to be right. Once you have made a decision today, stick to it, even if you might have some slight doubts later.

6 TUESDAY
Moon Age Day 16 Moon Sign Cancer

The way ahead now ought to look much clearer. True, there are decisions to be made, but there are plenty of people around who are interested enough in your life to offer invaluable assistance. Conflict in the work place is less likely today and personal attachments offer happiness in the evening.

7 WEDNESDAY
Moon Age Day 17 Moon Sign Leo

This could be a day to do something exciting or different. It isn't easy to get through reams of red tape with a bit of extra effort. Confidence isn't lacking, nor is the support you require. The only component that might not be present is sufficient time to get everything organised.

8 THURSDAY
Moon Age Day 18 Moon Sign Leo

There are compromises to be made today, especially in group situations. That means taking a back seat now and again, not something that appeals to you too much at any time. The general restlessness that has beset you since the beginning of the month is still present, though probably more controlled now.

9 FRIDAY
Moon Age Day 19 Moon Sign Virgo

Communication is well starred today, so it will be easy to tell others how you are feeling. Something you have wanted to do for quite some time now becomes possible. Avoid getting involved in potential arguments, none of which are of any use to you. Relatives and friend alike should be extra supportive and charming now.

10 SATURDAY
Moon Age Day 20 Moon Sign Virgo

Take advantage of the weekend to take a break from professional obligations that are on your mind. There is no reason to assume that a couple of quieter days will cause you any real problem in the longer term and people are more than willing to put themselves out on your behalf at almost any stage today.

11 SUNDAY
Moon Age Day 21 Moon Sign Virgo

At the start of the new working week, you will be chasing career goals. Those closest to you in a professional sense are in a position to do you a good turn, though you might have to court their favour first. That's no problem, because you are quite charming and very complimentary at present.

12 MONDAY
Moon Age Day 22 Moon Sign Libra

Things are quite clearly going your way and you find yourself in a position to influence situations much more than has been the case previously. What matters most is the impression you make on others, which is strong and enduring at this time. A zippy and carefree nature is quite evident to everyone.

13 TUESDAY
Moon Age Day 23 Moon Sign Libra

With targets for your present restless and searching spirit, the lunar high ought to offer you a time that is filled with possibilities. You are joyful, easy to talk to and have everyone's best interests at heart. It could be an exhausting day, but should be very enjoyable, too. This is probably not a time to sit and think about things.

14 WEDNESDAY
Moon Age Day 24 Moon Sign Scorpio

Intimate relationships are what make life particularly interesting at this time. Stick out for what you know to be right in professional attachments, but let the one you love know how important he or she is to you. A little present or a kind word could make all the difference. What you need most now is to offer reassurance.

15 THURSDAY   *Moon Age Day 25 Moon Sign Scorpio*

Getting on with others in group situations might be quite difficult today, which is why you may be quite anxious to stick to one-to-one encounters. This will not be possible all the time, and in any case, there are trends around now that you need to counter, rather than trying to pretend they don't exist.

16 FRIDAY   *Moon Age Day 26 Moon Sign Scorpio*

In some ways, you are rather ahead of yourself at the moment, so you can afford to take stock of situations more than would generally be the case. You have some big plans in your mind, but it is going to take some time to get them off the ground. Today would be ideal for seeking support.

17 SATURDAY   *Moon Age Day 27 Moon Sign Sagittarius*

Routines are definitely out of the window today, as you opt for a very different sort of time. You need change and diversity, and that added zing you are feeling at present can be pushed in a number of different directions. What others have to say about you now is how good you are to have around.

18 SUNDAY   *Moon Age Day 28 Moon Sign Sagittarius*

There are no real certainties today, only questions. You will be asking a fair number of them yourself, but you can't get to know anything without enquiring. In sporting activities, you need to go for gold, though silver or bronze is the most likely result right now. At work, you may be considering new responsibilities.

19 MONDAY   *Moon Age Day 29 Moon Sign Capricorn*

Someone you haven't seen for ages might be making a return visit to your life at any time now. In addition, you feel the need of a change of scene, which might involve travelling some distance. The fact that the winter is present won't really have any bearing on your need to get moving.

20 TUESDAY *Moon Age Day 0 Moon Sign Capricorn*

Creatively speaking, you are on top form today and might decide the time is right to make some changes in and around your home. If decorating is at hand, you may well opt for bold colours and the very latest ideas in décor. Whether everyone in the family agrees with you remains to be seen.

21 WEDNESDAY *Moon Age Day 1 Moon Sign Aquarius*

People are just dying to get to know you now, and more than ever in a social sense. With excitement around at every turn, it could be hard to concentrate on the matter at hand. Maybe you should curb your excitement, because not everything is going to turn out quite the way you expect.

22 THURSDAY ☿ *Moon Age Day 2 Moon Sign Aquarius*

Don't be too quick to volunteer today, because others will take you at your word and you might end up far busier than you expected. Although you are your usual cheery self, you may not feel quite as in tune with life today. Everyone needs a rest now and again and today could be your time.

23 FRIDAY ☿ *Moon Age Day 3 Moon Sign Pisces*

There are some strategic gains to be made today, particularly in relationships. Although others could slightly misconstrue what you are trying to say, in the main you know how to get your message across intact. In true Libran style, your attitude is balanced and very fair.

24 SATURDAY ☿ *Moon Age Day 4 Moon Sign Pisces*

Saturday is fairly neutral, leaving you to find your own way through the day, in whatever manner you think best. If you want others on board, you might have to push them on. Try to stay away from everyday routines, some of which could prove extremely tedious right now.

25 SUNDAY ☿ *Moon Age Day 5 Moon Sign Aries*

Being out there in front of the crowd is still easy and, let's face it, that is where you most want to be. Libra is really working at its best now, though the steadying tendency of the lunar low cannot be ignored. Its influence might be felt in a quieter evening than you had expected.

26 MONDAY ☿ *Moon Age Day 6 Moon Sign Aries*

It is time to be cautious and to keep your expectations to a minimum. It isn't that you fail to make progress, merely that you are slowed down for today. There is time to pause and nobody says you have to keep going at breakneck speed all the time. Spend a few hours in the company of those who love you.

27 TUESDAY ☿ *Moon Age Day 7 Moon Sign Taurus*

People who are important to you figure prominently in your thinking today. You now have more energy and a greater sense of determination to get ahead. Confronting issues that have a bearing on your family life could seem important, but speak to the people in question before you take any action.

28 WEDNESDAY ☿ *Moon Age Day 8 Moon Sign Taurus*

Routines can be something of a bind today. You want to be free to pursue whatever interests are uppermost in your mind at present and won't find it easy to concentrate on what seem like irrelevant details. Patience is required and, let's face it, you have more of that than most people.

29 THURSDAY ☿ *Moon Age Day 9 Moon Sign Gemini*

It looks as though you are on a roll in social matters and can bring your usual sparkle to bear on any gathering. Furthermore, you are also in the best possible frame of mind to co-operate in work ventures, some of which receive an added boost from the intervention of some surprising people.

30 FRIDAY ☿ *Moon Age Day 10 Moon Sign Gemini*

You could have romance on your mind this Friday. If you are a young or young-at-heart Libra with no attachments, this is the time to keep your eyes open. The more settled amongst you could almost certainly get new rewards from existing ties. Family members might have interesting things to say.

31 SATURDAY ☿ *Moon Age Day 11 Moon Sign Gemini*

Along comes the weekend, bringing a new form of excitement into your life, mainly because you are not tied to the expected and can vary your routines somewhat. Socially and romantically, you are charming and can make the best of all impressions at the moment.

February 2015

1 SUNDAY ☿ *Moon Age Day 12 Moon Sign Cancer*

Make the most of present influences to exploit whatever new ideas you have up your sleeve today. There are offers coming in that you might find difficult to refuse and you are likely to have your hands full dealing with one or two wayward friends. All in all, you should be enjoying life, even if there are some demands being made.

2 MONDAY ☿ *Moon Age Day 13 Moon Sign Cancer*

A social contact of some sort might lead to a disappointment and could find you running for cover with known friends and relatives. This is unusual behaviour for Libra, but there is the slight possibility that you are somewhat out of your depth at the moment. More confidence is coming.

3 TUESDAY ☿ *Moon Age Day 14 Moon Sign Leo*

A change is as good as a rest to Libra at almost any time, and particularly so today. Make the most of any chance to take a journey. Creative potential is strong and you might actually hang around long enough in one place to show the fact. Don't stack up too much work now because you need to relax.

4 WEDNESDAY ☿ *Moon Age Day 15 Moon Sign Leo*

This should be a very rewarding time socially, with new possibilities cropping up all the time and the chance to turn business into pleasure. There are all manner of people virtually lining up to help you out. It is worth remembering to take your time, because it is easier now to do any job right first time.

5 THURSDAY   ☿   *Moon Age Day 16 Moon Sign Leo*

There is a chance you might miss something important today, though at the same time you have an opportunity to turn an apparent disadvantage to your own benefit. Rehearse what you are going to say when you know people will be watching, but allow a degree of spontaneity to creep in, too.

6 FRIDAY   ☿   *Moon Age Day 17 Moon Sign Virgo*

The potential for attracting new people into your life is very good at this time. Contrary to the opinions of some, you are able to concentrate well and can prove the fact on more than one occasion now. There could be time later in the day to tell romantic attachments how you really feel.

7 SATURDAY   ☿   *Moon Age Day 18 Moon Sign Virgo*

With your ego now a good deal stronger than of late, you have what it takes to forge ahead. Today should be especially good with regard to financial considerations, and your practical common sense is also in evidence. What works best of all is your intuition, which is not at all likely to let you down.

8 SUNDAY   ☿   *Moon Age Day 19 Moon Sign Libra*

The lunar high now allows you to make use of your excellent personality, not only in a professional sense, but also personally. It wouldn't be fair to suggest that you will get everything your heart desires, but there are little triumphs in the offing.

9 MONDAY   ☿   *Moon Age Day 20 Moon Sign Libra*

There is more than a little luck behind today's undertakings, so be willing to pitch in and have a go. People seem to be on your side, even on those occasions when true confidence on your part is somewhat lacking. It is in the present nature of Libra to steam ahead, even into uncharted waters and today proves this fact.

10 TUESDAY ☿ *Moon Age Day 21 Moon Sign Libra*

You are even more charitable and sympathetic now, a fact that is hardly likely to be lost on either relatives or friends. If there is nothing happening that takes your fancy at the moment, you need to apply yourself positively. You can create excitement simply by snapping your fingers and demanding attention.

11 WEDNESDAY ☿ *Moon Age Day 22 Moon Sign Scorpio*

There are influences today that bring the weird and wonderful into your life. Anything old or unusual will be of interest, and one or two people might even accuse you of being rather morbid. The influence doesn't last long, and at least you are making some sort of impression on those around you.

12 THURSDAY ☿ *Moon Age Day 23 Moon Sign Scorpio*

You should be more than happy to form new social contacts today, as well as to make the most of any new professional opportunity that comes your way. The fresher you are, the better is the impression you will be making, so rest is important, too. It's amazing just how much you can get through at this time.

13 FRIDAY ☿ *Moon Age Day 24 Moon Sign Sagittarius*

The emotional side of life is likely to dominate today. As a result, you could be as high as a kite or in floods of tears; it all depends on the circumstances. You are creating most of these for yourself and there really isn't any pressure being placed on you that cannot ultimately be traced to your own attitude.

14 SATURDAY *Moon Age Day 25 Moon Sign Sagittarius*

With good problem-solving skills today, it looks as though much of the shine is evident in your sunny nature. Although you won't find everyone easy to get along with, when it matters the most you can make the best of impressions. Don't be worried about telling someone very special how you feel.

15 SUNDAY
Moon Age Day 26 Moon Sign Capricorn

This is an even better day for expressing yourself. Now you are more likely to sort things out carefully and to make a better impression as a result. Confidence is running high, as is personal appeal. Hardly anyone will appear to work against your best interests, either in professional or personal matters.

16 MONDAY
Moon Age Day 27 Moon Sign Capricorn

Power play is around today and you are at the forefront of it. You don't like to feel that others are getting one over on you and tend to be quite forceful as a result. This could be a good day for romance. Your level of popularity is quite high and new people come into your life at almost any stage right now.

17 TUESDAY
Moon Age Day 28 Moon Sign Aquarius

This is a day when you won't take kindly to being told what to do. You need to be fairly tolerant, however, and not to blame the messenger when new instructions come along. Remember that others are only following the orders they have been given. It isn't like Libra to be resentful, but you could be now.

18 WEDNESDAY
Moon Age Day 29 Moon Sign Aquarius

You need to be in the limelight today, as Libra shows what it is really worth, especially in social and professional situations. Deeper attachments take something of a back seat, probably because those who are normally closest to you show a tendency to be rather distant for now.

19 THURSDAY
Moon Age Day 0 Moon Sign Pisces

You are likely to be slightly more liberal with money now and probably with good cause. Although you could be quieter than usual today, you recognise a bargain when you see one and won't be tardy when it comes to snapping it up. For this reason alone, you will be in the mood for shopping.

20 FRIDAY
Moon Age Day 1 Moon Sign Pisces

Enterprising and very funny, you are also quite absent-minded right now. The lunar low is just around the corner, and you could feel slightly lacking in energy at this stage of the working week. If so, it might not be a bad idea to do some housework today.

21 SATURDAY
Moon Age Day 2 Moon Sign Aries

Don't expect to get all your own way this weekend. The lunar low does tend to hold you back a little, though certainly not as much as would sometimes be the case. If you feel you are up against it in terms of the things you have to do, look for some help and support that will be more than welcome during this interlude.

22 SUNDAY
Moon Age Day 3 Moon Sign Aries

With a planetary lull in operation, there really isn't all that much you can do about the situation. You could decide to take a rest, of course, which would certainly do you a great deal of good. However, this is not a situation that is very much to your liking and so a degree of patience is called for today.

23 MONDAY
Moon Age Day 4 Moon Sign Aries

There are opportunities for people far away to get in touch with you now and a journey of some sort definitely isn't out of the question. When it comes to routine jobs, you tend to do them more or less without thinking, though the same need to concentrate that was present yesterday is still around.

24 TUESDAY
Moon Age Day 5 Moon Sign Taurus

Once again, anything old or unusual seems to have a particular fascination for you. Your mind is also very inventive, leading to a few innovative ideas that could be followed up on later. Write down your hunches and be willing to share some of your schemes with people who are more in the know that you are.

25 WEDNESDAY   *Moon Age Day 6 Moon Sign Taurus*

Your boredom threshold is low, which is why you have to look for entertaining possibilities and not tie yourself down with too much routine or too many tedious tasks. You seem to be able to talk the hind leg off a donkey and that makes you more friends, if only because Libra always has something interesting to say.

26 THURSDAY   *Moon Age Day 7 Moon Sign Gemini*

You won't get everything you want today, but much of what you need is already to be found. There is an ingenious streak to your nature, which shows itself more and more as the days pass. By this afternoon, really positive movement becomes apparent, together with ingenious ideas.

27 FRIDAY   *Moon Age Day 8 Moon Sign Gemini*

Rather than looking for something new in your life, especially in terms of your career, it would probably be better today to consolidate. If people are unsure of your motives and intentions, now is the time to put them in the picture. By the evening, you may well be ready for a fling with friends.

28 SATURDAY   *Moon Age Day 9 Moon Sign Cancer*

The weekend brings a burst of enthusiasm for subject matter that hasn't played any particular part in your life up to now. Ringing the changes is very important for Libra and especially so at the moment. Care and attention to detail in any sphere of your life is likely to pay handsome dividends later.

March
2015

1 SUNDAY
Moon Age Day 10 Moon Sign Cancer

There is a great opportunity today to broaden your horizons in some way. Travel and intellectual pursuits of all sorts are likely to appeal to you at the moment and it is clear that the inquisitive side of your nature is on display too. You should discover that family members are being particularly supportive around now.

2 MONDAY
Moon Age Day 11 Moon Sign Leo

Career objectives are making more than satisfactory progress and it is clear that this sphere of your life is getting a good deal of your attention. Family concerns, if you have any, will have to be left on the backburner for a few hours, though you could find a particular friendship more than helpful this evening.

3 TUESDAY
Moon Age Day 12 Moon Sign Leo

Things go better now when you are involved in group activities. Libra is not a natural loner and the support that comes from knowing others are on your side is very important. If there is something you have been wanting of late, this might be the very best time to ask for it.

4 WEDNESDAY
Moon Age Day 13 Moon Sign Leo

There is help around if you want it and even if you don't it is unlikely that you would let anyone know it. You are good to know, inspirational in relationships and warm to your friends. Conversation comes easily to you and allows you to address the worries that a friend finds difficult to express.

5 THURSDAY · *Moon Age Day 14 Moon Sign Virgo*

There are people around today who seem to exist in order to test your patience. The way forward is very clear but difficult to follow, so don't rise to the bait. The more calm and collected you remain, the greater the chance you will bring even the most awkward sorts round to your point of view.

6 FRIDAY · *Moon Age Day 15 Moon Sign Virgo*

Hold back on important decisions until tomorrow and don't allow yourself to be pushed into anything that goes against the grain. Deferring plans is not the same as cancelling them and you will certainly find things going more smoothly tomorrow. For now, take a well-earned break.

7 SATURDAY · *Moon Age Day 16 Moon Sign Libra*

You want to get new projects started and after a couple of days when you were held back, you are straining at the leash. The lunar high offers you all the incentive and help you could possibly need, together with sufficient vitality to overturn obstacles. Little will stand in your way now.

8 SUNDAY · *Moon Age Day 17 Moon Sign Libra*

You could have more luck on your side than you imagined and will want to exploit it for all you are worth. The sporting side of Libra is also likely to be on display, making it certain you are being noticed by almost everyone. Finding time for social activities is also important, if somewhat difficult.

9 MONDAY · *Moon Age Day 18 Moon Sign Libra*

Make an early start today and deal immediately with ideas that have just come off the drawing board of your busy mind. Later in the day you could feel the need to relax, a process that won't be at all easy if you are still trying to solve those last little problems. The early bird really does catch the worm today.

10 TUESDAY
Moon Age Day 19 Moon Sign Scorpio

When it comes to the social side of life, you are at your very best now. It isn't hard for you to modify your nature to suit that of others and you show a definite ability to adapt in a moment-by-moment sense. Intellectually speaking, it is clear that you are on top form around this time.

11 WEDNESDAY
Moon Age Day 20 Moon Sign Scorpio

There is rather an assertive and even an argumentative phase to be addressed at this time. The problem is that you know how things should be done and you won't have too much patience with those who refuse to accept your point of view. This could lead to rows, which will be counter-productive.

12 THURSDAY
Moon Age Day 21 Moon Sign Sagittarius

You could be suffering from a know-it-all complex, to which Libra people are rarely inclined. It's hard to realise that this is going on but the reactions of others ought to be a good sign. Try to be as humble as you can today and realise that there are always different points of view. Avoid those stubborn reactions.

13 FRIDAY
Moon Age Day 22 Moon Sign Sagittarius

If there is one thing that is really likely to make you enthusiastic at the moment, it is the possibility of travel. You need fresh fields and pastures new and won't be too inclined to stick around the house this Friday. If you have to be in one place or are working, it is your fertile imagination that offers the stimulation you need.

14 SATURDAY
Moon Age Day 23 Moon Sign Sagittarius

Keep your eyes and ears open this weekend because even casual remarks can have a tremendous bearing on the way you manage to get ahead. The year is gradually growing older and it seems as though your thirst for adventure is proportional to the lengthening days. You certainly won't want a routine Saturday.

15 SUNDAY
Moon Age Day 24 Moon Sign Capricorn

There is very little that is beyond your capabilities at the moment, even if the arrival of Sunday turns out to be a mixed blessing. The very best trends right now are geared towards your career, which might be difficult to address on a Sunday. Never mind, settle for having a good time instead.

16 MONDAY
Moon Age Day 25 Moon Sign Capricorn

It helps to know the right people and that is what you are making sure about at work this week. It doesn't matter how hard you work, if you are not being seen to do better than your best, it will do you no good in terms of progress. It's unlikely you will be hiding your light under a bushel today, and a good job too!

17 TUESDAY
Moon Age Day 26 Moon Sign Aquarius

In professional matters especially, you need to avoid hasty actions and to think carefully before you make any move. Personally speaking, life should be somewhat easier and offers you the chance to make an important conquest. Single Librans especially can expect an eventful day.

18 WEDNESDAY
Moon Age Day 27 Moon Sign Aquarius

Do keep a lookout for people you haven't seen for a while. Their presence in your life now could prove to be quite fortuitous. Confronting issues from the past is a must at the moment because you are now in a position to straighten them out in your mind. Something you have been worrying about is likely to disappear.

19 THURSDAY
Moon Age Day 28 Moon Sign Pisces

There is a tendency for you to have to put things right that should have been done and finished previously. In some instances, it won't be your fault, but there doesn't appear to be any choice. Even when you know that others have been careless or slipshod, it will be up to you to straighten things out. It isn't fair, but that's life.

20 FRIDAY
Moon Age Day 0 Moon Sign Pisces

There are many ingenious ideas coming into your head now. Although there probably isn't too much you can do about them at the moment, you do have your thinking head on today and could easily spend some time planning. New hobbies or interests that surface again in your life are noticeable now.

21 SATURDAY
Moon Age Day 1 Moon Sign Aries

The lunar low brings irritation if you can't do exactly what you want, when you wish to do it. However, if you realise that present trends are not geared towards material success, you can put some of your schemes on hold and still have a good day. It's all a matter of looking at priorities.

22 SUNDAY
Moon Age Day 2 Moon Sign Aries

There is no sense in trying too hard in directions that clearly are not working. You should be quite selective today and stick to those areas of life that are going according to plan. Spending some time with those you love the most can prove comforting and supports you through a slightly irritating patch.

23 MONDAY
Moon Age Day 3 Moon Sign Taurus

The time is right to chance your arm in some way, even though finances might not have been too strong of late. In almost any situation that requires split second thinking, you would be second to none. Avoid confusion in relationships by being scrupulously honest with your partner or family members.

24 TUESDAY
Moon Age Day 4 Moon Sign Taurus

Coming to terms with the way others are feeling isn't going to be quite as simple as you would wish, and certainly not as easy as it was a few days ago. The only way forward is to ask questions and also to allow others to speak for themselves. Confrontation is not to be recommended right now.

25 WEDNESDAY   *Moon Age Day 5 Moon Sign Gemini*

Socially speaking this ought to be one of the best days of the week. You need to ring the changes as much as possible and avoid being tied down with tedious jobs that could easily wait until another time. You could get rather annoyed if people try to tell you how you how to live your life at the moment.

26 THURSDAY   *Moon Age Day 6 Moon Sign Gemini*

Your ability to get on side others is strong and you need to make the most of it. Personality issues are to the fore. You might think that you fail to make the sort of impression that really counts, but don't worry because before today is out you are likely to discover that this isn't the case at all.

27 FRIDAY   *Moon Age Day 7 Moon Sign Cancer*

Information coming your way via friends simply has to be listened to now. Although you might have a few doubts about the integrity of one specific individual, they are more likely to come good than to let you down. It's all a matter of trust, and you don't really lack that as a rule.

28 SATURDAY   *Moon Age Day 8 Moon Sign Cancer*

The start of the weekend should be zippy and interesting. You tend to mix now with those individuals who have a similar attitude to life but that doesn't mean you can't get to know newcomers. Concentrate on the matter at hand in business, but don't rule out the possibility of good social trends later.

29 SUNDAY   *Moon Age Day 9 Moon Sign Cancer*

You don't want to take anyone or anything particularly seriously. You have plenty of get up and go, but that might not be enough on its own to make the sort of general progress you seek. All the same, when it comes to the popularity stakes, you are tops with many folks.

30 MONDAY
Moon Age Day 10 Moon Sign Leo

You are entering a much brisker period now and one that is somewhat freed from any minor setbacks you have registered recently. Don't take too much notice of the odd individual who thinks you are doing things wrongly. The proof of the pudding is in the eating – an adage that works for you today.

31 TUESDAY
Moon Age Day 11 Moon Sign Leo

The impulse for personal freedom is now extremely strong. It is very difficult to resist simply dropping everything and taking a trip. This restless streak is something you will have to fight hard against on a number of occasions at the moment. Things can be helped by simply breaking usual routines.

April

2015

1 WEDNESDAY

Moon Age Day 12 Moon Sign Virgo

There may be the odd setback where social arrangements are concerned, which in itself could be somewhat irritating. On the whole however, the planets line up reasonably well for you in the middle of this new working week. Don't be too quick to put brand-new plans into action at work.

2 THURSDAY

Moon Age Day 13 Moon Sign Virgo

There could be important discussions today, though you don't want them to turn into disputes and should make that fact as clear as you can, early in the day. If you have some test or examination in front of you, now is the time to start boning up on those all important questions. Concentration counts today.

3 FRIDAY

Moon Age Day 14 Moon Sign Virgo

You tend to be attracted to unconventional types today and make it very plain that you are not prepared for a run-of-the-mill sort of Friday. The more excitement you can pack in, the greater is the enjoyment you derive from life. In personal attachments you should not be too quick to jump to conclusions.

4 SATURDAY

Moon Age Day 15 Moon Sign Libra

Enthusiasm is the key word, and you certainly are in the right frame of mind now to get more or less what you want from life. There is nothing ordinary either about today or your way of looking at it. From the moment you get out of bed it is important to push forward progressively and with single-mindedness.

5 SUNDAY · Moon Age Day 16 · Moon Sign Libra

Physical and emotional strengths are at a peak, allowing you to feel good and to act with significant determination. Don't be too quick to jump to negative conclusions because the lunar high is very supportive in most spheres of your life. What might matter most at present is your tremendous popularity.

6 MONDAY · Moon Age Day 17 · Moon Sign Scorpio

Socially speaking, you can expect some positive responses from others at the moment. It terms of finances, whilst you won't feel yourself to be exactly rich today, there could be slightly more money around than you have been expecting. Ideas from the past probably begin to mature any time now.

7 TUESDAY · Moon Age Day 18 · Moon Sign Scorpio

Social events are particularly well highlighted and remain so for the next couple of days. Getting the person you care about the most to feel special is important, particularly if they have been down for some reason. There is a very selfless feel to Libra at present, which others will love.

8 WEDNESDAY · Moon Age Day 19 · Moon Sign Scorpio

You will probably find your peers on a similar mental wavelength to your own at this time. Co-operation becomes especially important again, as does your natural ability to share. You might decide to stay away from subject matter that is in any way inclined to lead towards unnecessary disagreements.

9 THURSDAY · Moon Age Day 20 · Moon Sign Sagittarius

The tendency towards being easily bored is strong, which is why you have to indulge in as many different activities as you can right now. Confidences are coming in from almost every direction and it could appear that you know more about the private lives of others than you do about your own.

10 FRIDAY
Moon Age Day 21 Moon Sign Sagittarius

Life offers its own tonic when it comes to mixing with others and it seems clear that you are in the market for excitement. Whether you can pack as much into today as you would wish remains to be seen. There are going to be moments during which it will be difficult to explain yourself fully.

11 SATURDAY
Moon Age Day 22 Moon Sign Capricorn

There are some limitations around, particularly in terms of love. Maybe the one you care about the most is unwilling to share their innermost feelings with you, or it could be possible that you find yourself the subject of a jealous outburst. It might simply be easier to spend as much time today as you can with friends.

12 SUNDAY
Moon Age Day 23 Moon Sign Capricorn

There could be a few downsides to life and one of these may be the fact that you find it rather difficult to come to terms with the opinions of your partner. Avoid arguing about anything but do be willing to take part in reasonable discussions in which you do as much listening as talking.

13 MONDAY
Moon Age Day 24 Moon Sign Aquarius

What matters most of all today is that avenues of communication are wide open to you. The more you choose to get out and about today, the greater will be the rewards that come your way. It will seem very important to look right today and a good attitude towards presentation is genuinely of significance at this time.

14 TUESDAY
Moon Age Day 25 Moon Sign Aquarius

An improvement to the smooth running of plans may be the only thing to set today apart. Although life is not exactly tedious right now, it isn't likely to be especially exciting either. Of course, there's nothing at all to prevent you from putting in that extra bit of effort that will count, so get cracking.

15 WEDNESDAY *Moon Age Day 26 Moon Sign Pisces*

A release from routine obligations could be very important today. Libra does not like to feel itself stuck in any sort of rut and you need to ring the changes whenever it proves possible to do so. Things should fall right for you when it comes to romantic arrangements, but stay away from any sort of controversy.

16 THURSDAY *Moon Age Day 27 Moon Sign Pisces*

You might be thinking a good deal at the moment about personal security. In addition, there is more scepticism about you than is usually the case for Libra. It might be best to make certain you don't get things out of proportion because you work best when you remain trusting and open-minded.

17 FRIDAY *Moon Age Day 28 Moon Sign Aries*

Practical issues are subject to the sort of limitations that come along when the Moon is in your opposite zodiac sign, leading to a potentially problematic day. If you stay away from trying to organise things too much and concentrate on relaxation it is entirely possible that you fail to even recognise the lunar low.

18 SATURDAY *Moon Age Day 29 Moon Sign Aries*

Although your patience could easily be tested in some way today, in the main you are moving away from the negative trends brought about by the lunar low and should be able to see the way ahead very clearly. People are crowding round, asking for the sort of assistance that Libra is great at offering.

19 SUNDAY *Moon Age Day 0 Moon Sign Taurus*

Stay away from rules and regulations as much as you can because it is clear that you don't take well to them for the moment. The fact is that you want to do everything your own way, which is fine on those occasions when you know what you are doing. You have plenty to say for yourself in social situations.

20 MONDAY
Moon Age Day 1 Moon Sign Taurus

You are still feeling footloose and fancy free, though of course, if you are attached, it is to be hoped this doesn't extend to your personal life. Nevertheless, the usual places and faces won't hold too much appeal for you and there is a great need for you to demonstrate the original qualities of your nature.

21 TUESDAY
Moon Age Day 2 Moon Sign Gemini

This is a time when relationships can prove to be very useful in a number of ways. There are gains to be made in finances, probably by discussing plans with those closest to you, whilst new incentives at work make this part of the week potentially very interesting and quite varied.

22 WEDNESDAY
Moon Age Day 3 Moon Sign Gemini

The things you learn from colleagues or friends are of great use to you now. Keep your ears wide open and don't turn down well-meant advice, simply because it comes from a rather dubious source. The fact is that you are allowing the suspicious side of your nature far more control again.

23 THURSDAY
Moon Age Day 4 Moon Sign Gemini

Not everyone wants to listen to what you are saying, but since you can't force them to do so, there really isn't too much point in pushing issues. Instead, you need to think long and hard about the social aspects of your life, maybe considering taking up a new hobby, or somehow passing your present skills to others.

24 FRIDAY
Moon Age Day 5 Moon Sign Cancer

There is a good chance that you can turn an interest into a lucrative sideline now. Spend some time thinking about this, as you career through another busy day. Librans make the most of every minute, despite the fact that you also have a lazy streak. A diversion in the direction of luxury later in the day could appeal to you.

25 SATURDAY
Moon Age Day 6 Moon Sign Cancer

You enjoy the company of people from all walks of life at this time and the fact that the people you meet are so diverse only stimulates your active mind all the more. It is possible that you are also reading more than usual at present, probably sticking to adventure stories, or historical tales.

26 SUNDAY
Moon Age Day 7 Moon Sign Leo

You may opt for a quieter Sunday than you had imagined, though there is no likelihood of boredom being part of the scenario. On the contrary, you are quite keen to look at new possibilities but will be inclined to keep them in the planning stage, rather than racing out to do anything materially.

27 MONDAY
Moon Age Day 8 Moon Sign Leo

You like a good argument, though only if you are the one who calls a halt, because there is a distinctly peace-loving quality to the Libran nature too. Managing to deal with both necessities ought to be fairly easy at present. There may be a necessity to stick with what you know best for the moment.

28 TUESDAY
Moon Age Day 9 Moon Sign Leo

Rest and relaxation would be good, though you are unlikely to get much of either today. In a sense, it's your own fault. The fact is that you have been proving yourself so good in many ways of late that someone always wants to pick your brains. At some stage during the day, you need to reserve an hour or two just for you.

29 WEDNESDAY
Moon Age Day 10 Moon Sign Virgo

Today brings a breath of fresh air into your social life. There are new people around, many of whom you will find to be extremely interesting. Amongst the types you come across, look out for those born under your own zodiac sign, as well as people from Gemini and Aquarius.

30 THURSDAY
Moon Age Day 11 Moon Sign Virgo

Creative pursuits suit you down to the ground today. Maybe you are thinking about changes you want to make to your home, or just possibly contributing to a major refurbishment somewhere else, perhaps at work. You are very co-ordinated at the moment and this reflects in your taste.

♎

May

2015

1 FRIDAY
Moon Age Day 12 Moon Sign Libra

Don't be afraid to gamble a little, particularly when you know that the risk of failure is small. Pushing yourself quite hard now, you are able to approach situations in a very positive frame of mind, which is really all it takes to ensure success. Your mind is working like lightning, especially where puzzles are concerned.

2 SATURDAY
Moon Age Day 13 Moon Sign Libra

Ambitions are fired up, which can be something of a downer on a Saturday, when not much of a practical nature is likely to be happening. You need to control your temper, even if at times you feel yourself to be pushed into a corner. If you remain calm, cool and collected, you are certain to win through.

3 SUNDAY
Moon Age Day 14 Moon Sign Libra

Influences regarding personal relationships could be less favourable at the moment and it would be best not to push matters too hard. You might find it is easier to concentrate on more casual associations for the time being and to leave major issues of love to sort out on another day.

4 MONDAY
Moon Age Day 15 Moon Sign Scorpio

Your happiest times at the moment seem to be when you are in groups, where you can find a certain sort of freedom and the level of support that could be lacking in other areas of your life. Be determined in practical issues and push forward with an idea, even if not everyone agrees with you.

5 TUESDAY
Moon Age Day 16 Moon Sign Scorpio

A lift in most social matters is apt to bring out the best in you and it is also possible that you feel a familiar closeness in relationships that might have been missing so far this week. Being on the same mental wavelength as colleagues and friends can also help to create a calmer state of mind.

6 WEDNESDAY
Moon Age Day 17 Moon Sign Sagittarius

There is just a chance that you could upset the status quo today, most probably at work. This may be no bad thing and you certainly won't want to find yourself stuck in any sort of rut. Pointless regulations will certainly get on your nerves today and you can prove awkward if unduly threatened by them.

7 THURSDAY
Moon Age Day 18 Moon Sign Sagittarius

If there doesn't seem to be many emotional rewards around today, concentrate on the more practical aspects of life instead. There are so many possible spheres of influence for you at present that it is difficult to know which one you should look at first. Meanwhile friends prove to be very kind and supportive.

8 FRIDAY
Moon Age Day 19 Moon Sign Capricorn

Don't put others under too much pressure, or like an overheated boiler they are inclined to blow. Your relations with those around you should be very measured at present and there is really no reason to rush. If you feel calm and confident within yourself, this shows in your treatment of others.

9 SATURDAY
Moon Age Day 20 Moon Sign Capricorn

Whilst social developments look good today, you could have more problems with the practical world. This is not a good time to start any adventure, unless you are absolutely sure of yourself and all the details involved. Try to find time to relax, if possible with your partner or loved ones.

10 SUNDAY
Moon Age Day 21 Moon Sign Aquarius

Attracting the kind thoughts and goodwill of others certainly should not be difficult for you now. There is nothing at all wrong with asking for help when you need it and especially not when those around you are so willing to offer support. You may be able to break down a barrier that has been in place for months or even years.

11 MONDAY
Moon Age Day 22 Moon Sign Aquarius

This is a stop–start sort of day because some of what you want to do is a breeze, whilst other issues seem to be much more awkward. The general advice is to concentrate on what you can do and not to fret over things you can't. Even a single job done well makes your efforts worthwhile at the moment.

12 TUESDAY
Moon Age Day 23 Moon Sign Aquarius

There's something missing today and it is almost certain that you cannot put your finger on what it might be. It may not be worthwhile trying to find out because you react very well on instinct. By the evening you could be looking for comfort and security, which isn't necessarily a bad thing.

13 WEDNESDAY
Moon Age Day 24 Moon Sign Pisces

Social plans may have to be re-routed but since you are very good at thinking on your feet, this is not likely to be too much of a problem. A planned schedule is less likely to get you where you want to be than one that involves reacting to events. Romantically speaking, you could be entering a very interesting phase.

14 THURSDAY
Moon Age Day 25 Moon Sign Pisces

There is great scope for attracting life's little luxuries today, something that doesn't generally cross your mind unless you are feeling insecure. It ought to be obvious that your instincts are presently honed to perfection and with a mixture of intuition and direct communication, understanding others ought to be simple.

15 FRIDAY
Moon Age Day 26 Moon Sign Aries

Don't take on too many commitments today. The lunar low is around and is almost certain to sap your strength. Concentrate on things you enjoy and, if possible, take a total break from responsibilities. You can't expect everyone to agree with your ideas for today or tomorrow so be patient.

16 SATURDAY
Moon Age Day 27 Moon Sign Aries

The pace of life isn't running at fever pitch, in fact you can afford to amble along for once. Get what you can from attachments at home or amongst really good friends. The quieter your pastimes are at the moment, the happier you will probably be. Libra is not a solitary sign but is slightly more so at present.

17 SUNDAY
Moon Age Day 28 Moon Sign Taurus

You really do just love to be yourself this weekend, and others love you for it. Of course you can't please everyone but that's the way life is. This would be a perfect time for a change of scenery and for being in the company of people who think you are absolutely fantastic. Humility is not your special gift right now.

18 MONDAY
Moon Age Day 0 Moon Sign Taurus

If you have the chance to travel now, you should certainly do so. A change of scene would suit your present mood wonderfully, the more so if you are in the company of people you like a great deal and whom you find stimulating. What you don't need today is to be stuck in the same old rut.

19 TUESDAY
☿ *Moon Age Day 1 Moon Sign Gemini*

You benefit a great deal today from mixing with a broad cross-section of people. This is a sociable period and one during which you might also be turning your mind towards matters of love and romance. Money matters can be addressed successfully, particularly alongside family members.

20 WEDNESDAY ☿ *Moon Age Day 2 Moon Sign Gemini*

A light-hearted time in all social and love matters allows you to think about getting out into the bright lights. Certainly you won't take too kindly to being cooped up in the same place all the time and you do need the sort of mental stimulus that comes from mixing with intellectual and reactive types.

21 THURSDAY ☿ *Moon Age Day 3 Moon Sign Cancer*

You may have your work cut out trying to make personal relationships work out exactly as you would wish. It is other people who seem to be awkward at present and who simply will not adopt what you see as being a rational point of view. It might be best to stick with friends for the moment.

22 FRIDAY ☿ *Moon Age Day 4 Moon Sign Cancer*

The forces of change are in operation. The present position of the Sun makes it both necessary and desirable to get rid of aspects of life that are not serving you well now. This might mean a change of job for some Libran people, or maybe thoughts of an alteration in your living circumstances.

23 SATURDAY ☿ *Moon Age Day 5 Moon Sign Leo*

You are quite anxious to broaden your horizons in just about any way that proves possible. Romance is beckoning for many people born under the sign of the scales and the approach of the weekend offers new chances to make a good impression. Don't be surprised if you feel a little off colour early today.

24 SUNDAY ☿ *Moon Age Day 6 Moon Sign Leo*

There are newer and broader horizons on offer, even if you fail to notice them early in the day. People you don't know all that well appear to have a much better understanding of you and it is hard to see right through to the heart of some matters in the way you normally do easily.

25 MONDAY ☿ *Moon Age Day 7 Moon Sign Leo*

Although you are eager for professional success, things may not be turning out quite the way you would wish. Take life steadily and look for opportunities in places where other people fail to see them. Confidence is present, but buried below the surface for most of the day. You need reassurance.

26 TUESDAY ☿ *Moon Age Day 8 Moon Sign Virgo*

Although you are willing to meet with people today, and quite able to speak your mind, for some reason things will not go entirely your way. Be patient, keep your cool and don't react to provocation. Remember these pieces of advice and you are certain to win through in the end.

27 WEDNESDAY ☿ *Moon Age Day 9 Moon Sign Virgo*

You are on a continued high with regard to mental interests of almost any sort. Be willing to look again at old issues that return to your life, though your attitude this time is likely to be quite different. Money matters are easier to deal with and you could find cash coming from unexpected places.

28 THURSDAY ☿ *Moon Age Day 10 Moon Sign Libra*

What an excellent time this would be for putting the finishing touches to fresh and innovative ideas. Remain determined and overthrow obstacles that might normally get in your way. Confidence levels are generally high and it is clear that you have a number of agendas at present.

29 FRIDAY ☿ *Moon Age Day 11 Moon Sign Libra*

It looks as though you are feeling particularly competitive today, though whether you can put this proclivity to good use remains in some doubt. Constant attention to detail is not something that would interest you at all today. A broad overview works much better, in almost every sphere of your life.

30 SATURDAY ☿ *Moon Age Day 12 Moon Sign Libra*

You really don't need unnecessary distractions today from people who have no idea what your agenda might be. Busybodies of all kinds need to be shunned, though you don't help your cause if you allow yourself to become involved in arguments with this sort of person. Simply rise above their interference.

31 SUNDAY ☿ *Moon Age Day 13 Moon Sign Scorpio*

Given the right social circumstances, and of course the best sort of audience, you can make an excellent impression at the moment. If you are a Sunday worker, expect superiors to be watching you closely, albeit in a positive way. Keep abreast of local news – you may have to act on it.

June

2015

1 MONDAY ☿ *Moon Age Day 14 Moon Sign Scorpio*

Right now you are mainly concerned with practical ideas, so the theoretical side of life is taking something of a back seat. That's fine but it could be that you discover yourself doing the same thing more than once, simply because you haven't thought it out first. A few minutes contemplation can save hours now.

2 TUESDAY ☿ *Moon Age Day 15 Moon Sign Sagittarius*

This could be a time of some financial gain if you handle things properly. You should find you can get plenty done in a practical sense and you are now less likely to have to repeat yourself. There are strong incentives coming along to make significant changes in and around your home but you are going to need help.

3 WEDNESDAY ☿ *Moon Age Day 16 Moon Sign Sagittarius*

There is no reason to hang back at this stage of the week and it is important that you take opportunities as and when they arise. You will be showing slightly less patience than was the case recently, which is one of the reasons why it would be sensible to listen to what someone slightly calmer has to say.

4 THURSDAY ☿ *Moon Age Day 17 Moon Sign Sagittarius*

There is something warm and cosy about today, in direct contrast to the somewhat stark realities of life in which you have been dealing for a couple of days now. Family-minded Libra puts in an appearance and you would probably rather be at home than anywhere. The sentimental side of your nature is on display.

5 FRIDAY ☿ *Moon Age Day 18 Moon Sign Capricorn*

Feelings can run pretty high amongst friends and the last thing you need is to find yourself the filling in a sandwich between two opposing factions. If at all possible it would be best not to take sides, though it could be difficult to avoid having to do so. Your best tact and diplomacy is definitely called for now.

6 SATURDAY ☿ *Moon Age Day 19 Moon Sign Capricorn*

Your strong opinions will not appeal to everyone today and as a result you could be somewhat argumentative. This won't really do you any good and it would be more sensible to remain quiet, especially when you know that you are on shaky ground. A few solitary hours would do you no harm right now.

7 SUNDAY ☿ *Moon Age Day 20 Moon Sign Aquarius*

Those amongst you who work on a weekend should find today to be quite rewarding but the very best trends belong to Libra people who can call this Sunday their own. With some almost magical trends playing around you at present, you can make a great impression on others and have an excellent day yourself.

8 MONDAY ☿ *Moon Age Day 21 Moon Sign Aquarius*

It's time to look at your personal economy and to take decisions into your own hands. Not everyone will agree, but you have good powers of communication at present and should not find it difficult to bring others round. There are gains and losses right now but on balance you should prove to be the winner.

9 TUESDAY ☿ *Moon Age Day 22 Moon Sign Pisces*

You should now be pressing ahead diligently with professional incentives and Libra can work harder at this stage than at any other time during June. This means you will get plenty done and that you should be quite happy with your progress by the time the evening comes along. Then it's time to have some fun.

10 WEDNESDAY ☿   *Moon Age Day 23 Moon Sign Pisces*

Today you will get significant results from your efforts. Ahead of the lunar low you need to push hard towards your objectives, realising that for the next couple of days at least, progress will be somewhat restricted. As impediments to practical progress build up, so your mind turns more to personal matters.

11 THURSDAY ☿   *Moon Age Day 24 Moon Sign Aries*

Everyday progress is certainly lacking at this stage of the week and it might seem all the worse on the heels of such a progressive period. Understand that this is due to the lunar low and that the trend lasts only for a couple of days. During that time you need to do more thinking than acting.

12 FRIDAY ☿   *Moon Age Day 25 Moon Sign Aries*

Once again you struggle to get ahead in any concrete way and will need to be circumspect about taking chances or risking any money. The attitude of those around you remains positive and there is nothing to prevent you from looking ahead and planning in a progressive way.

13 SATURDAY   *Moon Age Day 26 Moon Sign Taurus*

You should now try to consolidate what you have started personally and not allow technicalities to get in your way. Libra shows great determination at present but also generosity of spirit on a scale that will surprise even you. Although you can't have everything you want today, much you desire can come your way.

14 SUNDAY   *Moon Age Day 27 Moon Sign Taurus*

Your winning ways are on display and a few of the difficulties you thought you were facing blow away on a fresh breeze of optimism. The great thing about being a Libra is that little bothers you for long at a time. Financial trends are encouraging and you manage to get one over on a former adversary.

15 MONDAY · _Moon Age Day 28 Moon Sign Gemini_

There is a strong element of luck around right now and this carries you through situations without you having to think too much about them. Happy and generally carefree in your attitude, you are a pleasure to be around. Even if you have one or two worries, nobody would ever guess the fact.

16 TUESDAY · _Moon Age Day 29 Moon Sign Gemini_

Practical issues seem to be your number one priority today, mainly because you have been avoiding them for a few days. Your powers of communication should be better and there will be a chance to put right something that has been an issue in your life for weeks. Family trends are positive and happy.

17 WEDNESDAY · _Moon Age Day 0 Moon Sign Cancer_

You have plenty of get up and go today, which is just as well because the chances are there is much to be done. Keep abreast of local news and events, at the same time looking carefully at the big picture regarding your own life. A personal touch if there are congratulations in the family would be appreciated.

18 THURSDAY · _Moon Age Day 1 Moon Sign Cancer_

If there is one fact you can rely upon today, it is that you will keep busy. With a thousand things to be done, and only you to address them specifically, you could be racing about from pillar to post. What would work best is the steady and serene attitude that represents your zodiac sign working to its full potential.

19 FRIDAY · _Moon Age Day 2 Moon Sign Cancer_

There can be a conflict today between the sort of obligations you must fulfil and those things you would rather do. If you split your time skilfully, you can manage both. Be aware of the behaviour of younger family members, one or two of whom can surprise you with their actions and opinions.

20 SATURDAY
Moon Age Day 3 Moon Sign Leo

You are likely to meet other people today who have the power to make you think differently and in a more original way. Life can be stimulating and you have the ability to move into spheres that would have been a mystery to you only a short time ago. Your capacity for work of any sort is especially large now.

21 SUNDAY
Moon Age Day 4 Moon Sign Leo

Smooth and steady progress could set this Sunday apart, whether or not you are a weekend worker. If you are not committed to practical matters, you would respond very well now to a trip into the past. Should you want to feed your intellectual curiosity and your sense of nostalgia, try a museum or maybe some sort of gallery.

22 MONDAY
Moon Age Day 5 Moon Sign Virgo

Look out for a boost in professional matters, maybe even a change of job for some Libra subjects. You won't find everyone equally helpful because there is a degree of competition around at present. You can rise above petty jealousies and won't take too much notice of any teasing that is going on.

23 TUESDAY
Moon Age Day 6 Moon Sign Virgo

Being in the know is as easy as looking into the face of the people you are associating with at present. Your intuition is extremely strong and the chance of anyone getting ahead of you now is virtually nil. There is just the slightest chance of unnecessary little mishaps, so watch your step.

24 WEDNESDAY
Moon Age Day 7 Moon Sign Virgo

You know exactly what you want from life and should not have too much trouble getting it. Turning your attention away from the practical aspects of life, this is a period when you will be concentrating more on simply having a good time. Back your hunches, and look towards a small sum coming along that you didn't expect.

25 THURSDAY
Moon Age Day 8 Moon Sign Libra

The opportunity to forge ahead with new and interesting ideas comes now, as the lunar high offers some of the best incentives of the month. This is no time to be held back but a period during which you should push the bounds of possibility as far and as fast as you are able. Travel is on the cards.

26 FRIDAY
Moon Age Day 9 Moon Sign Libra

Not only are you on top form mentally, but you should also notice that your physical condition is better than normal. With determination and a genuine desire to help others as well as yourself, you are able to forge completely new paths to personal and social success. Avoid pointless rows on the way.

27 SATURDAY
Moon Age Day 10 Moon Sign Scorpio

Not everyone you know is equally helpful today, though perhaps they have their reasons, which ought to be easy to guess once you do a little digging. Confidence is still high and the need to make changes in and around your home is likely to be fairly strong all day.

28 SUNDAY
Moon Age Day 11 Moon Sign Scorpio

If you are going to appear on a public platform, chances are you will spend ages preparing yourself. That's fine, but remember that the spontaneous quality of Libra is also important. There isn't a sign of the zodiac that can busk it better than yours can. If you don't believe this to be true, ask a friend.

29 MONDAY
Moon Age Day 12 Moon Sign Scorpio

There is a definite chance you could end up in pointless rows today, which would be a pity, especially at a time when there is so much else to do. Of course, it takes two to tango and no argument can take place at all if you refuse to join in. Simply don't rise to any bait, no matter how provocative it seems to be.

30 TUESDAY   *Moon Age Day 13 Moon Sign Sagittarius*

If you feel that something is missing from your life at the moment, you can blame a number of small but unusual planetary influences that surround you presently. Simply carry on with your regular routines and don't allow yourself to be thwarted by matters that are not worth worrying about.

♎ July 2015

1 WEDNESDAY   *Moon Age Day 14 Moon Sign Sagittarius*

You are certainly not backward at coming forward, which is going to stand you in good stead at work. Whether all you have to say is of interest to everyone you meet might be somewhat in doubt and it is important to know when you are over-egging the pudding. Balance is required.

2 THURSDAY   *Moon Age Day 15 Moon Sign Capricorn*

It looks as though you are attending to a variety of different tasks at the moment and that means showing just how versatile you are capable of being. Meetings with others can be inspiring and add to the reservoir of ideas that are flowing through your mind right now. Confidence remains essentially high.

3 FRIDAY   *Moon Age Day 16 Moon Sign Capricorn*

You should be on the move today and happy to have things going your way. There isn't much mileage in staying in the same place and travel of any sort is supported by a number of present trends. In sporting activities you will be going for gold, though it has to be said that you might only manage silver.

4 SATURDAY   *Moon Age Day 17 Moon Sign Aquarius*

You find the activities that are taking place out there in the wider world more appealing than home based matters today. That's fine, as long as you don't appear to be deliberately ignoring your nearest and dearest. Libra is presently a creature of the moment and they will realise the fact, but some consideration is still necessary.

5 SUNDAY
Moon Age Day 18 Moon Sign Aquarius

Casual conversations might not seem to get you anywhere as a rule but they can today. Keep your ears open because the truth of many situations lies just below the surface. Routines can be something of a bind and don't leave you the amount of time you feel you need to get on with those important specifics.

6 MONDAY
Moon Age Day 19 Moon Sign Pisces

Impatience can clearly be a factor today and is something you will most probably wish to avoid. Getting on the wrong side of a relative won't do you any good at all and this could mean having to bite your tongue. This might annoy you now, but you will be glad you did in the fullness of time.

7 TUESDAY
Moon Age Day 20 Moon Sign Pisces

In terms of getting along with others, what seemed so easy a few days ago is certainly more difficult now. You are unwilling to make definite compromises and this fact alone can get you into some hot water. Arriving at conclusions that don't really make sense is also another potential difficulty.

8 WEDNESDAY
Moon Age Day 21 Moon Sign Aries

This is a time during which you may actively choose to sit back and take stock of situations, if only because the arrival of the lunar low allows you little chance for direct intervention. Prior planning is always a good thing, even though it isn't something Libran people always take into account. You can do so now.

9 THURSDAY
Moon Age Day 22 Moon Sign Aries

You could encounter a few obstacles at the moment so don't be too quick to take the initiative. At the same time it is important not to argue for your limitations, many of which will not be there at all by tomorrow. Concerted effort counts later but for now you can afford to be just a little circumspect.

115

10 FRIDAY
Moon Age Day 23 Moon Sign Taurus

Though this may prove to be a rather taxing phase as far as work is concerned, in a general sense things should be going the way you would wish. You won't take kindly to being told what to do, though compromise is important and you are clearly bright enough to allow others to believe they are getting their own way.

11 SATURDAY
Moon Age Day 24 Moon Sign Taurus

Be on the lookout for old faces coming back into your life. The present position of the Moon makes it likely that meetings with those from the past can have some sort of positive bearing on your immediate future. There is much about today that could be seen as odd or unusual.

12 SUNDAY
Moon Age Day 25 Moon Sign Taurus

The art of good conversation, together with the attendant popularity that comes your way as a result, is definitely your forte at present. However, not everything you hear at the moment is of equal importance and it is vitally important that you take time to sort out the wheat from the chaff.

13 MONDAY
Moon Age Day 26 Moon Sign Gemini

As far as personal and emotional security are concerned, you should find yourself very well looked after today. For the first time in a while there appear to be moments to sit and take stock and you won't be in too much of a rush to get things done. Something that has been a problem could even resolve itself today.

14 TUESDAY
Moon Age Day 27 Moon Sign Gemini

You can expect a few ups and downs today, most likely in terms of relationships. Although you have what it takes to get on the right side of most people, there are always going to be exceptions. Expect rules and regulations to get on your nerves around this time. All you can do is to shrug your shoulders and smile.

15 WEDNESDAY   *Moon Age Day 28 Moon Sign Cancer*

Circumstances are getting better for dealing with money matters. You have a good head on your shoulders at this stage of the week and seem likely to be making a favourable impression on those who have power and influence. In a more personal sense there do seem to be a few awkward types about.

16 THURSDAY   *Moon Age Day 0 Moon Sign Cancer*

Attention needs to be focused on your own needs today. Being selfish is far from typical Libran behaviour but there are times when it is necessary. Nevertheless, you make a good job of entertaining others on the way and can make new friends, almost without any effort at all.

17 FRIDAY   *Moon Age Day 1 Moon Sign Leo*

Keeping abreast of everything that happens in your vicinity is quite important now. Although you are keeping up to date with necessary jobs, you still get the impression that there is more and more to do. It is possible that you are panicking unnecessarily. Maybe you need to stand back and look at matters from a distance.

18 SATURDAY   *Moon Age Day 2 Moon Sign Leo*

Deeper, emotionally based matters take up some of your time at the moment. This is paradoxical, because there is part of your nature that doesn't want to take anything at all seriously today. You may have to consciously split your mind into two parts, which isn't all that difficult for any Air sign such as Libra.

19 SUNDAY   *Moon Age Day 3 Moon Sign Leo*

Socially speaking, you enter a bold period. Discussions take place, sometimes with people who have intimidated you to some extent in the past, and you feel the need for intellectual stimulation at every turn. Be careful that established, emotional relationships are not taking a back seat.

20 MONDAY
Moon Age Day 4 Moon Sign Virgo

This is likely to be a day that looks very good on the work front. With more energy and plenty of your accustomed optimism, you can push forward progressively, and will be much fairer in your attitude. Librans who are not working today should look at jobs that need addressing in and around the home.

21 TUESDAY
Moon Age Day 5 Moon Sign Virgo

Your powers are rather ineffectual today, as the Moon is in your solar twelfth house. What might seem most appealing would be to spend time alone or at least in the company of those who make few demands. Some effort is necessary if you want to get ahead in a financial or professional sense.

22 WEDNESDAY
Moon Age Day 6 Moon Sign Libra

The lunar high should bring a very positive and assertive middle of the week as far as you are concerned. Don't allow small matters to hold you back and wherever possible do what you can to get ahead professionally. It's the big picture that matters at the moment and you are very determined today.

23 THURSDAY
Moon Age Day 7 Moon Sign Libra

Your financial wherewithal is likely to be better and it might be possible for you to make some fairly straightforward speculations, because your mind is working very clearly now. Friends show how important you are and this definitely feeds your ego. You will be called upon to lend a hand, particularly by relatives.

24 FRIDAY
Moon Age Day 8 Moon Sign Libra

The Sun is now in your solar eleventh house, promising much in terms of friendships and possibly introducing you to people who have not played a significant part in your life previously. Beware a tendency to get things wrong first time round today, leading to jobs having to be done over.

25 SATURDAY
Moon Age Day 9 Moon Sign Scorpio

Personal concerns and wishes could be addressed today. Planetary contacts to little Mercury shows a possibility of important communications coming by post or email. When it comes to alterations you have been wishing to make at home, some delays are inevitable and probably necessary.

26 SUNDAY
Moon Age Day 10 Moon Sign Scorpio

An extra boost to social trends is now indicated, making this potentially one of the best Sundays of the year. The less you plan specifically, the more spontaneous you become and the greater is the sense of enjoyment. Don't take anything too seriously, especially your own nature.

27 MONDAY
Moon Age Day 11 Moon Sign Sagittarius

A colleague or superior at work might be speaking very highly of you at the moment. This is almost certainly no more than you deserve during a year that has seen you working consistently and with great enthusiasm. Many Librans could be offered greater responsibilities between now and the autumn.

28 TUESDAY
Moon Age Day 12 Moon Sign Sagittarius

Look out for a period of personal excitement, especially where love and relationships are concerned. You simply will not be held back right now and can break down just about any barrier that gets in your way. With plenty of reassurance coming from the direction of those you trust, even greater possibilities are in view.

29 WEDNESDAY
Moon Age Day 13 Moon Sign Capricorn

Your most successful moments today are those during which you can work closely with people you trust and like. If you are employed in professional tasks today, then so much the better. Whatever you are doing, make sure that typical Libran smile is never far from your face.

30 THURSDAY   *Moon Age Day 14 Moon Sign Capricorn*

A social issue could be the cause of a minor irritation, whilst at the same time those around you singularly fail to come up to your expectations of them. It might simply be that you are in a contrary frame of mind; whatever the reason, you need to look carefully at your actions and reactions today.

31 FRIDAY   *Moon Age Day 15 Moon Sign Aquarius*

Your power to attract just the right sort of people into your life has seldom been more noteworthy than is the case now. Get any jobs you see as being urgent out of the way as quickly as possible. Once you have done so, the time is right to socialise as hard as you can. Contacts made at the moment can be important.

♎ *August*

2015

1 SATURDAY
Moon Age Day 16 Moon Sign Aquarius

You will gain from a variety of interests today and can be sure that life is generally on your side. The attitude of those you encounter ought to be good and you have what it takes to make the best sort of impression. Family rows may be breaking out, but you are unlikely to be a part of any of them.

2 SUNDAY
Moon Age Day 17 Moon Sign Pisces

It would be a good idea to concentrate on priorities today before you get sidetracked with all sorts of irrelevant details. Make the most of all new opportunities at home and do your best to give a good impression. It is possible you are being watched at the moment, even if you don't realise.

3 MONDAY
Moon Age Day 18 Moon Sign Pisces

Someone you meet today, probably in a professional capacity, can have a tremendous bearing on the way your mind is working. Today is not a time to stand on ceremony, so tell the whole world how you see things. You can be relied upon to use your accustomed diplomacy all the same.

4 TUESDAY
Moon Age Day 19 Moon Sign Aries

With the Moon is in your opposite zodiac sign, you find yourself in the low point of the week. Don't expect things to improve all that much tomorrow either, although it really depends on your attitude and your understanding of present trends. If you don't expect too much, you won't be disappointed.

121

5 WEDNESDAY   *Moon Age Day 20 Moon Sign Aries*

The domestic scene needs a positive approach now and you will have to listen very carefully to what family members are saying. This is even more vital if your partner has an axe to grind. There are situations you can't do much about, but what really matters is your willingness at least to lend an ear.

6 THURSDAY   *Moon Age Day 21 Moon Sign Aries*

Make the best of information that comes your way, maybe from colleagues or friends. You'll be better placed than other people to see the potential gains that are at hand. Riding the ups and downs of life is a piece of cake at the moment and you won't easily be swayed once your mind is made up.

7 FRIDAY   *Moon Age Day 22 Moon Sign Taurus*

You may have to accommodate the needs of others today and that will probably mean you don't have too much time for yourself. That won't worry you too much, because you are getting a good deal out of life in any case. Don't be too quick to argue for your limitations when it comes to a job around the house.

8 SATURDAY   *Moon Age Day 23 Moon Sign Taurus*

Keep yourself open to new ideas. There are some very good trends on the way, so this is definitely the time to get going. You need to adopt new attitudes and policies and will be quite happy to do whatever it takes to get on in life generally. Friends will make demands, but they are easily settled in the main.

9 SUNDAY   *Moon Age Day 24 Moon Sign Gemini*

This is a day to win friends and to influence people generally. You won't be slow to make progress when it is offered and you see openings that others do not. Confidence is definitely on the increase and you have what it takes to get ahead. If you are at work you could well be suggesting better ways of doing things.

10 MONDAY
Moon Age Day 25 Moon Sign Gemini

A breezy attitude predominates and it isn't at all hard for you to take life fully in your stride. Get out of the house and find some way to blow away the cobwebs. You won't get everything you want today in a practical sense, so it might be best to shelve such considerations at least until a little later in the week.

11 TUESDAY
Moon Age Day 26 Moon Sign Cancer

Keep abreast of current news and views, particularly at work. It's important that people think you are interested, even if on occasion you are not. It never does any harm to make a good impression – especially if you are being watched by someone who could offer you a pay rise or new responsibilities.

12 WEDNESDAY
Moon Age Day 27 Moon Sign Cancer

The hearth, home and family are all of great interest to you today, which is the case for much of this month. Lots of people have good things to say about you, some of which might even prove embarrassing. If it's true, just take the compliments with good grace.

13 THURSDAY
Moon Age Day 28 Moon Sign Leo

Making practical progress is now partly down to the way others are willing to work on your behalf. The choice is yours, because not everyone concerned is a person you care for all that much. Either you can be one hundred percent honest and struggle a little more, or else tell the odd white lie and find you are getting on really well.

14 FRIDAY
Moon Age Day 29 Moon Sign Leo

You should find that things get better rapidly as today advances. Do what you can to support people who are trying very hard to get on and you will probably do yourself some good on the way. If friends seem depressed, turn on that Libran wit and get them laughing. There's no better tonic to be found anywhere.

15 SATURDAY   *Moon Age Day 0 Moon Sign Leo*

Domestic attachments count for a lot this weekend, though you will also be taking time out to do your own thing, which could be shopping (particularly if you are a female Libran). Fresh fields and pastures new suit you now, so take yourself somewhere you don't go all that often. Bargains could be waiting.

16 SUNDAY   *Moon Age Day 1 Moon Sign Virgo*

It looks as though you are enjoying more personal freedom now and that means making the most of life. It is quality rather than quantity that matters today, so whatever you do you will want to do it to the best of your ability. Congratulations might be in order somewhere in the family or amongst friends.

17 MONDAY   *Moon Age Day 2 Moon Sign Virgo*

Romance and leisure activities receive positive planetary highlights around now and the start of a new working week definitely offers you the chance to mix business and pleasure. Talking of pleasure, some of it comes from a desire for luxury, which is fairly routine for the sign of Libra.

18 TUESDAY   *Moon Age Day 3 Moon Sign Libra*

This day marks a peak in your influence on the world at large. You won't have any problem at all getting others to listen to you and for this reason alone you need to trot out all those ideas you have been harbouring for so long. You are active, inspiring and magnetic.

19 WEDNESDAY   *Moon Age Day 4 Moon Sign Libra*

Keep up the good work and simply be willing to enjoy yourself on this summer Wednesday. With almost everyone willing to show you how friendly they can be, getting your own way ought to be child's play. Romantic moments pepper the day and you are a veritable poet when it comes to finding the right words.

20 THURSDAY
Moon Age Day 5 Moon Sign Libra

Exciting social plans should be on the agenda and there isn't much doubt about your determination to have fun. Give yourself a pat on the back for a recent success, but don't allow this to get in the way of your continued efforts to get ahead. Someone very special could be entering your life around now.

21 FRIDAY
Moon Age Day 6 Moon Sign Scorpio

If there is some reorganising to do at the moment, you are just in the right frame of mind to take it on. The results ought to be more than worth the effort and you are steadily getting towards a new way of looking at old aspects of life. Allow a younger relative a little more leeway than you have been doing.

22 SATURDAY
Moon Age Day 7 Moon Sign Scorpio

There are signs that there could be a minor setback today, so keep your wits about you and don't take too many chances. Listen to the advice of those you trust and settle for a low-key day, though one that still offers a good deal of potential personal satisfaction.

23 SUNDAY
Moon Age Day 8 Moon Sign Sagittarius

There ought to be a feeling of definite support around you now. Venus, your ruling planet, is in a good position to increase your popularity and to ensure that your approach to others is exactly what is needed to get their support. Once again, avoid getting involved in family rows, even if you haven't started them.

24 MONDAY
Moon Age Day 9 Moon Sign Sagittarius

There are times within social contacts that you can make a real difference to the way those around you are thinking, and this is particularly true with regard to work colleagues and past associates. Set out to have a good time. You might have been rather too serious for your own good of late and need to redress the balance.

25 TUESDAY   *Moon Age Day 10 Moon Sign Sagittarius*

Social matters should bring some promising new developments. You are friendly with just about anyone and more than willing to share what you have. Although there may be very slight hiccups in your romantic attachments, when it matters the most your partner or sweetheart is likely to come up trumps.

26 WEDNESDAY   *Moon Age Day 11 Moon Sign Capricorn*

Your imagination is easily stimulated around now and you won't have any difficulty at all following the possibilities that come about as a result of a daydream. When it comes to proving your case in an issue that has been on your mind for a while, what you need is evidence, and that might not be too available.

27 THURSDAY   *Moon Age Day 12 Moon Sign Capricorn*

Some aspects of your personal life could prove to be just a little awkward around now. Slow down the pace of events and deal with any unfinished business before you plough onwards at a pace. You might find the possibility of relaxing at home just too good to miss out on, no matter how busy you seem to be.

28 FRIDAY   *Moon Age Day 13 Moon Sign Aquarius*

There are issues around now that should make your life a good deal easier in the future and what matters the most is that you recognise them. With significantly renewed energy it won't be at all hard to take on many different jobs at the same time and to give yourself fully to all of them.

29 SATURDAY   *Moon Age Day 14 Moon Sign Aquarius*

Finance is well starred right now and this is a time of the month during which you can put plans into action that should see you being really successful in thinking about your monetary future. Listen to what your partner or sweetheart has to say, because it will probably make great sense.

30 SUNDAY   *Moon Age Day 15 Moon Sign Pisces*

Try to avoid too much daydreaming at the moment, because what you really need today is concrete action. A few rules might get on your nerves and you will be spending a great deal of time working out how to circumnavigate them altogether. Libra can be very mischievous at present.

31 MONDAY   *Moon Age Day 16 Moon Sign Pisces*

With plenty to celebrate at home you have what it takes to make this a really good day all round. Confidence isn't lacking when you need it the most and you are likely to be showing your friendliest face to the world at large. This is Libra at its best and it is something that others find distinctly captivating.

127

♍ ♎ September
2015

1 TUESDAY
Moon Age Day 17 Moon Sign Aries

Energy is now in short supply and there isn't really much you can do about the situation except to ride out the storm for a day or two. This might not be the luckiest day for making big decisions, so leave them until the weekend. You can still find ways to have fun, but many of the laughs depend on other people.

2 WEDNESDAY
Moon Age Day 18 Moon Sign Aries

Something is well past its sell by date and should be left well alone. This doesn't simply relate to supermarket shopping but could equally well be to do with a relationship you thought you had buried some time ago. Just remember, there's no future in the past, something you will realise only too well even by tomorrow.

3 THURSDAY
Moon Age Day 19 Moon Sign Taurus

The big wide world can now seem very inspiring and you won't take much encouragement to be a part of it. The weather should still be fairly good and you will have a great desire to get out and about. Concentrating on work won't be easy, but you will be quite happy to simply find yourself some fun.

4 FRIDAY
Moon Age Day 20 Moon Sign Taurus

This is a period during which you will probably have some time to spend on yourself. Libra is now a little quieter again, giving you time to think and to plan. Although there are plenty of potential invitations coming in, generally speaking you will be happier to watch and wait for a while.

5 SATURDAY   *Moon Age Day 21 Moon Sign Gemini*

Professional developments are still well highlighted for many of you as the weekend arrives. Take the opportunity to bring forward a few plans that have been hatching in your mind and rely on the support of colleagues. You will still be quite happy to be involved in projects that have to do with your home surroundings.

6 SUNDAY   *Moon Age Day 22 Moon Sign Gemini*

The domestic scene is likely to be far busier today and you are in for a very active sort of Sunday. Confirming some of your earlier suspicions, you are well ahead of the game generally and able to use intense intuition to assess people and situations. Look out for love, which could take you very much by surprise today.

7 MONDAY   *Moon Age Day 23 Moon Sign Cancer*

There is just a possibility that you will be slightly impetuous when it comes to spending money and that could turn out to be a mistake. Before you make any major purchase stop and think: is it something you need or are you simply compensating because what you really want isn't available?

8 TUESDAY   *Moon Age Day 24 Moon Sign Cancer*

You should enjoy a higher degree of emotional contentment now, and maybe this has more to do with the way others seem to be behaving than it does with your own personality. Once again you are likely to settle for a reasonably quite time, secure in the bosom of your family and not needing too much else.

9 WEDNESDAY   *Moon Age Day 25 Moon Sign Cancer*

Your home life continues to be enjoyable and you are making the most of family relationships. In some respects you might be all fingers and thumbs, but that's something that happens to Libran people occasionally. More haste and less speed should probably be your motto for the moment.

10 THURSDAY   *Moon Age Day 26 Moon Sign Leo*

You should be enjoying domestic happiness, whilst at the same time champing at the bit to do something different. Whilst you don't want to upset the apple cart at home, you need all sorts of stimulation in order to get the best out of your life. Confidence-boosting exercises at work should have the desired effect.

11 FRIDAY   *Moon Age Day 27 Moon Sign Leo*

It could appear that there is something missing today and you will have to work hard if you really want to get ahead. There are no really bad astrological trends around today, but there are not many good ones either. In the end you need to make your own luck for a day or two and also spend quite a lot of time with joyful people.

12 SATURDAY   *Moon Age Day 28 Moon Sign Virgo*

Trends this weekend are geared almost exclusively towards leisure and pleasure and you really do need to find time to do something that pleases you. What won't impress you at all is being constantly at the beck and call of people who are quite capable of doing things for themselves. You might have to be a little blunt.

13 SUNDAY   *Moon Age Day 0 Moon Sign Virgo*

Look out for a heavily competitive element this Sunday. How this has a bearing on your life will depend on your own circumstances. For example, if you work at the weekend, you could find that you are pushing towards advancement. On the other hand, socially inclined Libran people may be taking part in sport.

14 MONDAY   *Moon Age Day 1 Moon Sign Virgo*

This is probably the very best day this week for being at home and for doing simple things that satisfy you. You benefit from a deep sense of belonging and will be enjoying the company of family members more than that of friends. Find a new project that interests you and sort out the details now.

15 TUESDAY · *Moon Age Day 2 Moon Sign Libra*

Much effort can now be put into getting what you want from life. You have boundless energy and a determination to get on well, even when the odds seem to be stacked against you. There is hardly any obstacle around now that cannot be removed by sheer force of will and your singular charm.

16 WEDNESDAY · *Moon Age Day 3 Moon Sign Libra*

The lunar high acts as a planetary pick-me-up and allows you to make the sort of progress you might feel has sometimes been lacking of late, considering all the domestic trends that have surrounded you. You can cruise towards your objectives, without being held back or thwarted as much as has been the case.

17 THURSDAY · *Moon Age Day 4 Moon Sign Scorpio*

Make sure you are open to new experiences because there are likely to be a number of them turning up right now. From the very start, you should have plenty of vitality. What really stands out is your ability to communicate with almost anyone. You may not be too good today with routine or tedious jobs.

18 FRIDAY ☿ · *Moon Age Day 5 Moon Sign Scorpio*

There are matters to be faced head on today, some of which you won't really wish to address at all. Being brave and plunging in headfirst is the best way forward. That way you get things sorted out very early in the day. Later on, you can turn your attention towards having fun, something that definitely does appeal.

19 SATURDAY ☿ · *Moon Age Day 6 Moon Sign Scorpio*

There is a tendency for particularly ambitious projects to wind down somewhat right now. Making tremendous headway isn't easy when the Sun is still in your solar twelfth house, but that situation only continues for another day or two. In the meantime, you are looking at most elements of life in an entirely realistic way.

20 SUNDAY ☿ *Moon Age Day 7 Moon Sign Sagittarius*

This would not be a good time to hold back when it comes to specific feelings. Speak your mind and trust that those listening understand your genuine motivations. It isn't usually too difficult for you to get your message across and there are planetary influences around now that make the job that much easier.

21 MONDAY ☿ *Moon Age Day 8 Moon Sign Sagittarius*

You thrive on challenges today, especially professional ones. There are influences around in the sky now that show you to be like a terrier with a rag, once you have made up your mind and adopted a specific course of action. No amount of persuasion will change your mind in this, though in many matters you remain flexible.

22 TUESDAY ☿ *Moon Age Day 9 Moon Sign Capricorn*

Since any tense atmospheres today are likely to be behind closed doors, it might be best to stay out in the open. In other words, close, personal relationships are more likely to throw up problems. Casual attachments are better for the moment, particularly when you are mixing with those who make you laugh.

23 WEDNESDAY ☿ *Moon Age Day 10 Moon Sign Capricorn*

Someone from your past could well emerge into your life again at any time now. Although this may engender some less than desirable memories, the situation isn't without its rewards. At the very least, you can look at your current situation and consider how much your life has advanced.

24 THURSDAY ☿ *Moon Age Day 11 Moon Sign Aquarius*

The Sun races into your own zodiac sign, bringing the best period of the year overall. It might be difficult to keep a sense of proportion today, but in a way that is the last thing you need. Go for gold and make certain that everyone knows just how positive you are feeling.

25 FRIDAY ☿ *Moon Age Day 12 Moon Sign Aquarius*

Don't be at all surprised if you find yourself entertaining the crowds today. The really showy qualities of Libra are now on display, though you won't forget a sense of responsibility towards family members. Friends could be calling upon you for assistance too, so it might be necessary to split your time a good deal.

26 SATURDAY ☿ *Moon Age Day 13 Moon Sign Pisces*

The pace of everyday life quickens even more, bringing you face to face with a few of your own limitations. Most of these are brought about simply because you are trying to do too many things at the same time. If you halve the jobs and concentrate more, you should have a greater degree of success.

27 SUNDAY ☿ *Moon Age Day 14 Moon Sign Pisces*

You can't rely on luck or believe everything you hear today. Although it is your natural way to trust everyone, it has to be said that there are people around at the moment who definitely don't have your best interests at heart. Some Librans will now be embarking on a new keep fit campaign.

28 MONDAY ☿ *Moon Age Day 15 Moon Sign Aries*

Chances are you are restless to try something new today, but are not entirely sure about what it should be. Confidence is sometimes misplaced and as a result, you could be inclined to take too many chances. Be patient, if only for a short while. You need to exercise a very considered opinion about everything now.

29 TUESDAY ☿ *Moon Age Day 16 Moon Sign Aries*

The best sphere of life today appears to be your career. Taking no for an answer doesn't seem to be an option at present and you are as persuasive as has been the case for a number of weeks. Most people should be willing to accommodate your requests, probably because what you ask is so reasonable.

30 WEDNESDAY ☿   *Moon Age Day 17 Moon Sign Taurus*

Today should prove admirable for making new contacts. Look out for the possibility of socialising on a bigger scene than might normally be the case and don't turn down any chance to get on your glad rags and have fun. Some interesting news may come along via the telephone or maybe a text message.

October

2015

1 THURSDAY ☿ *Moon Age Day 18 Moon Sign Taurus*

Enjoying personal liberty should seem to be somehow much easier today. Freedom of expression is paramount and you will think it necessary to let everyone know exactly how you feel. Fortunately, there are signs that your diplomacy and tact are well to the fore.

2 FRIDAY ☿ *Moon Age Day 19 Moon Sign Gemini*

Try to focus on minor obligations, but don't get carried away with them. All in all, it's the bigger picture that counts and so you will be casting at least part of your mind far into the future. It is important that you get some time to yourself today, in order to do things that please only you.

3 SATURDAY ☿ *Moon Age Day 20 Moon Sign Gemini*

Affairs of the heart have a great deal going for them this weekend and the romantic qualities of your nature are almost certain to show. This is a two-way process, so you should not be in the least surprised to find that you are number one on someone else's list.

4 SUNDAY ☿ *Moon Age Day 21 Moon Sign Gemini*

This is a period during which you will want to capitalise on the ability to do something new or different. Variety is the spice of life to Libra and you could find that, no matter how tired you feel, you can feel refreshed and vitalised by starting to do something that is different than the norm.

5 MONDAY   ☿   *Moon Age Day 22 Moon Sign Cancer*

Although it is hard work today to get your message across to others, both professionally and socially, it will be worth the extra effort. Libran people who are at work should have a better than average day and you will find that the sort of support you need is forthcoming during most of the day.

6 TUESDAY   ☿   *Moon Age Day 23 Moon Sign Cancer*

Relationships should be on the up, even if you don't always have the time to explore this during the first half of today. Life finds ways of keeping you busy and it is likely that you will be skipping from one task to the next. All in all, you ought to find this a happy and productive day.

7 WEDNESDAY   ☿   *Moon Age Day 24 Moon Sign Leo*

There is something of the prima donna about you at the moment that, let's face it, is quite unusual for Libra. Before you go off the deep end with someone, make certain you know that they are to blame for whatever has gone wrong. If it turns out to be you, you are going to feel stupid.

8 THURSDAY   ☿   *Moon Age Day 25 Moon Sign Leo*

There are signs that the atmosphere at home will prove to be rewarding, which is part of the reason why you are spending less time on practical and professional matters right now. Try to relax and enjoy whatever is on offer. Although the year is growing older, you can still revel in outdoor activities.

9 FRIDAY   ☿   *Moon Age Day 26 Moon Sign Virgo*

There are advantageous situations today, particularly if you are a working Libran. Don't be put off by the sort of people who always seem to find problems in any situation. Instead, be sure that you put all your effort into new plans and schemes, even if the way friends are behaving is something of a puzzle.

10 SATURDAY ☿ *Moon Age Day 27 Moon Sign Virgo*

Romance and social matters could keep you smiling right now and you should find this to be a happy-go-lucky sort of day – just the kind that is meat and drink to Libra. In the mix, you should be able to find the time to tell someone close to you just how important he or she is. An interesting clinch could follow!

11 SUNDAY ☿ *Moon Age Day 28 Moon Sign Virgo*

Being noticed is what matters for now, pure and simple. Libra is no shrinking violet at this stage of the year and you are taking centre stage in any activity or plan that takes your fancy. It is very difficult for others to miss you, because you are talking so much. Fortunately, what you say is interesting.

12 MONDAY *Moon Age Day 29 Moon Sign Libra*

Take advantage of a burst of energy to look at things afresh. Romance is probably your chief concern at the moment, with unattached Libran people looking for new love. There can be something deeply sensual about today and you revel in the general popularity you enjoy.

13 TUESDAY *Moon Age Day 0 Moon Sign Libra*

Your potential for success is high and so this is a time to put all those new ideas into action. Although you may feel somehow restricted at first, such feelings are blown away on a tide of new activity and optimism. There are small financial gains to be made, some of which come despite your own efforts.

14 WEDNESDAY *Moon Age Day 1 Moon Sign Scorpio*

Your expectations of life won't be totally fulfilled today and there are times when you will have to settle for what you see as second best. Patience is necessary, together with an understanding that things will come out in the wash. Loved ones could prove somewhat difficult to understand or even to talk to.

15 THURSDAY
Moon Age Day 2 Moon Sign Scorpio

The time is right to win friends and influence people big time. Although you seem to be nothing more than an emotional support to others around now, the help you offer them is going to be of tremendous importance to you, too, eventually. Romance looks good and you should be feeling generally fit.

16 FRIDAY
Moon Age Day 3 Moon Sign Scorpio

Emotional issues and the way you view them are inclined to dominate personal relationships at present whereas practical matters should be taking centre stage. If you can, defuse issues before they take on any real importance and avoid getting involved in discussions you know could be contentious.

17 SATURDAY
Moon Age Day 4 Moon Sign Sagittarius

You can attract just the right sort of company today, which means getting on in life, something that is of great importance to you whilst the Sun occupies its present position in your chart. If there isn't all that much time for pleasantries today, you are at least showing kindness and compassion.

18 SUNDAY
Moon Age Day 5 Moon Sign Sagittarius

What really sets you apart is your ability to speak in public situations, and to elicit the necessary response from others. This is nothing particularly new, but there are positive trends associated with it right now. In a domestic sense, it is possible that new ideas are coming along at all stages today.

19 MONDAY
Moon Age Day 6 Moon Sign Capricorn

There is plenty of initiative available for professional developments, though simple friendship might be taking something of a back seat at this stage of the week. This may be the case because you are so busy with other matters. Exercise some caution in financial matters.

20 TUESDAY
Moon Age Day 7 Moon Sign Capricorn

You are ready for almost any challenge life can throw at you, plus a few you invent for yourself. All the same, you don't have to go tilting at windmills in order to get some excitement into your life. If you haven't enough to do, there are people close by who would welcome a helping hand.

21 WEDNESDAY
Moon Age Day 8 Moon Sign Capricorn

Your present ability to think quickly is going to prove extremely useful where money matters are concerned. Although you are unlikely to be gambling in the usual sense of the word, you could be willing to take a chance. Make time to enjoy yourself later in the day.

22 THURSDAY
Moon Age Day 9 Moon Sign Aquarius

There may not be time to do everything you have planned today, but you will be determined at least to try. Confidence remains essentially high, particularly when you are dealing with subject matter that is familiar to you. Your potential to create is especially strong and shows itself through all facets of life.

23 FRIDAY
Moon Age Day 10 Moon Sign Aquarius

The challenge today is to keep one step ahead of the competition. This is as true at work as it is in more social or sporting situations. Not everyone you know proves to be adept at expressing either his or her opinions or wishes today. This leads to a good deal of second-guessing as far as you are concerned.

24 SATURDAY
Moon Age Day 11 Moon Sign Pisces

If you are one of those Librans who has placed love and romance on the back burner for the last couple of weeks, you could be in for a surprise. If you feel at all lethargic today, the secret is to pitch in early in the day and to boost your sense of achievement.

25 SUNDAY
Moon Age Day 12 Moon Sign Pisces

There are signs that today will bring out the best in you, making your life supportive and stable – fine for a Sunday. You should feel generally comfortable at home and might not exhibit that need for movement that has been so much a part of your nature across the last few weeks.

26 MONDAY
Moon Age Day 13 Moon Sign Aries

It might be sensible to allow others to make the decisions for the moment. The lunar low this month has the effect of making you want to shy away, which is really unusual for Libra. These trends only last a very short time, but there's nothing wrong with putting your feet up and relaxing for now.

27 TUESDAY
Moon Age Day 14 Moon Sign Aries

Another quieter day, but interestingly enough this might set the seal on a better than average period. For once you have time to stand and stare, something you haven't been doing all that much this year. Appreciating what family members and friends are really worth to you is part of the result.

28 WEDNESDAY
Moon Age Day 15 Moon Sign Taurus

Efficiency levels are still not too high: all the more reason to allow colleagues and friends to take some of the strain. There are some slightly uncomfortable moments in situations relating to love, maybe as a result of your inability to say or do the right thing. It might be best to do nothing at all.

29 THURSDAY
Moon Age Day 16 Moon Sign Taurus

Financial consolidation is on your mind and you could be looking at family money very closely indeed. Don't be fooled into making any purchase that you know is flippant or unnecessary. Keep a cool head in a minor crisis and you will soon be laughing at the whole situation.

30 FRIDAY
Moon Age Day 17 Moon Sign Gemini

Though there is little doubt your ego is strong at the moment, you retain your usual ability to turn on the charm when it is necessary to do so. This is fortunate, because you need to let those around you know how much you care about them and also reassure family members of your continued practical and emotional support.

31 SATURDAY
Moon Age Day 18 Moon Sign Gemini

You could find a degree of restlessness pervading your life as October draws to its close. You need something different to do and maybe some alternative people to share the situation with you. The weekend could be quite interesting, but it all really depends on just how much effort you are willing to put in.

November 2015

1 SUNDAY
Moon Age Day 19 Moon Sign Cancer

Any plans to make money at the moment will probably have to be left on hold. Your instinct for such matters isn't all that strong right now and in any case less practical matters seem to be at the forefront of your mind. It would be sensible to seek the sound advice of an older relative or friend at some stage.

2 MONDAY
Moon Age Day 20 Moon Sign Cancer

One way or another, you need change and diversity now and would not take kindly to being tied down to the same place all day. Routines can seem to be a real bind and there will always be something more interesting in prospect. That's the way the Libran mind works sometimes.

3 TUESDAY
Moon Age Day 21 Moon Sign Leo

If you take advantage of any chance to socialise, you can expect a generally fulfilling period with plenty of opportunities to shine. Although there are things to be done that don't look all that satisfying or interesting, you mix them in with the more exciting aspects of life and give yourself an interesting day.

4 WEDNESDAY
Moon Age Day 22 Moon Sign Leo

Life and love go hand in hand in the middle of this week. This is an interlude during which you don't have to work all that hard in order to prove to those you love how important they are to you. There is a great deal of affection coming back in the other direction and a significant amount of happiness is the mutual result.

5 THURSDAY
Moon Age Day 23 Moon Sign Leo

The focus now is on relationships, both personal and more general. This is not a day on which you should expect to achieve a great deal in any concrete sense, but that doesn't matter. The most important fact is that you are liked and respected, and you can derive great pleasure from this.

6 FRIDAY
Moon Age Day 24 Moon Sign Virgo

There are signs that better financial propositions could be coming your way and you need to be sure that you are attentive enough to recognise them when they do. Concentration is a key word at present and remains so until after the weekend. Your mental processes are working well and others pay you plenty of attention.

7 SATURDAY
Moon Age Day 25 Moon Sign Virgo

Although you can find no justifiable reason for things turning out awkward in a general sense, that is what is likely to happen. What matters most right now is the degree of patience that you bring to bear on matters. Tomorrow brings the lunar high and until then you might simply have to grit your teeth.

8 SUNDAY
Moon Age Day 26 Moon Sign Libra

Plans that are on the boil get an extra boost and there is no stopping you on your personal quest to make the sort of splash that is bound to get you noticed. There are quite a few people around at this time whose sole desire in life seems to be to support you. Take opportunities as and when they arise.

9 MONDAY
Moon Age Day 27 Moon Sign Libra

Trends indicate that you could be in for a short-term increase in finances, so you may as well enjoy the gains while they last – not that cash is likely to stay with you long at this time of year. If you have the chance to get ahead in something that is quite important to you, don't be tardy when it comes to having your say.

10 TUESDAY   *Moon Age Day 28 Moon Sign Libra*

Influential figures seem to be looking upon you very kindly at this time, offering new opportunities and probably brightening things up no end at work. There are signs that now could be the time to be on the lookout for a new job or else thinking in terms of taking on different responsibilities.

11 WEDNESDAY   *Moon Age Day 29 Moon Sign Scorpio*

Life can be quite bumpy around this time, with a few thrills and spills in store. Adapting to changing circumstances is part of what Libra is about, so you are unlikely to be as thrown by situations as some people will be. It is possible for you to offer significant assistance to those around you.

12 THURSDAY   *Moon Age Day 0 Moon Sign Scorpio*

It's not worth avoiding specific responsibilities that come your way at the moment and you probably would not wish to do so. However, it is likely that much of the day is taken up with fairly mundane jobs and it might be necessary for you to make a real effort in order to achieve any real enjoyment.

13 FRIDAY   *Moon Age Day 1 Moon Sign Sagittarius*

Life is likely to be generally fulfilling at this time and there are few people around who actively want to throw a spanner in the works. Nevertheless, you will have to watch out for accident-prone relatives or friends, some of whom might be capable of creating a few problems for you.

14 SATURDAY   *Moon Age Day 2 Moon Sign Sagittarius*

Personal relationships should prove to be quite warm this weekend and might mark the main focus as far as you are concerned. Libra is feeling quite romantic at present and won't be tardy when it comes to demonstrating the fact. Stay away from the negative influence of friends who are very pessimistic.

15 SUNDAY
Moon Age Day 3 Moon Sign Sagittarius

Joint finances are worth a second look now and you will most likely be quite happy to spend a few hours sorting out such things. You won't mind, because there are strong family trends around this Sunday and a genuine need to be in the company of your partner or other family members.

16 MONDAY
Moon Age Day 4 Moon Sign Capricorn

There are favourable trends around for financial dealings of any sort, although you will need to keep your eyes open for people who are not quite what they might seem. If you have to sign any contract, be sure to read the small print carefully and be on your guard against any sort of fraudster.

17 TUESDAY
Moon Age Day 5 Moon Sign Capricorn

There can be a great sense of fulfilment and security around at the moment, and you are likely to choose to stay close to home and family when you can. The attitudes of some of your colleagues might make work less than wonderful experience, but as always you tend to take matters in your stride.

18 WEDNESDAY
Moon Age Day 6 Moon Sign Aquarius

A continuing trend that has a strong bearing on money matters might find you slightly better off than you were expecting. People are willing to put themselves out for you and will be giving you plenty of advice, even when you haven't asked for it. You need to be sure of yourself before taking any sort of risk.

19 THURSDAY
Moon Age Day 7 Moon Sign Aquarius

It seems that you are now very concerned with making outright progress, especially at work. If you are between jobs at the moment this ought to be a good time to keep your eyes and ears open. People want to do you favours, though it's rather unlikely that all of them will be particularly welcome.

20 FRIDAY
Moon Age Day 8 Moon Sign Pisces

Financial and business trends are going to be a slightly mixed bag. There is a strong tendency for things to seem distinctly unsettled and you won't be able to feel totally comfortable in any specific way at the moment. Confidence grows with the day, but you are not going to feel like trying to move any mountains right now.

21 SATURDAY
Moon Age Day 9 Moon Sign Pisces

In terms of your ability to join in with others, you should prove successful this Saturday. It may just be occurring to you how close Christmas is and so it isn't out of the question that you will embark on a shopping expedition. However, this is by no means certain, because Libra can be a last-minute Charlie.

22 SUNDAY
Moon Age Day 10 Moon Sign Aries

Personal setbacks are possible and you should take life as steadily as you can. Don't get involved in too many new ventures and show yourself willing to listen to the sound advice that is coming in. The effects of the lunar low are somewhat watered down this month by the support you find developing on all sides.

23 MONDAY
Moon Age Day 11 Moon Sign Aries

This would not be the best time to tempt fate by embarking on risky ventures. The path to progress is fairly rocky, though of course this doesn't matter if you make a conscious decision not to go anywhere at all. Everyday concerns seem somehow amplified, but it is really only your mood that matters.

24 TUESDAY
Moon Age Day 12 Moon Sign Taurus

Current trends make it necessary to streamline your life in some way at the moment. Beware of spending more money than is necessary, especially on articles that you don't really want or need at all. You feel settled and happy with family members, but strangers could present a slight problem right now.

25 WEDNESDAY   *Moon Age Day 13 Moon Sign Taurus*

Put your mind to work and take care of any details that need to be sorted. The more you get done early in the day, the better is the prospect for social happiness later on. This would not be a good time to allow others at work to see your limitations. You should hold on to a belief that you can do almost anything.

26 THURSDAY   *Moon Age Day 14 Moon Sign Gemini*

Communications are now in your best interests and there is no point at all in sitting in a corner and waiting for life to come to you. Congratulations might be in order somewhere in the family and this would certainly be a good time to make a special fuss of a relative who has done well.

27 FRIDAY   *Moon Age Day 15 Moon Sign Gemini*

Your personality sparkles around now and there are lots of possibilities waiting in the wings. In some ways this is the best time of the month, because you have so much energy and a desire to please everyone. Don't worry if this doesn't work in at least one case, because you are not a miracle worker.

28 SATURDAY   *Moon Age Day 16 Moon Sign Cancer*

You simply have to have the last word in discussions, which could prove to be something of an irritant to others. It may occur to you around now, if it hasn't already, that Christmas is just around the corner and some forward planning is called for. Gathering your family around you seems to be your major medium-term objective.

29 SUNDAY   *Moon Age Day 17 Moon Sign Cancer*

You can now take positive action to expand your financial horizons and could make a gain as a result of someone else's mistake. Although you are looking closely at money, this isn't entirely the motivation of your life at the moment. Close, personal ties are also on the agenda, and you are doing what you can to strengthen them.

30 MONDAY *Moon Age Day 18 Moon Sign Cancer*

Look out for very pleasurable social events around now, even though you are also likely to be quite busy at work. There are gains to be made from simply watching and waiting, whilst at other times it is actions that count. Knowing the difference is really down to your very strong intuition.

♎ December

2015

1 TUESDAY
Moon Age Day 19 Moon Sign Leo

You find the right kind of opportunities necessary to get ahead. Even little chances are seized upon, giving you the opportunity to get ahead in the professional stakes and offering better luck generally. Although you might be in the mood to take a gamble, a little care would still be advisable.

2 WEDNESDAY
Moon Age Day 20 Moon Sign Leo

There is plain sailing in partnerships and a feeling that most things are going more or less the way you would wish. Medium-term planning goes ahead, though there are bound to be hiccups because of the Christmas period. This is something you need to bear in mind before you set anything in stone.

3 THURSDAY
Moon Age Day 21 Moon Sign Virgo

A social group that you haven't been associated with before now could begin to take on an importance in your life. You are certainly spreading yourself about today and there won't be all that much time for rest. This won't bother you too much, but you need to give some thought to your partner or family members.

4 FRIDAY
Moon Age Day 22 Moon Sign Virgo

The emphasis today is probably mainly on domestic matters and that means that practical and professional matters might have to be put on the back burner for a little while. The social maelstrom that is Christmas is already beginning, but you might take a rain check regarding invitations for today or tomorrow.

5 SATURDAY
Moon Age Day 23 Moon Sign Libra

You could most likely talk anyone into anything right now. The fact is that when Libra is working at its best, there are very few obstacles in view. Much of the assistance you have been looking for comes your way, particularly at work and Lady Luck is clearly following you around.

6 SUNDAY
Moon Age Day 24 Moon Sign Libra

This would be an excellent period for telling someone how things really are. Although you might have been slightly shy of facing up to a specific individual, today is an exception. Stand up for what you believe to be true and you may be surprised at how willingly others defer to your opinion.

7 MONDAY
Moon Age Day 25 Moon Sign Libra

Difficulties between yourself and your partner might have more to do with pressures from the outside world than being as a result of personal disagreements. It would be good to look at things from a distance and not to allow the world at large to impinge on your deepest attachments. You need to relax today.

8 TUESDAY
Moon Age Day 26 Moon Sign Scorpio

It may be necessary to make some slight changes to an aspect of your personal life and you won't be short of advice on this score. Friends are only too willing to share their wisdom with you, although there might be some doubt how much they actually know. In the end, it would definitely be best to suit yourself.

9 WEDNESDAY
Moon Age Day 27 Moon Sign Scorpio

Joint finances are well starred today. It is possible that you are slightly better off than you thought or it could be that you are simply spending more wisely than usual. There are some real bargains around right now, so maybe a Christmas shopping spree is in order.

10 THURSDAY   *Moon Age Day 28   Moon Sign Sagittarius*

You need to show a good deal of tact today. You won't agree with everything that is being said in the family or with your partner, so you have to be diplomatic. If you run into trouble, it won't be because you get angry or are particularly opinionated, it's because you are not listening carefully enough.

11 FRIDAY   *Moon Age Day 0   Moon Sign Sagittarius*

Take advantage of present trends to get rid of situations that are not doing you any good. This might not be at all a bad time for clearing the decks for actions that come later and will probably be the last chance you have to do so before life really begins to get hectic.

12 SATURDAY   *Moon Age Day 1   Moon Sign Sagittarius*

Everyday matters are likely to keep you busy this weekend, but you should also find time to get together with friends, some of whom are proving to be highly entertaining at the moment. The weekend ought to give you the chance to stop and take stock, but it's quite obvious that you are also up for a good time.

13 SUNDAY   *Moon Age Day 2   Moon Sign Capricorn*

Social relationships continue to bring bigger and better times and you know how to turn heads. Contrary to the beliefs of some people, you are successful in matters that haven't exactly been your forte before and you have a great commitment to anything you undertake. This should be an excellent day all round.

14 MONDAY   *Moon Age Day 3   Moon Sign Capricorn*

The emphasis at the moment is on a broadminded outlook, which is not so unusual for your zodiac sign. Routines can be very useful, but at the same time you are now looking well ahead and the prospect of what lies before you in more than one way ought to be quite stimulating.

15 TUESDAY
Moon Age Day 4 Moon Sign Aquarius

Work issues ought to be going well at the moment, although there are reservations and you may not be quite as efficient in a general sense as would usually be the case. Realising that Christmas is now so close might not help, because there is probably still a great deal to get done in a busy schedule.

16 WEDNESDAY
Moon Age Day 5 Moon Sign Aquarius

There are many priorities to be dealt with just now and once again you could discover that time is of the essence. Pass some of these tasks to other people. Friends in particular should be happy to lend a hand and to do whatever they can to lessen your burden in life.

17 THURSDAY
Moon Age Day 6 Moon Sign Pisces

Whatever is most familiar in your life appears to be most attractive at the moment. You are likely to be quite reserved in some ways today, especially when you are dealing with people you don't know at all. A more active and enterprising Libran is coming along in a few days, but for now try to relax.

18 FRIDAY
Moon Age Day 7 Moon Sign Pisces

Some fairly down-to-earth talks with specific people could bring in useful information at this time and see you getting ahead of the field in some way. Personalities abound and you seem to have that vital spark that others are looking for. Don't be surprised if this gets you a great deal of extra attention.

19 SATURDAY
Moon Age Day 8 Moon Sign Aries

Daily life now has a brisk pace. Although there are a couple of quieter days ahead, for the moment you need to apply yourself fully to whatever task you have at hand. Don't be too quick to judge a colleague or friend over an issue that probably looks a great deal worse than it actually is.

20 SUNDAY
Moon Age Day 9   Moon Sign Aries

You could be rather too sensitive for your own good today and it might be sensible to take a more laidback view of life generally. Chances are that nobody is deliberately setting out to upset you, even if that's the way it seems. In a personal sense, you might be confronting a few demons any time now.

21 MONDAY
Moon Age Day 10   Moon Sign Aries

There is less energy about now and you will have to coast through situations that usually see you soaring. At least you are getting the lunar low out of the way before the Christmas period gets started and you can rely on others to do some of the work at present. Plan now for events in the New Year.

22 TUESDAY
Moon Age Day 11   Moon Sign Taurus

Close emotional involvements appeal to you and the nostalgic nature of the Christmas period is taking hold of you. Anything to do with carol singers or chestnuts roasting on an open log fire will appeal to you and you turn towards the more old-fashioned way of celebrating the time of year.

23 WEDNESDAY
Moon Age Day 12   Moon Sign Taurus

Versatility seems to be the chief key to success around now and you won't have any trouble at all keeping up with the general flow of life. Although you might come across one or two small stumbling blocks at work, in the main your progress is more than steady, and at the same time social trends look good.

24 THURSDAY
Moon Age Day 13   Moon Sign Gemini

Some of the pressures coming in from the outside world should lessen at this time and it is now possible to commit yourself almost fully to the celebrations that lie ahead. Librans generally love Christmas, even if a few of you try to pretend that this is not the case. Socialise whenever possible.

25 FRIDAY
Moon Age Day 14 Moon Sign Gemini

Christmas Day promises much, because you will be feeling quite happy and confident as you embark on the festivities. Being naturally caring and giving, you get a great deal of your own joy from watching the way others have a good time. Share yourself between your partner, your family and friends.

26 SATURDAY
Moon Age Day 15 Moon Sign Cancer

Family relationships should be generally harmonious, and this is one factor that allows you the chance to enjoy Boxing Day to the full. Join in all the party games and lead the celebrations whenever possible. One thing you might have to remember is to get enough physical exercise in amongst all the food.

27 SUNDAY
Moon Age Day 16 Moon Sign Cancer

Domestic issues continue to be quite fulfilling and new social influences may help lighten the load if you feel that certain jobs are getting you down a little. With the New Year celebrations in view, it is just possible that you are tiring of having a good time. You need to be quite organised at the moment.

28 MONDAY
Moon Age Day 17 Moon Sign Leo

You are now feeling slightly more independent and could be somewhat stifled by the fact that you can't get on with things. That's the nature of the Christmas holidays, because even if you are in the mood to get on with things, other people probably won't be. Keep a sense of proportion where shopping is concerned.

29 TUESDAY
Moon Age Day 18 Moon Sign Leo

Thinking about and planning for your social life is what could so easily take up your time at the moment. Although there are small gains to be made in the more practical aspects of your life, you should be finding that the slight delays occurring now turn your mind to less concrete issues.

30 WEDNESDAY   *Moon Age Day 19   Moon Sign Virgo*

It would appear that there are many interesting things happening around you at present and there really isn't enough time to take it all in. In terms of communication, you are in a very mercurial state of mind and will be mixing freely with all sorts of people. Your long-standing friends might not approve of everyone you like.

31 THURSDAY   *Moon Age Day 20   Moon Sign Virgo*

Promising trends are on the way, but the Moon doesn't arrive into your zodiac sign until well into tomorrow. As the day wears on, you might be feeling somewhat restless and anxious to get dancing. Make sure you have somewhere really exciting to go for the party, because you can boogie like nobody else.

RISING SIGNS FOR LIBRA

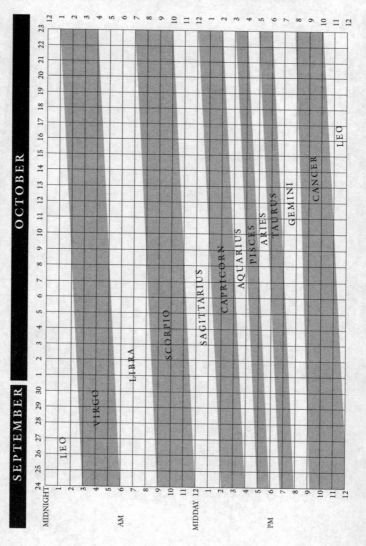

THE ZODIAC, PLANETS AND CORRESPONDENCES

The Earth revolves around the Sun once every calendar year, so when viewed from Earth the Sun appears in a different part of the sky as the year progresses. In astrology, these parts of the sky are divided into the signs of the zodiac and this means that the signs are organised in a circle. The circle begins with Aries and ends with Pisces.

Taking the zodiac sign as a starting point, astrologers then work with all the positions of planets, stars and many other factors to calculate horoscopes and birth charts and tell us what the stars have in store for us.

The table below shows the planets and Elements for each of the signs of the zodiac. Each sign belongs to one of the four Elements: Fire, Air, Earth or Water. Fire signs are creative and enthusiastic; Air signs are mentally active and thoughtful; Earth signs are constructive and practical; Water signs are emotional and have strong feelings.

It also shows the metals and gemstones associated with, or corresponding with, each sign. The correspondence is made when a metal or stone possesses properties that are held in common with a particular sign of the zodiac.

Finally, the table shows the opposite of each star sign – this is the opposite sign in the astrological circle.

Placed	Sign	Symbol	Element	Planet	Metal	Stone	Opposite
1	Aries	Ram	Fire	Mars	Iron	Bloodstone	Libra
2	Taurus	Bull	Earth	Venus	Copper	Sapphire	Scorpio
3	Gemini	Twins	Air	Mercury	Mercury	Tiger's Eye	Sagittarius
4	Cancer	Crab	Water	Moon	Silver	Pearl	Capricorn
5	Leo	Lion	Fire	Sun	Gold	Ruby	Aquarius
6	Virgo	Maiden	Earth	Mercury	Mercury	Sardonyx	Pisces
7	Libra	Scales	Air	Venus	Copper	Sapphire	Aries
8	Scorpio	Scorpion	Water	Pluto	Plutonium	Jasper	Taurus
9	Sagittarius	Archer	Fire	Jupiter	Tin	Topaz	Gemini
10	Capricorn	Goat	Earth	Saturn	Lead	Black Onyx	Cancer
11	Aquarius	Waterbearer	Air	Uranus	Uranium	Amethyst	Leo
12	Pisces	Fishes	Water	Neptune	Tin	Moonstone	Virgo

L'

Né à Angers (Maine-et-Loi... ... grand-mère. Il connaîtra... ... études mouvementées (pr... ... faculté catholique de droi... ... avec les siens, « monte » à... ... travaillant pour vivre et i... Journaliste (L'Écho de Par... ...rmation), il publie d'abord des poèmes qui lui vaudront le Prix Apollinaire. Mais la notoriété lui vient avec son premier roman Vipère au poing *qui remporte un succès immédiat et considérable. Depuis lors, ses ouvrages, notamment* La Tête contre les murs, Qui j'ose aimer, Le Matrimoine, Au nom du fils, Madame Ex, Un feu dévore un autre feu, *recueillent l'audience d'un vaste public.*

Proclamé en 1955 « le meilleur romancier des dix dernières années », lauréat en 1957 du Grand Prix littéraire de Monaco, Hervé Bazin, membre de l'Académie Goncourt depuis 1958, en est aujourd'hui le président. Il tient en réserve un journal intime sous forme de lexique intitulé L'Abécédaire *et prépare la seconde partie du* Matrimoine *ainsi que le quatrième et dernier tome de la série de* La Famille Rezeau, *commencée avec* Vipère au poing.

Monsieur Godion et sa fille Claire explorent chaque jour les bois et les étangs environnants. Au bout de leurs jumelles, sous leurs pieds c'est un défilé de plantes, de fruits sauvages et d'animaux qu'ils reconnaissent et protègent. Ils parlent peu pour mieux entendre les oiseaux s'envoler ou plonger. Ils sont seuls, avec un petit orphelin, Léonard, quand ils distinguent entre les roseaux un homme nu qui jette sa montre à l'eau. Respectueux de son isolement, ils s'éloignent sans bruit, mais le mystère s'épaissit lorsque l'inconnu, grièvement blessé par des chasseurs, refuse de dire son nom. Le village se ligue contre lui : on doit avoir un nom, une adresse, un numéro de Sécurité sociale même si on habite au cœur d'un roncier ! L'Homme des bois tient tête avec l'aide de Monsieur Godion et l'amour de Claire. Réfugié chez eux, il pratique leurs rites, ceux de l'église verte ; ils font le cidre, taillent le verger et sillonnent la forêt derrière les hardes de chevreuils.

Cet anonymat heureux ne durera pas. La société n'aime pas que l'on sorte de son giron, elle a besoin, pour survivre, de numéroter son monde et de bien l'encadrer. Les fugitifs sont toujours rattrapés.

Par cet hymne à la nature, Hervé Bazin donne envie de s'enfoncer dans la forêt pour en respirer les odeurs et vivre hors d'une société espionne et tatillonne. Romancier de l'affrontement familial, Hervé Bazin est aussi celui de la sérénité retrouvée dans la nature.

ŒUVRES DE HERVÉ BAZIN

HERVÉ BAZIN

de l'Académie Goncourt

L'Église verte

ROMAN

ÉDITIONS DU SEUIL

I

TOUS deux vêtus d'un ensemble de sergé reteint en vert laurier, tous deux nantis d'une musette de même couleur et d'une paire de jumelles ballant sur la poitrine, nous avons marché durant deux heures, ma fille et moi, remorquant le petit Léonard que je me reproche d'avoir entraîné si loin, bien qu'il nous suive sans se plaindre de la distance ni des égratignures qui zèbrent ses jambes nues. Nous sommes à cinq kilomètres au moins de Lagrairie, au cœur du massif, dans cette région basse où de maigres taillis alternent avec les marécages et les ronciers, où il n'y a plus ni laies ni sentes, mais de vagues passages qu'il faut choisir au jugé. Je viens de me pencher, étonné d'apercevoir au pied d'un orme à l'écorce disjointe, au feuillage roussi (donc en train de mourir, comme tous ses frères de France) ce champignon rare et bizarre : un *clathre*, petite merveille ajourée, colorée, mais puante. Claire en a profité pour braquer ses jumelles sur un grimpereau escaladant à la verticale, avec une facilité dérisoire, un tronc qu'il échenille. Mais la voilà qui se retourne et murmure :

« Tu entends ? »

Relevé, je hisse la tête à bout de cou pour écouter ce que porte jusqu'à nous un souffle tiède de septembre, responsable d'un léger friselis. A en croire la mousse qui, au pied des troncs, prospère toujours mieux de ce côté, cela nous vient du nord; cela vient d'au-delà du Grand-Hallier, cet ensemble de fourrés que ne dépassent jamais les chasses à courre, sûres d'enliser plus loin leurs chevaux dans quelque fondrière, voire dans un de ces traîtres petits étangs aux bords si plats qu'ils n'ont sous l'herbe pas de frontière précise et qu'après les giboulées de mars, les orages d'août, ils arrivent à se rejoindre en se déversant au plus vaste d'entre eux expressivement appelé *La Marouille*.

« C'est de la flûte », dit Léonard.

Si mince, si dépourvu de chair qu'on est bien obligé de comprendre les petits copains féroces de la communale qui l'ont surnommé *Bâton*, il quête d'un coin d'œil gris ce sourire que nous lui accordons toujours quand il parle. C'est de la flûte en effet, mais jouée par quel faune parmi les épiniers et les vasières? Confiées à une bouffée d'air plus vive, voici que se précisent les premières notes d'une ariette qui figure dans maintes méthodes et dont, vieux toucheur de clavier, à mémoire plus sûre que la main, je retrouve les paroles : *La belle, c'est toujours elle et c'est pourtant une autre...* Claire, Léonard et moi, on se regarde, on hausse les sourcils. A de menus débris qui tombent d'un pin rabougri, engommé de vieille résine, je pourrais, si j'avais le temps, repérer l'écureuil qui y grignote des pignes, qui s'interrompt, qui s'inquiète du solo. L'artiste, déjà, a changé de registre et changé de contrée. Cela se serine aussi aux enfants du solfège : *Old Mac Donald had a farm...*

« On y va. Suis mon ticket! » décide cette noiraude dont le teint, hérité de sa mère, n'illustre pas le prénom.

Le « ticket » du fabricant, cousu sur la poche

fessière de son pantalon enfoncé dans des bottes de caoutchouc noir, me précédait à vrai dire depuis la hêtraie de lisière. Je l'ai guidée longtemps, elle me guide aujourd'hui, cette fille très fille, dont je n'ai jamais rêvé de faire un garçon manqué, mais à qui, bien avant ma retraite, dépensant mes loisirs d'enseignant, j'ai donné le goût des longues randonnées dans ces bois où nous sommes parfois des cueilleurs de simples, de bolets, de framboises, de noisettes, mais surtout des *voyeurs*. Je veux dire : des gens qui savent voir, à l'inverse de tant d'autres passant à côté de tout, les yeux ouverts et le regard fermé; des gens qui appartiennent, en pleine nature, à l'ordre des contemplatifs, qui se conduisent comme dans une réserve, qui n'interviennent jamais, qui ne collectionnent rien, qui ne photographient même pas, qui se réjouissent seulement d'identifier cent variétés de papillons, d'oiseaux, de rongeurs et, plus encore, d'observer dans le silence des approches une biche camouflant sa rousseur, une couleuvre en train d'avaler un orvet, un pic à calotte rouge tambourinant ses noces au bord du trou foré pour sa femelle...

« On passe à droite, le long de la tourbière? »

Fidèle à mon code – en forêt il faut parler le moins possible : la bouche est l'ennemie de l'œil –, je n'ai répondu que par un claquement de langue (= oui). Nous avançons en délaçant des branches, en évitant la brindille qui craque, la bourbe dont le pied se retirerait avec un bruit de succion. La tourbière contournée, il nous faut passer son émissaire, le Petit-Verzou, bordé d'un chevelu de racines aériennes et plein d'une eau glaireuse, véritable infusion de têtards. Abattu en travers, de vieille date, le tronc mort qui sert de pont ne se franchit qu'à califourchon. Mais nous sommes presque au bout de nos peines. Il ne nous reste plus qu'à traverser la bande de broussailles qui sert d'ultime rempart à La Marouille. Plus proche, plus forte et maintenant plus ambitieuse, la flûte attaque – ma foi, très proprement – une mélodie qui fait chuchoter Claire :

« Qu'est-ce que c'est?

– C'est le chant de l'oiseau dans *Pierre et le Loup*, dit Léonard, qui ajoute aussitôt : on a le disque. »

On, pluriel indéfini dont il prend sa part, élisant ainsi domicile chez nous plutôt que chez lui! Voilà qui mérite que je lui passe la main dans les cheveux. Cependant Claire n'avance plus, pointe un doigt :

« Hé, regarde à gauche! »

Nul besoin d'être indien, pour *lire* une forêt. A treize ans, Claire, d'après ces filets croûteux qu'en se frottant aux arbres laisse le sanglier sortant du bain de boue qu'il affectionne, me donnait la taille de la bête noire. Elle peut le plus souvent reconnaître une plante naissante, parfois très différente de ce qu'elle deviendra. Elle se trompe rarement sur un champignon et, ce qui est plus calé, ira, si besoin est, le chercher là où de préférence il pousse : le cèpe roux sous les trembles, la morille blonde autour des frênes, le rosé au ras des prés honorés de crottin. Elle est sans doute moins intéressée par les insectes, trop secrets, trop divers et qu'il semble – à tort – moins urgent de protéger. Mais pour la musaraigne comme pour le ragot, elle est prête à partir en croisade. Elle repère bien mieux que moi les pièges : la boucle de crin qui, près de sa ponte, étranglera la grive, le collet de fil de laiton frotté à la feuille de chou pour masquer l'odeur d'homme, la boîte à bascule précédée du petit chemin qu'aime emprunter le putois, le traquenard à renard, le gluau, la taupière... bref, tout ce qu'a inventé le méchant génie de la tenderie, à qui d'un coup de bâton sur les déclics elle a joué plus d'un tour.

« Voilà une nouveauté ! » reprend-elle à mi-voix.

Le puissant piège en arc – visible pour des vicieux, comme nous, de l'anti-braconne –, je ne l'ai jusqu'ici jamais rencontré en dehors de mes lectures. Ce procédé de trappeur, utilisant la détente d'un baliveau capable de hisser un lièvre à deux mètres pour le mettre à l'abri des carnassiers, en attendant la relève, qui diable a résolu d'en adopter la tradition nordique ?

D'un double claquement de langue (= non) j'empêche Claire de le détruire. N'alertons personne. Sortons doucement des derniers ronciers pour entrer dans un monde d'herbes hautes, déjà paludéennes, parsemées de petits saules au pied desquels s'émiettent les ombres et les lumières molles des fins d'été. Remplaçant la tenace exhalaison fongique des sous-bois, une forte odeur de roui signale l'étang proche, enseveli dans ses cannes. Cinquante pas de plus et c'est l'empire du jonc d'où une bécassine s'enlève de son vol en zigzag. Cinquante pas encore et enfin apparaissent les taches rouges de la sauge, les taches jaunes de l'iris-flambe, tandis que se dresse la barrière de quenouilles brunes d'une roselière à travers quoi se laisse deviner, plus loin, une nappe de lenticules, pustuleux tapis que nos paysans préfèrent appeler *canetille* et qui ondule vaguement sur une eau repérable à quelques déchirures : sillages de canards, arrêtés pile sur des plongées discrètes. Les visiteurs de La Marouille sont rares et nous-mêmes nous ne l'avons pas revue depuis un an. Tout y semble normal, inchangé, encensé par l'habituelle brume de moucherons, enfoui dans leur bourdonnement de fond, cette vibration de l'air rompue de temps à autre par l'aigre cri d'un foulque ou le froissement rapide, transparent, d'ailes de libellules au corselet de cuivre vert.

« Mais c'est dans l'île qu'on joue! » dit Claire.

La flûte, qui s'était tue un moment, vient de reprendre, hache des bouts d'essai, tâte d'un air, puis d'un autre. Qu'on s'exerce dans l'île touche à l'invraisemblable. Elle se réduit, cette île, à un banc de terre molle également soudé à la canetille, hérissé des mêmes cannes qui ceinturent La Marouille. On ne la remarquerait même pas sans la présence d'un aune et d'arbrisseaux flexibles, à tiges jaunes, à longues feuilles pointues, qui ne peuvent être que des osiers sauvages, dominant la masse noirâtre d'une souche échouée là par une crue.

« Ne bougeons plus! »

Nous avons droit au *Petit Ane blanc*, d'Ibert. Tapis derrière l'écran des quenouilles, mélangées de ces rubans-d'eau dont nos grand-mères faisaient macérer la racine pour obtenir un genre de quinquina, nous n'allons contempler, durant un bon quart d'heure, qu'un fouillis de verts divers où le nénuphar veut bien, de-ci, de-là, au ras de l'herbier, piquer une fleur vernie, couleur de soufre. Mon regard de pion, sensible à la moindre faute d'accent et devenu presbyte, m'est bien utile : il est capable de reconnaître à trente mètres un pinson d'un verdier. Pourtant, curieux de savoir ce que pourrait bien être une chose blanche, mouvante, noyée dans le frémissement des roseaux, j'ai braqué mes jumelles, mis au point pour l'œil gauche, mis au point pour l'œil droit... Et soudain, je sursaute! Dans le rond clair, par hasard centré dessus, vient d'apparaître un homme qui, écartant les cannes, bondit sur la souche en même temps qu'un chien noir à tête fauve d'où ne pointe qu'une oreille.

« Papa, je rêve ou quoi?

— Tais-toi, surtout, tais-toi! »

Ses jumelles sur le nez, les pouces sur les mollettes, elle en voit autant que moi, ma fille, en souriant davantage. Car il est nu, cet homme. Strictement nu, si je compte pour rien sa montre-bracelet. Chevelu de blond, barbu de blond, il est aussi poilu de blond du haut de la poitrine au généreux pubis. Plutôt maigre, cordé de muscles, entièrement bronzé – sans la culotte de peau plus claire du vacancier qui se déshabille –, il se balance légèrement d'une cheville sur l'autre. Je ne saurais certifier la couleur de ses yeux, mais il est hors de doute que, derrière cet Adam, la chose blanche, jusqu'alors imprécise, est un polo qui sèche. Quant au chien, sachant s'interdire d'aboyer (en l'occurrence cela s'explique : il est à contre-vent), sa curieuse livrée le trahit d'emblée : c'est ce qu'on appelle par ici un *houret*, une bête ensauvagée, giboyant pour son compte, bien connue des gardes et des chasseurs dont la vindicte n'a jamais pu la tenir à portée de fusil.

« Tu crois qu'on peut se baigner là-dedans ? » demande Léonard.

Claire lui plaque une main sur la bouche. Le chien, là-bas, regarde l'homme, sans bouger. L'homme regarde sa montre : une montre ronde, probablement un de ces chronos dont la trotteuse avance par saccades sans s'occuper du pouls qui, juste en dessous, sur un autre rythme, mesure aussi le temps. On hésite, on n'en finit pas de contrôler l'heure : 17 h 52, d'après mon poignet. Rayant l'air de bleu vif, un martin-pêcheur passe, une ablette ou un vairon en travers du bec. Et soudain l'homme dégrafe sa montre et, d'un tour de bras, l'expédie dans La Marouille en lançant au chien, si fort qu'elle nous parvient, atténuée, cette explication singulière :

« Eh bien, oui, quoi, il faut encore éliminer ça ! »

Son geste a dû l'étonner lui-même car il reste

11

penché en avant, lorgnant l'endroit où la montre a disparu. Ses mains glissent lentement le long de son corps comme s'il se sentait plus nu qu'auparavant.

« Il est fou! chuchote Léonard.

– Il est peut-être fou, mais il est beau! » souffle Claire en attirant à elle le maigrichon.

Une main à gauche, une main à droite, je renfonce deux têtes qui se sont soulevées trop haut. La réflexion de la fille mérite le coup d'œil, décoché de biais, qu'elle rend à son père, chargé d'une malice qui ne feint pas l'innocence. Puis nous redevenons sérieux, battant des cils en même temps pour exprimer un sentiment commun, mais indéfinissable. Un arc-en-ciel de lune, un charivari de passereaux harcelant une chouette éblouie par le jour (je n'en ai vu qu'un) ou la simple rencontre d'une genette, d'une hépatique des bois (bête et plante introuvables), pour le chanceux témoin cela tient du privilège. Ce qui se passe devant nous exalte la même attention, due à l'exceptionnel, au rare, à l'inexplicable. Mes lèvres bougent :

« Comment a-t-il pu traverser? »

Et pourquoi? Si dans le jet de la montre on devine un défi, dans la présence même de l'inconnu sur l'île il y a davantage. Peu profonde, La Marouille ne peut se traverser, même avec des cuissardes, sans risque d'enlisement. Hormis la sauvagine – et d'aventure une loutre, s'il en reste –, nul n'y saurait nager dans l'enchevêtrement des algues, des macres, des renoncules flottantes. Le transport d'une barque, à cette distance, ne souffrant pas l'examen, on ne voit de possible que le canot pneumatique, fragile et d'usage incertain, l'étang regorgeant de branches mortes épineuses charriées par les inondations. Mais nous ne sommes pas au bout de nos surprises...

« Il s'en va », dit Claire.

Ce n'est pas sûr. Suivi de son chien, l'homme a regagné la roselière, mais il a décroché son polo en passant. Peut-être se rhabille-t-il. Malgré les taons, nous pouvons bien attendre un peu. Ce n'est pas forcément le vent que je rendrais responsable d'une certaine agitation des cannes, et d'autres indices font croire au maintien d'une présence. Claire lève un doigt. Oui, quand la peur se transforme en crécelle, on ne sait jamais très bien où situer une rousserole : pour égarer l'intrus, elles sont toutes plus ou moins ventriloques. L'une d'elles en tout cas s'inquiète. Je lève un doigt à mon tour : pour signaler un glou précipité : pas celui du chevesne qui gobe une mouche, passant pour une seconde de l'eau à l'air, mais celui de la grenouille qui plonge, passant de l'air à l'eau. Dernier test : de son grand vol mou arrive un maître long-bec, héron cendré écumeur de blanchaille qui passe son temps à errer de mare en mare. Les pattes braquées devant lui, de toute évidence il veut, il va se poser... Mais non. A l'aplomb de l'île il fait un brusque écart et remonte, à grands coups de pennes. Presque aussitôt une corneille craille.

« Une corneille, par ici ? » s'étonne Claire.

Voilà une fille sensée. Le cri de la corneille, qui s'imite en fond de gorge, vaut de jour, pour un braconnier, ce que vaut de nuit le cri du hibou soufflé entre deux pouces. Quand on ne dispose pas de sifflet à ultra-sons, inaudible pour les gardes, audible pour le chien, c'est une autre façon de rappeler ce dernier. Le houret, qui devait divaguer, a très bien compris : le voilà, bon premier, qui revient sur la souche, y piétine d'impatience. Si nous devons en déduire qu'on s'apprête au départ, cela pourrait bien constituer le clou du spectacle. D'entre les cannes émerge une tignasse blonde, puis une barbe répandue cette fois sur un bleu de chauffe que barre la bandoulière d'une forte boîte à pêche, sûrement pleine car une torsion du corps cherche à en compenser le poids. Braco bizarre, mais braco, utilisant sans doute la nasse pour exploiter un étang lointain, difficile, où il ne craint guère la concurrence, voilà au moins une certitude.

« Je l'aimais mieux dans sa tenue de tout à l'heure, dit Claire. Maintenant, il a l'air d'un plombier. »

Mords-toi la langue, ma fille! Le plombier se baisse; le chien lui saute sur le dos, se laisse enrouler autour du cou de son maître comme l'agneau de saint Jean. Et le maître, enjambant froidement la souche, pique droit devant lui. Ce n'est plus saint Jean, c'est Jésus sur le lac de Génésareth. A longues et lentes enjambées, il marche sur l'étang où ses pieds nus, l'un après l'autre, tâtent le marais, le rendent solide à l'endroit même où ils se plantent, sans pénétrer plus avant dans la canetille qu'ils ne le feraient dans un gazon. Au milieu du chenal, là où la profondeur dépasse le mètre, il s'arrête pour souffler, aussi tranquillement que s'il était perché sur de la glace ou possédait, à l'inverse de Moïse, le pouvoir de changer l'eau en rocher. Léonard en est béant. Moi, bien sûr, je note qu'on a les pieds soudés et que, droit comme un i, on prend grand soin de ne pas mettre en péril un étroit « polygone de sustentation ». Je note aussi que mon œil s'insurge, cherche à rétablir la vraisemblance : puisqu'un homme s'y tient debout, puisqu'il est vert, le marais tourne à la prairie. Quant à Claire, admirative, amusée, pas le moins du monde abusée, elle me lâche dans l'oreille :

« Quand même, il faut le faire! »

En effet. Et cela fait problème. S'il est ce qu'il

paraît, ce chapardeur de tanches et d'anguilles (qui doivent d'ailleurs avoir un terrible goût de vase), il y a de fortes chances pour qu'il le soit d'occasion. Ses émules d'habitude ne songent qu'à remplir leur bourriche, ne font pas de musique pour célébrer leurs rafles, ne ressuscitent pas un procédé néolithique pour s'assurer l'exclusivité d'un poste de pêche. Celui-ci se joue une pièce. Laquelle? Va savoir! Ce n'est pas seulement pour souffler, j'en jurerais, qu'il fait la pause, mais pour jouir de sa performance et mystifier au moins les poules d'eau.

La seconde partie du chenal va d'ailleurs le mettre en difficulté. Il reprend sa progression qui semble filmée au ralenti. Une première fois il vacille et, pour rétablir son équilibre, étend les bras, en fait un balancier. Ramenant très vite une main à son cou pour retenir le houret, il fait encore trois pas, vacille de nouveau, juste au moment où le chien (qui a dû nous sentir : le vent tourne) se permet un jappement bref, suraigu. Cinq bonds suffisent pour atteindre la rive, en catastrophe, mais c'est sans gloire qu'en la touchant il y culbute et se redresse pour détaler, pour disparaître vers la forêt.

« Gué noyé! » dit Claire, soucieuse de ne pas me laisser croire qu'elle ait pu être dupe.

Gué noyé, bien sûr : une rangée de rondins, probablement chipés sur un chantier de bûcherons et plantés dans la vase de telle sorte qu'ils affleurent la surface, masqués par la canetille. Nous en sommes si sûrs que nous n'irons pas contrôler, en piquant une badine sur l'empreinte la plus proche du bord, là où la nappe de lenticules – certaines chavirées, montrant leur avers rose – ne doit pas être tout à fait refermée. Il est tard. Les brochets sont en chasse et font gicler devant eux de petits gardons d'étain, lueurs brèves, qui retournent à l'herbier. Le soleil s'empale sur la pointe d'un peuplier. Partons. Nous devions rendre Léonard aux siens pour le dîner. Nous devions passer chez le boulanger avant la fermeture et nous n'y serons pas, oubliant toujours que le chemin est moins long à l'aller qu'au retour.

Claire se lève la première, puis l'enfant, puis moi. Nous sommes tous un peu ankylosés par ce long guet. Nous faisons trente pas, avant d'entendre un palpitement sec :

« Qu'est-ce que c'est ? » dit Léonard.

Décidément, nous avons aujourd'hui de la chance : l'oiseau qui vient de s'enlever, c'est une marouette, un petit échassier qu'on voit rarement, qui vit très caché dans les joncs et, sauf surprise, préfère piéter qu'utiliser ses ailes.

II

Si l'on admet que les défunts ont un anniversaire (mais le mot s'y oppose, l'année pour eux ne *tournant* plus), c'est aujourd'hui celui de ma femme. Marie-Louise aurait soixante ans. Elle s'est arrêtée à cinquante-six ans, me laissant cette fille tardive qui, trois jours après les obsèques, dut s'en aller passer son bac.

La fête est devenue un obit. A l'étage, dans l'atelier de Claire, je m'occupe prudemment, je débroche un ouvrage. Ce petit travail, avec la mise en presse, l'ébarbage ou le collationnement, est de ma compétence. J'ai déjà dégagé la moitié du dos; je retourne le livre, pour détacher l'autre moitié. Je peux maintenant saisir la pointe biseautée, couper les fils de chaque cahier, les disjoindre, reprendre l'outil pour enlever une par une les pellicules jaunes de colle sèche...

« As-tu lu *L'Eclaireur*? » demande Claire dont je ne vois que le dos, barré d'un soutien-gorge rose qui transparaît sous son chemisier blanc.

Invite déguisée : lire absorbe, n'est-ce pas ? Claire sait bien que ce jour est l'un des rares où je m'en veuille de vivre ce qu'elle appelle *une vie non seulement réglée comme du papier à musique, mais satisfaite du refrain.* Un chagrin engourdi, qui se

17

réveille à date fixe, ne mérite pas de ménagement. Cependant, s'il est vrai que les horaires m'ont à ce point mécanisé qu'aujourd'hui encore, retraité soumis sans motif à l'horloge, je me lève à six heures, je mange à douze et à dix-neuf, je me couche à vingt-deux, il y a là prolongation d'un règne. Ma femme, de son vivant, je la trouvais répétitive, et ses habitudes, pourtant, continuent à faire la loi.

« Après l'école, tu iras chercher le petit? »

Consigne, sous forme de question. Claire n'a pas levé le nez, elle a une commande, elle ne saurait se distraire du cousoir où, pour l'instant, elle trace l'emplacement des encoches qu'entaillera la scie à grecquer. La chatte, couchée en rond sur le paillon d'une chaise, miaule brièvement. Le fait est rare et signifie : la porte! Cette chatte, silencieuse, pie jaune, aux amours inconnues ne produisant (du moins ici) jamais de chatons, honore trois maisons dont la nôtre où elle ne reste jamais plus de quelques heures. Je lui ouvre. Je reviens à ma peine. Marie-Louise... Son portrait est au mur, ses yeux sont insistants. Pour apaiser cette crise du souvenir, peut-être devrais-je m'inspirer de l'exemple de notre cousine Peloux, veuve alerte et nullement lugubre dont chacun sait que, chaque semaine, elle s'installe au cimetière et, assise sur la bonne dalle, raconte à son mari la chronique familiale, tout en tricotant. Mais elle n'ignorait pas, Marie-Louise, ce que je pense de la survie qui se mesure, pour quelques-uns, à la faible éternité de l'histoire, et pour les autres, à ces pincements de cœur qui peu à peu s'espacent. Et je sais trop bien, moi, qu'oreille et bouche, confondues, relèvent de la formule trouvée par Claire enfant penchée sur sa poupée : *Je me lui parle!* C'est à moi seul que je puis rendre compte...

18

Tu vois, mon ami, il fait beau. Mais le baromètre baisse et nous avons bien fait de semer ce matin trois rayons de ces mâches à petites rosettes qu'on appelle aussi *doucettes*. Une fois de plus, Claire ne m'a pas caché que mes plates-bandes, alignées au cordeau, lui faisaient l'effet d'un bon devoir, corrigé à la bêche. C'est dans sa ligne. Au fond elle n'a jamais bien compris qu'ennemi de la plante en pot et du canari en cage – ces prisonniers –, le vieil homme que je suis, avec fleurs et légumes, grâce à lui répétant de la vie nouvelle, *se sente repousser* chaque année au jardin aussi bien qu'en forêt (pas plus vierge, depuis 2 000 ans qu'elle est replantée de main d'homme). Claire préférerait sans doute le tout-en-herbe de la voisine, Mme Cruchot. Mais laissons-lui ses illusions. Claire a voulu qu'ensuite nous battions ensemble le tapis de la salle, plié sur l'étendoir. C'est encore dans sa ligne : je dois participer. Déjà voilà dix ans, elle soutenait qu'un pédago doit prêcher d'exemple dans nos campagnes où les mâles produisant des tonnes de pommes de terre se croiraient déshonorés d'en éplucher une seule. A vrai dire, mes tâches ménagères s'alourdissent. Mais passons... Vers dix heures nous sommes allés faire nos courses, avec l'intention de ne pas traîner, d'éviter de lassantes curiosités... et c'est Claire qui, ravivant la sienne, m'a lâché tout à trac en refermant la porte :

« Plus j'y repense, plus je me dis que ce type de La Marouille, c'est quelqu'un. Apprivoiser le houret, c'est du travail d'Orphée. »

Elle n'a pas fait dix pas avant d'ajouter :

« En tout cas, il ne peut pas être depuis longtemps là, ça se saurait. Et tu as eu tort, Papa, d'en parler au conseil : tu connais nos bouseux, ils vont se croire obligés de trembler pour leurs poules. »

Ai-je eu tort? C'est vrai, on maraude beaucoup ces temps-ci et, suivis par le maire, les trois élus fermiers ont vite fait le rapprochement. L'histoire était trop belle : je n'y ai pas résisté. Mais en faisant le tour du pays elle s'est depuis huit jours tellement déformée, enrichie de soupçons, d'ajouts, de commentaires naïfs, sceptiques ou égrillards que Claire, plus harcelée que moi parce qu'elle en impose moins, parce qu'elle est fille, parce qu'elle jouit d'une certaine réputation, ne peut croiser une voisine, entrer chez Mme Sibilot, l'épicière, sans subir la même question :

« Alors, Claire, ce nudiste, tu l'as revu? »

Elle hausse les épaules s'il s'agit d'une commère. Elle hausse les paupières s'il s'agit d'un garçon. Car soit dit en passant...

Le sujet est-il trop délicat? J'ai quitté ma chaise : je me retrouve planté devant la fenêtre. Je n'ai pas envie d'enchaîner, de m'avouer déçu par une fille qui, après licence et maîtrise, aurait dû passer le C.A.P.E.S., aurait pu enseigner à plus haut niveau que ses parents, au lieu de se jeter dans un mariage, brisé six mois plus tard par un autre coup de tête, inspiré par un autre coup de cœur. Je n'ai pas envie d'expliquer les contradictions d'un père, ravi de ne plus être seul, moins satisfait de voir de bonnes études aboutir à un petit atelier de reliure courante et, pour tout dire d'un mot local, à cette *vie-de-chatte*, aux longues présences entrecoupées d'absences ambiguës.

En moi *monsieur Godion* (que, pour honorer le magister, Mme Godion appelait ainsi au lieu de dire « mon mari »), en moi monsieur Godion (qui au contraire pour se moquer de lui a fait de ce titre une antiphrase) se gourmande soudain, refuse de s'encrêper davantage. Dehors, l'ardoise bleu sombre découpe un ciel bleu tendre. Il y a là un mélange d'angles droits, aigus, obtus, qui fournirent des exemples à un instituteur pointant le doigt vers les toits... Allons! Au moins, avec sa fille, lui reste-t-il ce bourg bâti à l'intersection de deux vicinales axées sur les points cardinaux (à deux degrés près, assure ma boussole).

Oui, au moins suis-je dans mon élément depuis toujours. Lagrairie... Ce nom même est forestier comme l'atteste l'ordonnance du grand maître faisant *défense à tous seigneurs de se dire propriétaire des droits de grayrie et verdurie abolis par Sa Majesté.* On ne peut pas être plus Lagrairien que moi. Scieur de long, mon aïeul y épousait déjà une fille de bûcheron sous le Second Empire. Ma maison vient de son fils, menuisier, rêvant de faire du sien un instituteur : qu'il fut pour sa gloriole, qui trouva moyen de se faire nommer dans son village, d'y exercer durant trente-cinq ans, auxiliaire, titulaire, enfin directeur, ne réclamant jamais d'autre avancement ni d'autre faveur que des prolongations.

Dois-je m'en vanter? On ne donne pas si souvent un consentement si fort à être ce que l'on est. Je n'ai pas bougé de ma vie et, mort, je ne m'éloignerai pas de trente mètres. L'église est en face, entourée de son cimetière où j'aperçois ma tombe : rectangle de graniteau qu'en bon veuf, ne se voulant pas remarquable, j'ai fait graver tout de suite : Marie-Louise TADAULT, épouse GODION (1920-1976) et Jean-Luc GODION (1915-....). Le blanc me permet seulement de me faire attendre. Quand je porte au cimetière mes plus beaux glaïeuls, *Jester* ou *Mozambique*, mes plus beaux dahlias, *My love*, *Acapulco*, j'ai l'impression de me fleurir de moitié.

« Holà, comme tu y vas! »

L'ai-je vraiment murmuré? La gerbe est fraîche, là-bas, et je suis bien vivant, debout, face aux carreaux, dans l'odeur composite de cuir, de colle forte, de papier goudronné (nouvelle pour un nez qui catalogue surtout les senteurs potagères ou sylvestres). L'en dedans s'est tu; j'écoute l'en dehors. Du côté de la scierie, en courtes passes aiguës, l'acier mord de la grume. La rue retentit du tintamarre du ramasseur, qui a chargé très tôt des bidons pleins, qui ramène aux trayeuses de sonores bidons vides. Il passe, il est passé. Une voiture suit, qui freine et dont claque la portière. Mais quoi! L'oreille se remplit d'un cher vieux brouhaha: assortiment de cris de marmaille se libérant des rangs, de galopades sur galoches, d'appels de mères, de timbres de vélo, de petits coups de klaxon lancés par des voitures qui démarrent en tous sens pour ramener aux hameaux des porteurs de cartables... Bon Dieu! Où ai-je la tête? J'ai oublié la sortie de l'école.

Je me retourne. Autre surprise: Claire a disparu. Se ravisant, me laissant brasser du noir, elle a dû descendre sur la pointe des pieds pour aller chercher Léonard qui, presque chaque soir, vient chez nous apprendre ses leçons. Mais je vais être aussitôt détrompé. Le temps d'enlever ma blouse, de gagner le palier, et une voix d'homme, grasse, bien reconnaissable à sa façon d'écraser les voyelles, se mêle à une voix de femme, moins familière et à celle de ma fille que l'humeur métallise:

« Papa, tu as de la visite. »

Descendons posément. Entrons dans la salle, le menton en avant comme à l'époque où je présidais le conseil de classe. Ce ne sont pas deux, mais trois visiteurs, le maire, le brigadier de gendarmerie et

Mme Salouinet le juge d'instruction, tous debout près de la grosse horloge à poids de ma grand-mère dont le battant de cuivre oscille calmement. Du côté du buffet se tient Claire, déjà porteuse d'un plateau où tintent, près du flacon de ratafia de cassis, cinq verres à boucheton. Bien entendu, j'ai droit au titre périmé :

« Bonjour, monsieur le directeur. »

Asseyons-nous. Comme de juste Georges Vilorgey, le maire – un de mes anciens élèves – dont je ne suis que le second adjoint, se présente en salopette. Son képi sur le genou, le brigadier Baumogne, père tranquille, aussi peu shérif que pandore, tient son verre d'une main en caressant de l'autre une calvitie précoce contrastant avec un visage poupin fleuri de prunelles pervenche. Quant au juge, Mme Salouinet – citoyenne de Saint-Savin, commune limitrophe – qui chaque jour fait la navette entre sa maison et son bureau du Palais dont les fenêtres font face à celles de la sous-préfecture, elle porte son éternel tailleur gris, assorti à ses cheveux gris, à ses yeux gris, qui l'ont fait surnommer *la dame grise*. Le savoir-vivre rural donnant la préséance, chez lui, à l'oint municipal, elle le laisse aborder le sujet sur le ton badin :

« Excusez l'invasion, monsieur le directeur. Mme Salouinet s'intéresse à votre braconnier exhibitionniste, gentiment flûtiste et, paraît-il, assez équilibriste pour marcher sur les eaux... »

Mme Salouinet prend aussitôt le relais. Elle a un sourire neutre et un débit serré, presque sans inflexion :

« Ne vous méprenez pas, je suis ici sans greffier; je viens seulement, en voisine, vous demander ce qu'il y a de vrai dans l'histoire, pittoresque, qui fait le tour du pays. A première vue, vous l'imaginez bien, il ne saurait être question de mobiliser la brigade, de quadriller quinze mille hectares, pour nous saisir d'un braconnier et le traduire devant un tribunal qui ne pourra s'empêcher de rire en lui collant huit jours avec sursis. Mais l'affaire devient très différente si ce n'est qu'un épisode d'un plus vaste pillage. Il n'y a pas de délits mineurs quand ils se produisent en série. Si les fermiers ne se sentent pas protégés, ils finiront par décrocher leur fusil et flingueront une de ces nuits le premier maraudeur venu. »

Mme Salouinet regarde Vilorgey dont le menton, à chacune de ses phrases, plonge pour l'approuver. Elle continue :

« J'entends bien : au nombre des plaignants j'en compte qui ont perdu une oie ou deux lapins, quand ce n'est pas un sillon de pommes de terre, peut-être retourné par un sanglier. Mais trente moutons ont disparu d'une pâture, sur Béléglise, trois bœufs sur Genetier, un cheval sur Saint-Savin. Cela suppose des moyens que seule peut posséder une bande de viandards probablement venus de loin. Cela suppose aussi la présence d'un indicateur. Or ces vols ont tous un trait commun : ils ont été commis au préjudice de métairies situées en lisière de forêt. »

Pause. Mme Salouinet observe son bas, qui a filé. Le brigadier continue à s'effacer. Claire fronce les sourcils : elle n'apprécie guère que (selon son expression) « se déboutonne » pour elle le regard jaune de Vilorgey. Est-ce vraiment le moment de me demander si c'est ou si ce n'est pas dommage ? Fils d'une veuve impérieuse qui ne l'encourage pas à la doubler d'une bru, Georges Vilorgey – jadis appelé Jojo – a été brillant; il aurait pu devenir ingénieur; il a préféré devenir premier dans son village en y reprenant le garage paternel, passé de la pompe à main au distributeur, enrichi de cette laveuse automatique dont les grands goupillons étrillent les voitures. Claire lui plaisait beaucoup... Mais l'inverse n'est pas vrai.

« Bref, reprend Mme Salouinet, pour rassurer l'opinion, nous pensons qu'un contrôle s'impose. Les signalements abondent, fournis par des témoins qui ont vu ou cru voir un grand maigre, un petit gros, errer d'ici ou là, un sac sur le dos. Rien de sérieux. Mais vous avez bien vu, vous, monsieur le directeur, et vous, madame, un jeune homme blond...

– Tout nu! Pour la joie des moustiques! »

Ça, c'est du Vilorgey. Baumogne, qui s'est soulevé pour jeter à travers la baie un coup d'œil à l'Estafette bleu de France où veille près de la radio un auxiliaire du contingent, habillé de kaki, se rassied, une jambe sur l'autre.

« Nu, oui, dit Claire. A mon avis il venait de laver son linge.

– Un naturiste, pourquoi pas? dit le brigadier ouvrant enfin la bouche. J'en vois, chaque été, camper sous les futaies. Mais se bricoler un gué sous La Marouille ne viendrait pas à l'idée d'un passant. Ce n'est pas le poste de pêche ni son accès bizarre qui m'intriguent le plus, c'est l'abonné.

– Moi aussi, dit M. Godion, sortant à son tour d'un silence prolongé. Mais je ne vois pas de rapport entre une bourriche de blanchaille et un troupeau de moutons. Je crois au farfelu qui prolonge ses vacances en jouant les Adam, sans Eve, dans la nature. »

Aux moues polies qu'on tire devant moi, il est clair que personne – sauf ma fille – n'est convaincu. Mme Salouinet me demande mes raisons : elles sont légères, elles tiennent du sentiment plus que de la

conviction. La conversation tourne à l'interroga-
toire. On me pose cent questions sur la taille, le
port, la forme du menton, du nez, des oreilles, la
couleur des yeux, la longueur des cheveux de l'inconnu, comme si au bout de mes jumelles j'avais pu
le bertillonner. Je connais un peu Mme Salouinet
qui, profitant du privilège d'inamovibilité des
magistrats pour s'accrocher à ce pays, a refusé,
comme moi, tout déplacement et jouit d'une réputation de sévérité, tempérée par une certaine indulgence pour les délinquants natifs du canton. Elle en
prend souvent à son aise (sa visite le confirme) avec
les formes légales; elle a sûrement envie de donner
satisfaction à Vilorgey, soucieux de ses ouailles et
partisans d'un raid sur La Marouille; mais elle a
peur du ridicule, elle hésite, elle se lève enfin,
murmurant :

« Il faut pourtant en avoir le cœur net.

– On peut toujours aller voir, dit le brigadier.
Mais sans guide mes hommes risquent de tourner
en rond. » C'était donc ça! Debout, piétinant sur
place, le brigadier, encouragé par la dame grise qui
m'observe de biais avec aménité. Il s'embarrasse la
gorge de petits raclements. Comme le moins qu'on
puisse dire, c'est que ce n'est guère régulier, il n'ose
pas me demander franchement de piloter la
patrouille. Il espère que je vais me proposer...

« Prenez Colin, dit Claire, c'est le meilleur domanier. »

Un *domanier* (parfois aussi appelé *verdier* comme
au XVIIIᵉ), par ici, c'est un garde : ils sont trois qui
hantent la domaniale, mais ont le pied moins sûr
au-delà du Grand-Hallier. Mme Salouinet, à très
petits pas, traverse la pièce. Elle est venue à tout
hasard, elle ne comptait pas trop sur ma compréhension, elle apprécie sans doute que je n'aie pas
précisé : *Voyons, madame, de quoi aurais-je l'air?* Elle

remercie, elle me tend une main sèche. Le brigadier, planté sur ses deux jambes gainées du pantalon bleu à bande noire, remercie à son tour et salue.
Son dos de drap, barré de cuir et flanqué de la
sacoche où dort son M.A.C. 50, tangue un peu. Il
sort, indifférent déjà, passant à d'autres tâches avec
cette aisance qui n'appartient qu'aux gens d'Eglise
et de Justice. Vilorgey seul se retourne sur le seuil,
avant de tirer assez vivement la porte.

Il n'a pas dû entendre ma fille lâcher un mot de
trois lettres suivi de ce rappel qui demeure un
reproche :
« Qu'est-ce que je te disais? Ça n'a pas raté. »
Apparemment, la haine de la traque chez Claire
peut s'étendre jusqu'à l'homme, hôte de la forêt
bénéficiaire de l'absolution verte et du statut de bête
à protéger. Fût-il un charognard, n'a-t-il pas, comme
l'autour, l'innocence d'être beau? Perchée sur un
pied, balançant l'autre, elle secoue ses cheveux
noirs. Elle pivote et, faisant allusion à certaines
déconvenues que nous doivent les fervents de la
chloropicrine, elle s'exclame :
« Nous ne pouvons pas, hélas! le prévenir comme
un renard. »
Elle pouffe. Fidèles de la S.P.A., fidèles de
l'A.R.A.P. (Amis des renards et autres puants), du
R.O.C. (Rassemblement des opposants à la chasse),
quand nous avons la chance d'apprendre où et
quand sera gazé un terrier, nous tâchons en effet
d'arriver les premiers, la veille si possible. Claire se
détourne. Papa, l'imprégnant de l'horrible odeur
humaine, pisse dans le trou, puis y jette quelques
morceaux de carbure qui dégageront de l'acétylène,
inoffensif, mais insupportable pour la famille goupil
qui déguerpit sur l'heure, ne laissant plus aux

gazeurs que la joie d'asphyxier le vide. Malheureusement, s'il mérite notre aide, il est plus difficile d'alerter l'inconnu.

« J'ai peut-être une idée », dit Claire au bout d'une minute.

Si elle se rembrunit en regagnant le cousoir, c'est par décence, pour honorer ce jour qui bannit la gaieté.

III

OUVERTURE. La seule belle histoire de chasse est celle d'Actéon qui giboyant, l'arc en main, surprit au bain Artémis, déesse si puritaine qu'elle le changea en cerf et qu'il fut aussitôt dévoré par ses propres chiens.

Indulgence plénière à l'Esquimau nourri du lard de phoque et vêtu de sa peau! Mais honte aux glorieux de la gibecière, remitraillant de flashes leurs « tableaux » de plume et poil! Honte aux enfilades d'alouettes, aux fureteurs, aux enfumeurs, aux tendeurs, aux amateurs de cornes, défenses et autres « massacres », aux spectateurs de curée ou de fouaille jouissant du pur spectacle d'une bête éventrée dont les chiens se disputent les tripes. Dans la réprobation, englobons même les peintres, suspendant par les pattes, à un clou fictif planté dans un haut de toile, de pantelantes victimes à l'œil éteint sous le taffetas d'une paupière : prétexte de palette, sans doute, mélange de roux, de bistres, de rosés, relevé par le bleu aile-de-ramier, le vert cou-de-canard et la touche de sang frais au carmin de garance... Mais quand même du cadavre! Mort pastel! Mort à l'huile! Tout ce qui fait *mort jolie*, je l'abomine. Y compris l'empaillée. Y compris les sacrifices de cinéma comme la mort du zébu d'*Apo-*

calypse Now, comme celle du chien de *Pascal Duarte*...

Ouverture! Celle-ci au moins m'aura fourni quelque distraction. Même couché tard, je ne peux plus dormir dès l'instant où les aiguilles, petite en bas, grande en haut, partagent le cadran. Je suis sorti très tôt pour arpenter la Rue-Grande jusqu'à son croisement avec la rue Traversière qui s'évase à cet endroit pour former la place de la Mairie. Sur le terre-plein qui sert de parking on ne voyait que vestes à poches dorsales, culottes à choux, ventres barrés de cartouchières, chapeaux avec plume au ruban, sans compter l'artillerie diverse et les humants clabauds à jambes droites, à jambes torses, des foncés, des clairs, des mantelés, des tachetés, tous pissant volontiers sur les roues des voitures. Il y avait dans le tas, hélas! beaucoup d'amis, capables de tirer, pan, pan, sur tout ce qui bouge, fût-ce une pie incomestible ou le dernier engoulevent. Recensant l'adversaire, j'avais des raisons d'être guilleret, je distribuais du bonjour et même des *Bonne chasse!* censés porter malchance. J'allais rentrer quand je tombai sur Colin, le domanier, qui me lorgnait, hilare, touchant d'un doigt son képi gris.

« Vous savez le résultat...? »

Qu'il ait servi de cornac et que l'opération Marouille, repoussée d'une semaine pour des raisons que j'ignore, ait finalement eu lieu, discrète, exténuant trois gendarmes navrés de faire chou blanc, un Vilorgey maussade l'avait, la veille au soir, annoncé au conseil. Sans détails. Mais Colin, qui n'aime pas trop voir d'autres bottes que les siennes fouler au nom de la loi son territoire, était en veine de confidences.

« Quatre! Moins un qui s'était embossé au rond-point de La Glandée pour assurer le contact avec la brigade et le talkie-walkie... Vous pensez! Y avait de la place autour. »

Ils étaient donc partis un matin vers neuf heures. Durant tout le trajet Baumogne n'avait cessé de consulter sa carte, quitte à demander ensuite au domanier : « Ce ru, c'est le Petit-Verzou. On le saute. » Et Colin de rectifier : « Oui, mais après on le suit. » Les bottes continuaient. Mais, n'est-ce pas, un pied fait pour l'asphalte travaille du talon, un pied fait pour l'humus travaille de la pointe. Marcher n'est pas cheminer. Ils n'avaient pas la semelle légère, les compagnons, scrutant l'ombre qui devant eux se vidait du moindre merle. Mal routé, vite dégoûté. Une forêt plate, ça ne fournit pas comme une forêt de montagne de l'air, de l'échappée, du paysage; ça répète des troncs, des troncs, montant vers la feuille vive; ça répète des pas, des pas, enfonçant de la feuille morte, et l'amateur trouve que tout se ressemble dans un étouffoir noir. Elle n'était pas fraîche, la patrouille, en arrivant à la Pierre-Levée devant quoi Baumogne, géodésiquement sûr de lui, décida qu'il n'y en avait plus que pour vingt minutes.

« Une heure plus tard, monsieur le directeur, on passait les ravines, là où les filardeaux font place aux pieds tordus. Le brigadier secouait en vain son talkie-walkie : *Allô! Vous me recevez? Allô! Je ne vous reçois pas. Allô! Ce sera plus long que nous ne pensions...* Rien à faire. Bref, on est arrivé sur le coup de midi et demi pour s'embusquer dans une petite saulaie... »

J'écoute en redescendant, tout doux, la Rue-Grande. Il paraît qu'assis sur la jonchée, Colin, précautionneux, a fait saliver les gendarmes en s'envoyant devant eux un sandwich gros comme ça. Il paraît que Baumogne suait, s'épongeait, regardait sa montre, reniflait l'odeur de vase, tournait une bouille désabusée vers ses hommes plus habitués à faire le guet au long des routes à vitesse limitée où on est sûr de ferrer du client. Enfin le brigadier, vers quatorze heures, a grogné : « Foutaise ! » Par acquit de conscience, tout de même, il a coupé une tige de coudrier, l'a émondée pour s'en faire une sonde, a gagné le bord, et à l'endroit indiqué il a fouillé devant lui, fouillé sur sa droite, fouillé sur sa gauche et tracassé enfin sous les lentilles un objet immergé. Il a dit : « C'est pourtant vrai : il y a là comme un poteau, sous l'eau. »

Nous nous étions arrêtés devant ma porte et Colin, prenant du retard, oubliant le service, terminait son rapport en beauté :

« Pas chauds, les pantalons bleus, pour aller voir, pour traverser La Marouille ! C'est moi qui me suis dévoué, pieds nus et pas fier, je vous le dis, sur les têtes des rondins. Pas un chat, bien entendu, dans l'île. Rien qu'un petit faucardage et, dessus, quatre pierres noircies. Un foyer, quoi ! Comme en font les scouts ou les terrassiers réchauffant leurs gamelles. Mais bien en évidence sur le foyer il y avait... Devinez ! Je vous le donne en mille... »

Un message, sûrement pas. Un objet ? Mais lequel ? Comment laisser entendre à qui passera peut-être et à lui seul : *On connaît ce refuge, on sait ce que tu y fais. File !*

« Les flics, précisait Colin, en sont restés baba, quand je leur ai tendu un petit livre de cuisine : *Les Cent Façons d'accommoder le poisson.* »

Au moins est-il prouvé, pour tout le monde, que nous n'avons pas eu la berlue... et pour moi, si c'était nécessaire, que ma fille a un certain génie. Colin s'en est allé, trottant vers son secteur où il doit en principe contrôler les permis, les polices d'assurances et s'assurer qu'on tire le gros à balle. Dans la cuisine, près de la fenêtre ouverte, je siffle mon café. Ça pétaille déjà, sur plusieurs tons. Le douze domine, plus sourd. Le coup isolé me navre : il a suffi pour culbuter le cul-blanc. Les salves laissent présager qu'une compagnie de chasseurs a rencontré une compagnie de grises. Je compte : en dix minutes, huit détonations. C'est peu. Nul n'ignore qu'outre les pesticides, la myxo, l'arasement des haies, la densité de nemrods en ce pays – la plus forte du monde – ne leur laisse aucune chance de battre le record imbécile de Lord Grey qui, en un jour, abattit neuf cents pièces; et ce n'est pas moi qui me désolerai si les cartouches vides, où persiste l'odeur de la poudre et dont le culot de cuivre luit longtemps dans les sillons avant d'être mordu de vert-de-gris, ne jalonnent guère l'itinéraire des fusillots sur la chasse communale, maigrement pourvue. On jubilera même si les actionnaires de la société fondée par le baron de Tordray sur ses huit fermes groupées, à grands frais repeuplées, ne tirent pas davantage, du côté de la route de Genetier.

Aurions-nous été efficaces? Le jeu des échos embrouille nos pointages, mais il semble que le sud l'emporte sur le nord et nous savons ce que nous savons... Désopilante nuit où nous avons fait preuve d'un esprit séditieux cent fois puni chez nos potaches quand nous étions leur victime sévère! Certes, il ne faut pas craindre l'aspect un peu gamin, parfois, des bonnes intentions. Pourtant, monsieur le directeur, n'étant pas végétarien, ne mangeant pas tristement du poulet, ayant prévu pour aujourd'hui un haricot de mouton, nous défendons les droits de la nature avec une dévotion où semble bien entrer quelque faiblesse pour notre fille et à l'encontre du genre humain quelque malignité. Car enfin, cher ami, s'il est vrai que les chasseurs tuent par plaisir, par orgueil, par intérêt (pour le paysan c'est un rapport analogue à celui de la basse-cour), s'il est vrai qu'ils ont décimé, voire détruit des dizaines d'espèces, s'il est faux qu'ils puissent se prétendre protecteurs de la faune sous prétexte qu'ils repeuplent leur territoire de gibier artificiel aussitôt massacré, s'il est scandaleux que les plus sérieux d'entre eux doués d'une belle connaissance de la faune ne sachent l'honorer qu'en la sacrifiant dans les formes (et fort inutilement : ils ne mangent pas le cerf)... nous ne valons guère mieux qu'eux, nous qui avons pitié des bêtes sauvages, mais non des domestiques, nous dont la denture nous oblige à demeurer des carnassiers, vivant des protéines de cadavres que nous assurent le rôti, la saucisse, le caviar ou le foie gras.

Mais de ces contradictions on s'arrange fort bien. Les trois cents hectares du baron jouxtent cette année la réserve. Toujours est-il que vers minuit, évitant de passer trop près des métairies qui condensent autour d'elles la chaude odeur des vaches et dont les mâtins au moindre bruit s'alertent de niche en niche et sans fin se répondent, deux ombres ont parcouru le territoire de la société : deux ombres avantagées par un bon noir sans lune, mais gansé de Voie lactée et piqueté d'assez de points lumineux pour habituer des yeux à distinguer, vaille que vaille, la motte où ne pas buter, la ronce métallique où ne pas s'accrocher.

« Retiens-toi, disait l'une, tu riras quand nous aurons fini. »

Et les ombres puisaient dans deux sacs de jute accrochés à leur flanc : deux ex-sacs de déchets de corroierie, engrais nauséabond, pour jardinier qui refuse les chimiques. Et les ombres parodiaient le geste auguste du semeur, choisissant les meilleures remises pour y répandre cet excellent $C_{10}H_8$, alias naphtaline, dont le gibier déteste l'odeur et qui l'incite à *s'étranger*, à gagner d'autres couverts.

« On passe en face », murmure la même voix vers une heure.

Et les deux ombres, infatigables, sont en effet passées sur la réserve. Elles avaient changé de sacs et les sacs avaient changé de contenu. Mais on semait toujours. Du grain, cette fois. Du grain trempé dans la liqueur d'aspic qui a pour le faisan la même vertu que, pour le fer, l'aimant.

« Et maintenant tu peux rire... »

Une heure avant les premiers rayons de soleil, tirés de biais, qui font briller les fils de la Vierge emperlés de rosée et les canons de hammerless, une migration furtive a dû se produire. Des glissements, des trottinements, des bruissements de fougère, des vols rasants, des rappels de perdrix à ses pouillards, des picorements aux bons endroits ont enchanté la brume basse. Tout là-haut, au-dessus de la buse qui plane dans un ciel meublé de petits nuages couleur de crème, sainte Bredouille, patronne du bestiaire, jouit du dépit de saint Hubert : à l'heure légale, qu'ils hâtent le plus souvent, ces messieurs de la société et leurs chiens flairant, broussant, quêtant ferme, n'ont trouvé, je l'espère, que des voies menant aux terres interdites.

Tardivement couchée pour cette raison-là (et non pour d'autres, dont elle ne m'avise pas, le dimanche matin), Claire dort encore ou flâne au lit dans sa chambre de jeune fille redevenue presque telle. Sa tasse l'attend. Je siffle la mienne, en préparant tout seul le haricot de mouton, en lâchant entre mes dents ce léger tss-tss qui me persifle. L'huile chauffe. L'huile pétille dans la cocotte où dorent le lard détaillé, les oignons émincés, les morceaux de collet et de plat de côtes. Troubler une ouverture, mon vieux, assurer un sursis à la volaille que les faisanderies élèvent au blé pour les offrir au plomb, c'est bien. Egayer sa gamine, furieusement écolo, en se décrassant soi-même d'une bonne couche de sérieux, c'est mieux. Egouttons les flageolets qui trempent depuis la veille, ajoutons-les, enfarinons, salons, poivrons, glissons dans le tout l'ail, le thym et le laurier. Il ne faudra tout de même pas me laisser déborder par les fantaisies de Claire. Couvrons... Je n'ai plus qu'à m'asseoir, à m'emparer de *L'Eclaireur* qui paraît le samedi et que je n'ai pas encore feuilleté. De la une où figurent les commentaires sur la mort du pape Jean-paul Ier, je saute vite à la six, page locale. *La rectification du virage sur la CD 33*, entre les PK 7700 et 8050, figurera certainement, lors des municipales, dans le compte rendu de mandat au titre des bienfaits que nous devons à notre maire. Maître Nort, commissaire-priseur, fait annoncer : *Bon mobilier à vendre.* Et juste au-dessous figure un titre inattendu : *Retour à la nature en notre belle région ?* Dans un écho de quinze lignes, succédant à un autre sur le Bal des Pompiers, Mme Pé, correspondante pour Lagrairie de notre hebdo cantonal, s'interroge...

Mais que signifient ces appels, ces galopades dans la rue ? Sur le bleu du butane le fait-tout chauffe trop : il faut mouiller le couvercle. On crie : « Dépêchez-vous ! » Je baisse le gaz. Je l'ai même trop baissé : il s'éteint. Je le rallume. Et voilà la sirène de la mairie qui démarre, s'attarde dans le grave, monte vers l'aigu, fait vibrer un verre dans le buffet, redescend, remonte, trois fois de suite. Appel à l'ambulance. C'est donc un accident et, le jour de l'ouverture, on sait ce que ça veut dire.

« Chasse à l'homme, je te parie! »

Claire descend quatre à quatre, en chemise courte, sur des pieds nus. Elle ne s'est pas trompée. Le nez sur les carreaux de la salle, nous voyons s'avancer six chasseurs consternés, encadrant un charreton tiré par un septième.

« Sylvestre! » s'exclame ma fille dont le ton a changé.

C'est en effet notre cousin Sylvestre Godion, tenancier d'une borderie dans un lointain écart: quadragénaire brûlé de soleil pour avoir sué trente ans sur de maigres pentes, célibataire réputé endurci parce qu'il n'a pas trouvé, comme tant de ses pareils, de candidate à la gêne et aux corvées. On ne voit pas le blessé que nous cachent encore les ridelles. On entend des « Qui est-ce? » à quoi répondent seulement des gestes évasifs. Des portes s'entrouvrent sur des moitiés de visages. Des enfants s'agglutinent aux chasseurs, escortent le charreton qui se rapproche. Le rabattant arrière a été descendu et de la plate-forme dépassent deux pieds chaussés d'espadrilles à semelle de corde effilochée. Enfin la roue, cerclée de fer, cahote devant nous; elle nous dépasse et le gisant apparaît. Claire me plante ses ongles dans le bras.

« C'est lui! » dit-elle, à voix basse.

Il est couché de tout son long, une main sur le visage. Mais à qui, sinon lui, appartiendraient cette barbe et ces cheveux longs, ainsi que ce bleu de chauffe dont le pantalon, arraché du côté droit, laisse sortir une jambe nue, engluée de sang jusqu'à mi-cuisse où a été noué un garrot de fortune?

IV

IL n'était pas difficile de comprendre que le charreton fonçait vers la pharmacie Pé qui fait le coin de la place et reste ouverte le dimanche jusqu'à midi. Mais si vite qu'ait fait ma fille pour s'habiller, nous sommes arrivés au moment où l'ambulance se rangeait contre le trottoir. Il y avait déjà foule et je fus accroché tout de suite par Léonard, sorti de la boucherie de son parâtre et qui criait, ravi d'attirer l'attention :

« Je le reconnais! Je le reconnais! J'étais avec parrain à La Marouille! »

Du coup, mus par la curiosité, les gêneurs s'écartèrent. M. Pé, en blouse blanche tachée de rouge, aidait l'ambulancier à enfourner le blessé, transféré sur une civière. Mme Pé, Bic en main, prenait des notes en répétant :

« J'avais vu juste... Le pauvre, ils l'ont bien arrangé! »

Installé dans la voiture et maniant des flacons, le docteur Lancelot, qui heureusement habite la Rue-Grande et se trouvait de garde, eut juste le temps de m'interpeller :

« C'est votre homme, hein? Figurez-vous que nous n'arrivons pas à lui faire dire son nom. »

Il m'a semblé que le blessé m'accordait un regard,

mais son visage disparut à l'instant, occulté par la fermeture des vantaux, et dix secondes plus tard la scansion de l'avertisseur à deux tons, les feux à éclipses s'éteignaient derrière la côte que dévale, plein ouest, la route qui, sur cinq ponts et quatre passages à niveau, conduit à la sous-préfecture.

« Vilaine fracture, expliquait M. Pé. Le plus embêtant d'ailleurs, c'est l'hémorragie : l'artère tibiale est coupée.

– Pas de nom, pas de nom... Qu'est-ce que ça cache? Depuis quinze jours qu'on le recherche, je me disais bien que votre protégé ne se terrait pas sans raisons dans les bois. »

Vilorgey venait d'arriver, tout essoufflé d'avoir couru, graisseux à souhait, essuyant de laborieuses mains de mécano sur le plastron de sa salopette avant de serrer les nôtres. *Mon protégé?* Tout compte fait, pourquoi pas? A l'écoute, ce titre immérité montrait qu'à l'évidence ma caution, pour supposée qu'elle fût, rencontrait plus de crédit que l'autorité d'un maire en panne devant celle de son vieux maître.

« Mais voyons, rien ne prouve... », dit Berron, le buraliste manchot, sorti de son bar-tabac et fidèle à la prudence de propos qui lui permet rarement de terminer une phrase.

« Et si quelqu'un peut se plaindre, c'est lui! » dit Mme Pé.

Sur le terre-plein où un poilu de bronze s'écroule, agonisant, dans les bras de la mère patrie, il y avait maintenant dix fois autant de villageois que de tilleuls. Discrets, confus, embarrassés de leurs méchants fusils, retenant leurs chiens qui humaient les carniers, les chasseurs se resserraient autour de Sylvestre qui, de ses larges mains, se battait les flancs et sous de gros sourcils rentrait un regard d'enfant attendant la sanction d'une énorme bêtise.

Près d'eux, je reconnus avec surprise Abel Merin-
deau, le greffier bancal, Lagrairien d'adoption
depuis que sa femme, héritière de la maison de ses
parents, y vient passer avec lui le week-end : il avait
l'air très embêté et je compris assez vite que le
tireur maladroit, parlant bas, roulant des yeux
blancs, c'était Marin Ratel, un des plus gros éle-
veurs du pays, son beau-frère.

Chose curieuse – et plutôt sympathique –, la
foule, toujours grossissante, ne le pressait pas de
questions. Des accidents de chasse, n'est-ce pas, il
en survient tous les ans, et s'il n'y a point mort
d'homme, l'indulgence envers les fautifs fait partie
des ménagements qu'inspire, au village, l'inextricable réseau d'intérêts, d'amitiés, de parentèles. Ce
qui enveloppait les commentaires, à voix filtrée,
proches du murmure, c'était une réserve paysanne
moins sensible à l'événement qu'à son aspect mys-
térieux. D'où nous tombe ce gars-là? Un homme
sans nom, est-ce possible? Avez-vous vraiment insisté? L'anonymat du nombre, normal en ville,
n'atteint pas les ruraux. Sur la centaine de badauds
que nous étions, là, sur la place, en était-il un seul
qui ne connût tous les autres, qui ne pût dire : voilà
Varand le métreur, voilà Mme Sibilot l'épicière,
voilà maître Binzat le notaire, Ravion le maçon,
Sion le plombier, M. Pallans le directeur de l'école
et Roland Bieux le premier adjoint...? Les finauds
s'abstenaient de railler les perplexes. On se serait
cru à la sortie du cinéma au milieu de gens étourdis
par un film insolite et qui cherchent à replonger
dans le réel. Que Lagrairie, peuplé de Lagrairiens
aux patronymes, qualités, domiciles, manies, fortu-
nes, alliances, opinions et binettes de longue date
mémorisés, banalisés, ait pu, rivalisant avec le petit
écran, fournir une pièce où le rôle principal appar-
tenait à un acteur étrange, étranger, contradiction

de tous les spectateurs, il y avait là moins de scandale que d'aubaine.

« Comment est-ce arrivé? dit enfin Vilorgey, très haut, entreprenant Sylvestre pour s'affirmer le maire sur le terrain plus sûr de la péripétie.

– C'est de la faute à la laie », balbutia le cousin.

Un paysan, c'est un homme toutes mains, qui se sert moins bien de sa bouche et qui mâche ses mots aussi lentement que son lard découpé en morceaux par son couteau de poche. Pour lui toute vérité peut nuire et mieux vaut faire le pauvre, de récit comme d'argent. La laie... Quelle laie? Dans quel coin? Mais une *de par en haut,* monsieur le maire. Dans les sapinières, quoi! Les sapinières sont vastes et, pour ma part, des laies, j'en connaissais bien dix, arpentant un territoire précis, y vermillant, y fougeant, y poussant leur bourbelier dans telle mare et non dans telle autre, y possédant leur bauge pour verser sur le flanc parmi les grognements doux du tétinage.

« On était dans la boucle », admit enfin l'un des chasseurs.

Qu'ils fissent les gros yeux, les autres, cela se comprenait. La boucle de la Sarlette – fossé plus que ruisseau – délimite un taillis dont l'occupante a été depuis longtemps repérée par des gaillards attendant le moment où, leur livrée de jeunes perdue, ses marcassins deviendront tirables. A mon dernier passage, ils m'avaient paru encore très rayés et j'étais tombé en arrêt devant un tas de patates bouillies (des patates avariées, tout de même) déposé, pour appâter la bête, dans une clairière ou, plus exactement, une éclaircie pratiquée à la serpe au sein d'un rude mélange d'épineblanche piquetée de baies rouge sombre, déjà mûres, et d'épine-noire assez chiche de prunelles. Tirer le rayé mérite un retrait de permis. Un peu lâche, je ne le fis pas remarquer, mais mon regard fut compris et, ne tenant pas à risquer d'autres ennuis, Sylvestre se mit à parler du *rousseau* que sa mère, chargeant le tireur, avait sauvé de la balle...

« Que le type a reçue !

— A cinquante mètres de là : il était tapi dans un buisson.

— S'il avait été tué, on ne s'en serait même pas aperçu. »

A l'exception de Ratel, le responsable, toujours muet, ils y allaient maintenant chacun de leur bout de phrase, et le récit devenait cohérent. L'inconnu avait poussé un cri. Découvert, il n'avait proféré ni plaintes ni reproches, mais seulement grogné :

« A l'hôpital... vite ! »

Impossible d'en tirer davantage. Cependant c'était lui qui, coupant en lanières sa jambe de pantalon, en avait fait un garrot. C'était lui qui, gardant l'initiative, avait montré comment, pour le transporter, il convenait de composer la chaise à quatre poignets des secouristes. C'était encore lui qui, en chemin, avait repéré dans une coupe d'étaillissage le charreton plein de fagots abandonné par un tâcheron.

« Une chance, a dit Sylvestre. Il n'y a pas de ferme aux environs pour prêter une guimbarde. »

Renforcée des fidèles sortis de la grand-messe, la foule s'épaississait encore. La première émotion passée, craignant sans doute pour son image de marque, Ratel intervenait enfin, invoquait la malchance, se désolait convenablement, assurait qu'il s'occuperait lui-même du blessé et, très vite, passait aux hypothèses. On peut ne pas comprendre ou faire semblant. On peut manquer de vocabulaire. Ce serait le cas d'un Allemand, d'un Flamand, d'un Suédois, demi-touriste désargenté, relayant ici ou là, comme un romano. Ancien K.G., Ratel avait essayé de se resservir d'un baragouin de stalag, puis d'un reste d'anglais scolaire. Peine perdue. Affaibli par la perte de sang, presque inconscient ou cherchant à le faire croire, l'inconnu n'avait rouvert la bouche que pour lâcher au pharmacien, penché sur lui : *Merci, monsieur,* sans accent décelable...

« Ce n'est plus possible : il faut faire évacuer la place », dit Vilorgey.

Essayant de ramener vers les hameaux des familles endimanchées, les voitures ne faisaient plus que du roue à roue dans un concert de cris, de klaxons, de moteurs emballés à petits coups de pédale pour faire peur aux piétons. Au long des garde-boue glissaient des imprudents, colportant la nouvelle de R 7 en G 6 par les glaces baissées. *Dégagez! Dégagez!* hurlait Mme Binzat, engantée, chapeautée, moulinant du bras, debout dans sa décapotable. Mais ce qu'il y a de plus compact et de plus difficile à disperser, c'est une presse de ploucs ou un troupeau de moutons. Il fallut dix minutes pour dégager le passage, et le reflux n'était pas terminé quand apparurent au sommet de la côte des feux clignotants jaunes, des feux clignotants bleus : l'ambulance ramenait le docteur, dans le sillage de la police.

En claquant la portière, Lancelot (à qui je sers parfois de partenaire au bridge) me chercha des yeux, courut vers moi :

« Bon, ça y est, il est en salle de réanimation. Mais franchement c'est une histoire de fous. Vous connaissez l'ad-mi-nis-tra-tion! Pas de nom, pas d'adresse, pas d'assurances sociales, pas de prise en charge... J'ai cru un moment que le scribouillard de l'admission allait le refouler. Heureusement il était exsangue et il a eu la bonne idée de s'évanouir ou de faire semblant pour mériter l'urgence, sans avoir à décliner d'état civil.

– Absurde! De toute façon, dans la semaine, il sera identifié. »

Si mon ancien élève n'avait paru soucieux de la préséance, je me serais volontiers retiré. Mais le premier qui monte sur une épave peut la revendiquer. Le fait d'avoir avant tout le monde rencontré l'inconnu de La Marouille me fournissait une sorte de pupille : après le maire, après le médecin, voilà que le brigadier, venant à moi d'abord, en persuadait chacun.

« Il a pris ses précautions, reprenait Lancelot. Les infirmières l'ont déshabillé devant moi, ont fouillé ses vêtements. Elles y ont trouvé un couteau suisse à huit lames et un sifflet. Pas de papiers. Pas d'argent. Pas de tatouage. Pas une dent arrachée, aurifiée ni même plombée. Mensurations banales. Aucun indice, sauf l'abondance de barbe et de cheveux, qui peut être récente et servir en somme de maquillage. Le linge a été démarqué : on a seulement pu relever, dans le bleu de chauffe, le nom du fabricant qui figure au revers d'une poche. »

Obligé par le tour de garde d'aller vérifier son répondeur, Lancelot s'éclipsa. Baumogne murmurait :

« Franchement, je ne sais plus quoi penser. A votre avis, qui est-ce? »

J'ai eu trois ou quatre fois l'occasion de converser avec le brigadier, notamment lors du dîner de la Sainte-Barbe. Son uniforme ne l'abuse pas et, bonhomme, philosophant sur son métier, il m'a même avoué une fois que parmi les nettoyeurs du mal, si le curé confesse, si le médecin soigne, le rôle du gendarme est ingrat; que son regret à lui, c'était de ne pas disposer de l'absolution ou de la pénicilline, mais seulement des menottes. Assurément cette affaire pouvait l'embarrasser : au nombre des chasseurs, on comptait deux victimes du maraudage et voilà qu'un maraudeur possible devenait, cette fois sans conteste, la victime des chasseurs, mais en aggravant son cas d'un refus d'identité, légitimant tous les soupçons.

« Messieurs, s'il vous plaît! » fit Baumogne, me laissant à d'autres réflexions.

Tandis qu'à sa suite douze bottes escaladaient l'escalier de la mairie et que se dispersaient les derniers curieux, je rentrai lentement, une main dans celle de Léonard. Il y a des moments où il faut se retenir; il y en a d'autres où il faut se laisser aller. Ce qui tracassait le scrupuleux Baumogne n'était-il pas le même sentiment, chez lui moins explicite? J'allais, sans m'étonner d'entendre Claire se proposer d'« aider ce pauvre garçon » et s'inquiéter de savoir si, dans son cas, les visites à l'hôpital seraient autorisées... Bien sûr. Pourquoi pas? Ma grille m'accueillit. Une première clef en libéra le portillon. La courette de devant traversée, une seconde clef m'autorisa à pénétrer dans la maison envahie de fumée, et tandis que Claire se précipitait dans la cuisine pour y trouver un haricot de mouton charbonnant sur le gaz, je m'arrêtai dans le couloir devant la glace qui surmonte la console où est posé le téléphone : face à mon double, sexagénaire au visage passe-partout, assez faraud d'une sorte de béret de cheveux gris bien drus. Un homme, mon ami, un homme qui n'aurait pas de nom, pas d'attaches, pas de biens, pas de toit, un homme parti de n'importe où pour n'aboutir nulle part, ce serait votre contraire : quelqu'un de très intéressant.

V

RIEN d'étonnant à ce que dans l'atelier, le lundi, nous ayons passé deux heures à disputer. Amusés, curieux, compatissants, soyons-le, oui, ma fille; mais aussi raisonnables, circonspects, rétifs à l'engouement. Sauter dans ma voiture, me précipiter à l'hôpital et, mal défendu contre le soupçon de légèreté par une boutonnière rayée de violet, faire cadeau d'une visite et d'un kilo d'oranges à un inconnu, le confirmer comme protégé, sans être mieux renseigné sur son compte, non. J'imaginais d'ailleurs le ridicule dialogue : *Madame, je voudrais voir... – Qui? Monsieur? – Voilà bien l'ennuyeux, je ne sais pas son nom...* Je résistais. Mais je ne pus empêcher Claire de téléphoner au docteur Lancelot.

Sans en faire un intime, des années de langues tirées sur des dents de lait, de thermomètres secoués à l'occasion d'angines ou de varicelles, de visas apposés sur le carnet de santé – et je ne parle pas d'un permis d'inhumer – en font un familier. Il envoie constamment des malades à Sainte-Ursule, il les suit, il assiste aux opérations, aux accouchements; il peut à tout moment pénétrer dans un service. Notre coup de fil ne l'a d'ailleurs pas surpris. En saisissant l'autre écouteur, je n'ai décelé dans sa voix aucune nuance d'ironie :

« Tu tombes bien, fillette! Je repars pour l'hôpital : notre éclopé passe sur le billard à dix heures. Rien de neuf à son sujet. Mais qu'il soit noir ou blanc, moi, je n'ai pas à m'en préoccuper. »

Il a même ajouté :

« D'ailleurs, je n'ai aucune idée préconçue sur le personnage. »

Dans l'intervalle, puisque le travail de Claire était à jour (disons même qu'elle en manquait), il m'a paru souhaitable de nous aérer, de repartir en forêt. Nous y passons toujours deux après-midi par semaine, variant nos itinéraires selon ce que nous offre la saison. La fin de septembre, dans les prés fleuris de colchiques, est dans les bois l'époque du brame. Le cerf n'abonde pas dans le massif où ses nouées, et quand il change de régime, en automne son bousard, ne le trahissent pas plus souvent que son pied. Introuvable quand il a jeté son bois, en février, un beau porte-chandelles, massif, pesant son quintal et demi, ramonant d'appels rauques un cou gonflé de toison, ne se laisse guère surprendre par un promeneur, sauf à l'époque du rut, quand il lasse les biches et les échos. Assister à un combat, à une saillie ou seulement au défilé de Monsieur surveillant les dames de sa harde, c'est quelque chose. Une chance. Qu'il faut servir, au mépris de l'ankylose, en devenant raide et muet comme un tronc.

Prenant d'abord le chemin dit de la *Croix-Haute*, puis pénétrant les bois en profondeur, nous avions l'idée d'aller nous abriter dans un bouquet de genévriers couvrant certaine butte : mirador naturel d'où l'on peut voir sans être vu ce qui se passe alentour dans le silence, troué de menues chutes de glands, où se dressent de vieux chênes, pachydermes végétaux membrés de branches énormes, cuirassés d'une verruqueuse écorce et tout gris de lichens. On y parvient d'ailleurs en traversant une pinède, dite du Ressaut, qui domine le Petit-Verzou d'une dizaine de mètres et qui est le seul endroit assez sec et sableux pour fournir des oronges dont ma musette se serait honorée.

Mais d'oronges, point. Des stupides, à coups de talon, en avaient fait une bouillie, écrasant même les naissantes qui ont valu à l'espèce le surnom de *pondeuses* tant il est vrai que, très jeunes, elles ressemblent à des œufs à la coque décalottés par la petite cuiller. De cerf, ensuite, pas davantage. Il me sembla bien voir glisser entre les herbes assez loin, très vite, une bête de couleur fauve...

« Le houret? » fit Claire.

Rien de moins sûr. Hormis les petits furtifs – fauvette, mulot, lézard –, les bêtes étaient en grève. Il y a des jours où, sans explication, la forêt se dépeuple, n'offre plus que des colonnades : un désert de bois debout. Un lendemain d'ouverture j'aurais dû m'en douter : la faune, qui a perdu son nom pour devenir gibier, s'évanouit, se motte, se clapit, n'est plus qu'un œil dans un trou, une boule dans un gîte, un tremblement dans un roncier.

Dans ce cas-là reste la marche pour la marche, mais on s'aperçoit vite que les jambes sont complices des prunelles : à voyeuses déçues, convoyeuses lassées. On va moins loin. On rentre plus vite, si on n'a pas trouvé quelque dérivatif. Nous sommes désormais trop malins, l'un et l'autre, pour coller le partenaire au jeu de *C'est-quoi-la-feuille?* Orme ou charme? Un débutant s'y trompe. Pas nous : la feuille d'orme, aux nervures moins ramifiées, est légèrement dissymétrique à la base. Quant au *C'est-*

quoi-la-graine? il n'est vraiment coquin que pour certaines espèces. On peut m'en croire, le seul geai en arborant une dizaine de sortes, la vraie colle reste le *C'est-quoi-la-plume?*

Sur le chemin du retour, du bout du pied, j'en montrais une à Claire, en lui dédiant trois petits claquements de langue (= ?). Elle la ramassa, l'examina à l'avers, au revers : quatre bandes blanches, quatre bandes noires, égales et alternées. Elle séchait.

« Pupupupu, fis-je doucement. Belle fouilleuse de crottin, découquilleuse d'escargots...

— Tu as raison! C'est une rémige de huppe. »

Celle-là rejoindra le bouquet qui, dans un vase sans eau, rassemble de rutilantes faucilles de coq, des vannes de faucon, des pennes de faisan et une indiscutable caudale de grand duc, tendant à nous faire croire qu'il en reste au moins un capable de la perdre, donc de survivre à l'imbécile haine qu'inspirent tous les huants.

Une plume, était-ce trop peu? Comme nous parvenions à cent mètres des lisières, là où le clair de plaine commence à pénétrer, je m'arrêtai encore. Avec son chapeau blanc, ses lamelles blanches, son anneau blanc déjeté sur le côté, sa volve blanche engainant un pied blanc, elle était là, candide, la *ciguë blanche*, le *destroying angel* des Anglais, l'amanite vireuse : exactement, la mort. Elle avait été grignotée sur un bord, probablement par un lapin, insensible au poison, comme tous ses frères dont l'estomac cru, passé à la moulinette, ingurgité d'urgence, fut même longtemps le seul antidote connu.

« Salut, salope! » dit Claire.

A quoi bon la détruire? C'est répandre ses spores. N'est-elle pas campée, du reste, sur ce filamenteux réseau qui exploite l'humus et chaque année la ressuscite? Avec une logique d'enfant, Claire me disait jadis : « Le venin de la vipère lui sert à se défendre. Mais le poison de la vireuse... Pourquoi? Voilà un crime gratuit. » Et Papa répondait : « Hasard, ma chérie! La nature n'assassine jamais. Le suc de la vireuse, pour elle, c'est de la vie. Il se trouve seulement que, comme l'arsenic, pour nous c'est de la mort. »

Je me baissai tout de même. Mon remplaçant n'étant guère porté sur les leçons de choses, je ramenai l'amanite pour instruire Léonard.

Nous le trouvâmes, justement, planté devant la maison; il nous attendait, inquiet de se croire négligé. Encore que je ne lui doive rien, sauf d'assumer un rôle librement consenti, je n'ai pas à son sujet trop bonne conscience. Léonard est le fils en premières noces d'une veuve Leroux, bouchère, remariée avec Gillon, son garçon boucher qui, devenu veuf à son tour, a repris femme et lui a fait deux filles bien à lui. Ni son parâtre ni sa marâtre ni ses « belles-sœurs », comme il les appelle, n'ont avec Léonard une goutte de sang commun et n'apprécient son droit au gîte, aux claques et à la soupe; droit d'autant plus irritant qu'il est à onze ans, Léonard, mineur héritier de sa mère, propriétaire du fonds de boucherie comme de la maison et pourrait dans sept ans, si ça lui chante, flanquer la belle-famille à la porte. Depuis que je m'occupe de lui – et c'est récent –, les uns chantent que je suis bien bon de m'intéresser à ce petit cancre; les autres grincent que c'est plus fort que moi, faute d'élèves et faute de petit-fils. On n'est jamais qu'à moitié deviné.

« Je prépare son chocolat », a dit Claire.

Il l'a eu, il l'a bu : c'est un rite avant l'ouverture du

cahier. Mais comme il commençait à pâlir sur la transformation de phrases affirmatives en phrases négatives, puis interrogatives, le téléphone sonna. Je me retrouvai nez à nez avec ma fille.

« Allô, Claire, l'ermite est rafistolé, mais vraiment c'est un cas... »

En butte à une musique de fond, Lancelot grommela quelque chose avant d'élever la voix :

« J'ai pu assister au réveil... Un vrai congrès de blouses blanches! Tout le service était là, spéculant sur l'état crépusculaire : dans la demi-conscience l'opéré pouvait se trahir. Dès que ses paupières ont commencé à frémir, une petite interne s'est mise à lui souffler dans l'oreille : *Donnez-moi votre nom, donnez-moi votre nom*... Superbe résultat! Le barbu a ouvert les yeux, considéré la compagnie et murmuré : *Quel est le numéro de mon lit?* L'interne, interloquée, a balbutié : *Le trente!* Et sérieux comme un pape l'autre a refermé les yeux en murmurant : *Alors, appelez-moi le trente.* Je n'ai pas besoin de te dire... »

Une ou deux phrases se sont perdues, couvertes par *Le marchand de poisson* de Bechet, suivi par des cra-cra, puis par un coup de gueule d'Enrico Macias. *Tu la fermes?* a braillé Lancelot au manieur de boutons, probablement son fils, le futur potard maniaque du transistor. Et il a repris :

« Je n'ai pas besoin de te dire que le trente est devenu la grande attraction de Sainte-Ursule. La moindre fille de salle trouve un prétexte pour se rendre en chirurgie. Elle passe, elle regarde de biais, elle fait des pronostics avec les collègues. Tiendra? Tiendra pas? Sur le modèle d'Astérix, ces dames l'ont surnommé *Mutix*. Elles voudraient toutes percer le mystère. Mais quelle déception s'il l'était!

« – Vraiment! dit Claire, il n'ouvre pas la bouche?

– Mais si. Il ne tient pas de conférences, bien sûr; il s'exprime lentement comme si la première personne à surveiller, c'était lui-même. Mais il parle, il demande à boire, il s'inquiète de sa jambe. Ce qu'il refuse, c'est qu'on touche à son incognito. Alors là, tilt! Il se mure. On dirait un curé défendant le secret de la confession. Je serais curieux de voir la presse... »

La presse parlée n'en souffla mot, se contentant de commenter l'élection d'Edwige Avice, candidat P.S., et l'accession à l'indépendance des îles Tuvalu (vexé de sécher à leur sujet, il me fallut une heure pour les trouver au-dessous des îles Gilbert dans le Pacifique par 8 degrés de latitude sud et 175 degrés de longitude est). Mais le buraliste en me tendant les quotidiens régionaux, le mardi matin, me confia que leur vente avait doublé à Lagrairie.

La Voix de l'Ouest (dont *L'Eclaireur* n'est qu'une annexe) reprenait à la une le titre de Mme Pé, « Bon ou mauvais sauvage? », en consacrant à l'affaire une demi-colonne illustrée d'une photo prise à Sainte-Ursule. La jambe, monument d'ouate et de bandes entrelacées, apparaissait en gros plan. En retrait barbe et cheveux longs encadraient un visage christique que Claire trouva « empreint d'une douceur ironique ». Quant au texte, c'était un travail de pisse-copie optant résolument pour la bucolique innocence d'un homme vivant de poisson grillé, jouant de la flûte et marchant sur les eaux avec la bénédiction de Rousseau et de la Croisade verte.

Il en remettait : j'ai haussé les épaules et consulté *L'Ouest républicain*, qui prend souvent le contre-pied.

En effet son papier, assez long, mais rejeté à la trois, se voulait sérieux, documenté, hostile. Point de photo. Aucun laïus. Des faits, rassemblés en trente lignes intitulées : « Une victime inquiétante. » On assurait que, la guérison du blessé une fois acquise, les barreaux de son lit pourraient bien se transformer en barreaux de cellule. On faisait remarquer que, si braconnage et vagabondage sont de maigres délits, ils permettaient d'en soupçonner de plus graves. Un simple coup de fil avait établi la provenance du bleu de chauffe, acheté trois mois plus tôt dans l'Aisne, donc à plus de quatre cents kilomètres de Lagrairie. On pouvait en déduire que l'inconnu pratiquait un « nomadisme solitaire », assez ancien, comme l'attestaient sa maigreur athlétique et l'état de ses pieds, à plante épaisse, presque cornée. En tout cas, s'il ne s'agissait pas d'un malfaiteur en fuite, d'un pilleur, d'un traîneur, d'un étranger douteux, d'un minable cherchant à faire parler de lui, voire d'un malade mental, mieux valait se méfier de la fable du « retour à la nature », l'intéressé lui-même ne se réclamant de rien et se contentant de répondre à toute question gênante par une phrase-bouchon : *Je n'ai rien à dire.*

Cette fois, c'est Claire qui a haussé les épaules avant de découper les articles.

Tous deux d'ailleurs ont eu le même effet... Comment dire ? Le coq du clocher, empalé sur le paratonnerre, semble s'être hissé plus haut. Mercredi, me rendant à la mairie où se tenait une séance restreinte de commission, je me suis fait sur cent mètres de Rue-Grande accrocher plusieurs fois par des gens plus farauds d'habiter Lagrairie qu'ils ne l'étaient la veille.

Il faut comprendre. Nous autres provinciaux,

nous connaissons quatre sortes d'informations : locale, régionale, nationale, mondiale. Comparée à la dernière, la première n'a pas plus d'importance qu'un goujon du Verzou en face d'une baleine. Mais c'est du poisson sorti de notre eau, tout vif, du poisson qui devient rare du fait de la pollution par le grand ailleurs des ondes. Au bout de sa vicinale, faute de monument, de site classé, de spécialité, de citoyen notoire, qui connaît Lagrairie ? Personne. On s'y sentait pâquerette. Et voilà que l'inconnu dont parlent les journaux nous situait sur la carte. Son insolite présence nous faisait cadeau de la nôtre.

Bref, pour reprendre la formule du docteur, qu'il fût « noir ou blanc », ça devenait secondaire. En sortant, j'ai d'abord buté sur le curé dont le presbytère me jouxte. Sécuralisé, naturalisé par vingt années de présence, c'est un quinquagénaire peu prêcheur, peu bénisseur, qui trinque volontiers et, quand on lui parle d'argent, porte la main au revers de son veston où luit une petite croix en murmurant : *Ce n'est pas le signe de l'addition.* Il a très bien saisi la réaction de ses ouailles :

« La Providence, mon cher ! Les sapinières sont à la limite de la commune. A cent mètres près, s'il était tombé sur Saint-Aubin, nous rations ce paroissien. »

Trente pas plus loin. Adèle Berron, le femme du buraliste, en discussion avec sa voisine, m'interpellait à son tour :

« Vous croyez, vous, monsieur le directeur, qu'on peut vivre sans nom ? Moi, je me sentirais toute nue... »

Craignant d'être pompeux, je ne répondis point qu'en effet le langage, bien plus que le vêtement, a rhabillé le singe. La voisine rétorquait :

« Tu crois? Pour ce que je peux en faire, le mien ne me tient pas chaud. »

Trente autres pas et c'est maître Binzat, lui aussi convoqué, qui m'a saisi l'épaule :

« Y avez-vous pensé, Godion? Si ce garçon est coupable, Mme Salouinet, bien qu'elle l'ait sous la main, est obligée d'ouvrir une information contre X. Juridiquement, quel gag!

– Coupable, coupable, grogna une voix derrière nous. Dites qu'on lui fait porter le chapeau. »

Il s'agissait de Barbelet, le contremaître de la scierie, qui, généralement, exprime bien l'opinion populaire.

La séance de la commission des finances, immédiatement suivie par celle du bureau d'aide sociale, n'a pas été moins significative. Après les récriminations que soulèvent chaque fois le coût et le fonctionnement des sociétés intercommunales aux sigles confus – S.I.V.L.O., S.I.V.O.N., S.A.R. –, après les fortes réflexions sur la compétence des experts du Génie rural, maniaques du tire-ligne, qui nous ont imposé la ruineuse canalisation du Grand-Verzou, nous avons remonté, la mort dans l'âme, le prix de l'eau, du raccordement au tout-à-l'égout, des concessions à perpétuité. Puis Vilorgey a fait signe à maître Binzat qui attendait, assis sur un des deux bancs réservés au « public », de venir nous rejoindre : comme le docteur Lancelot – retenu chez un client –, il ne siège pas au conseil, mais il siège au bureau.

A parler franc, on sait bien que dans un bourg le pouvoir, c'est le maire qui le concentre. Mais dès qu'il s'agit de picaillons, Vilorgey, assez riche pour souhaiter paraître pauvre, enclin à se serrer la ceinture dans sa vie privée et à en faire autant avec son écharpe dans sa vie publique, entend être couvert d'un vote. L'exorde, d'emblée, rendit le sujet limpide :

« Ce ne sont pas des rigolos, les comptables de l'hosto : ils n'ont pas mis deux jours pour essayer de nous rançonner. »

Flouer la rapacité des caissiers en tous genres rend notre maire lyrique. Cette fois, il brandissait le formulaire à trois feuillets de l'Assistance publique, et sa pomme d'Adam proéminente faisait l'ascenseur dans son cou.

« Un formulaire en blanc! Ils osent me demander d'ouvrir un dossier d'hospitalisé sans ressources en se dispensant de fournir le nom, l'âge, la profession, l'adresse de l'intéressé qu'on répute habiter Lagrairie... Vous voyez de qui je parle?

— Mais il n'est pas d'ici! » se sont écriés Roland Bieux, le premier adjoint, et Pierre Gachoux, autre fermier.

Au-dessus du totem national placé au centre de la cheminée et qui n'est pas une Marianne-Bardot, mais une Marianne datant du père Fallières, fort poussiéreuse, Giscard, campé dans le blanc du drapeau, souriait présidentiellement. Maître Binzat a ôté de sa bouche une moitié de cigare :

« Double erreur! a-t-il dit. Primo, il faut toujours un payeur. Secundo, sauf preuve du contraire, votre domicile est censé être le lieu où vous avez été vu pour la dernière fois.

— De toute façon, dit Vilorgey, le département paiera. Mais il pourrait en profiter pour relever notre quote-part : c'est son droit quand, dans une commune, augmente le nombre des secourus. Je ne refuse pas le dossier. Je renvoie une paperasse incomplète. »

Frappée du timbre humide violet qui s'aplatit sur le moindre document municipal, une grande enve-

56

loppe de papier bulle attendait sur la table. Vilorgey y glissa le formulaire autocopiant vert-bleu-
rouge, puis nous fit approuver à main levée la note
qu'il avait l'intention d'y ajouter : *Veuillez nous
fournir l'acte de naissance du malade et toutes précisions indispensables à l'enquête sur les moyens de ses
proches éventuellement soumis à l'obligation alimen-
taire.*

« S'ils insistent, dit-il encore, la navette pourra
durer longtemps. »

Ma fille m'attendait au bas des marches de la
mairie qu'elle se reproche d'avoir un jour, tirant du
tulle derrière elle, solennellement gravies à mon
bras. Je la rejoignis, secoué de petits rires.

« Mais qu'as-tu ? »

Je tâchai de lui expliquer qu'un pédago, un vété-
ran de l'ordre, peut être saisi d'une certaine joyeuseté devant la belle pagaille jetée parmi les gratte-
papier par le seul refus de remplir une fiche.

« Et si c'était le but recherché ? » fit Claire.

VI

ALLONS-Y, tant pis! Nous tâcherons d'être ce qu'il convient : discrets, amicaux, incurieux, donataires en somme et non donateurs de présence. La seule bonne attitude est celle de Lancelot qui, depuis six jours, chaque fois qu'il passe à l'hôpital, fait un saut en chirurgie.

« On me l'a expressément demandé, a-t-il avoué à Claire lors de son dernier coup de fil. Le trente me tolère bien, et on me croit capable de lui tirer les vers du nez. Mais je suis toléré parce que je ne pose pas de questions. »

Allons-y! Ce ne sera pas une première : nous avons été devancés. Et par qui? Par Ratel. Dryophiles, nous courons aussi la plaine, que l'automne charge de trèfle incarnat, de maïs à poupées, de citrouilles fessues – sur quoi, gamin, de la pointe du couteau, j'écrivais le nom des filles. Dans une luzerne violette, maltraitée par la verse, j'ai rencontré Ratel, flanqué de son braque : pas dégoûté par son aventure, il chassait en solitaire. De loin, je l'avais entendu tirer : sur des grises sûrement, car elles rappelaient de tous côtés : Pirouitt! Pirouitt! Mais je dois dire qu'il venait de laisser partir un lièvre sans épauler et qu'il m'a serré la main en murmurant :

« Hase pleine! »

Nous avons fait des pas ensemble et, l'arme à la bretelle, bon bougre au fond, très embarrassé de soi, très tracassé, il a fini par me dire qu'il n'avait pas pu s'empêcher d'aller à l'hôpital, pavillon D, salle 2, porteur d'un bouquet de fleurs et d'un panier de bonnes choses; qu'il en était revenu tout épaté d'en avoir été remercié et d'avoir entendu durant cinq minutes un monologue sur les habitudes du sanglier. Ce qui l'avait frappé, lui, Ratel, c'était cette façon de tromper le silence :

« Comme un poste de télé! Vous avez l'image, vous avez le son; vous pourriez croire que tout se passe devant votre nez, mais ce n'est que dans l'air, vous ne pouvez rien sur l'émission. »

Inculpé de coups et blessures involontaires, Ratel se fera sans doute laver la tête par son avocat pour avoir rendu visite à celui qu'il serait convenu d'appeler « le plaignant » si, faute d'un état civil, ratifié par une signature, il n'était incapable d'ester. Reste que personne ne l'a empêché d'approcher sa victime qui n'est ni gardée à vue ni consignée.

Nous sommes donc partis ce jeudi (en semaine il y a moins de visites) dans notre vieille Citroën qui a dix ans et nous sert peu. Piéton pour l'essentiel (60 p. 100 en été : je me suis contrôlé plusieurs fois au podomètre), j'aurais volontiers, pour honorer un marcheur à 100 p. 100, abattu mes quinze kilomètres de Lagrairie à la sous-préfecture. Mais le crachin fonce l'ardoise, et c'est sous le grand parapluie noir de sa mère que j'abrite ma fille, porteuse d'un léger paquet, en pénétrant dans la cour du Centre hospitalier, suite d'efficaces, d'ennuyeuses bâtisses reconstruites sur l'emplacement de l'ancien Hospice Sainte-Ursule, tenu par les sœurs grises. Pelouses pelées. Massifs où saignent des moignons de géraniums. Les habituelles brochettes de vieillards en droguet ont déserté leurs bancs. Défilent le pavillon A de la médecine générale, le B de la maternité, le C réservé aux enfants, tous les trois identiques, répétitifs de toits, de fenêtres à vingt carreaux, comme ils le sont à l'intérieur de couloirs, de salles, de maladies. Le pavillon D de la chirurgie n'est pas le dernier, mais il est séparé du E, l'asile, par une file de marronniers taillés solidairement en long parallélépipède, exactement comme ceux de mon école (la base par la hauteur, n'est-ce pas, donnait le volume). Enfin, voici la porte et, dans le couloir, au carrelage ravivé par une serpillière, aussitôt à gauche, la salle 2.

« Avance donc », dit Claire, intimidée.

Le scénario en principe suppose mon effacement : une fille a plus d'atouts qu'un vieil homme. Mais la blanche horizontalité, l'aphonie, les relents d'éther, l'importance du plafond – ciel de plâtre pour visages renversés –, la lenteur des mouvements, l'air de serre font toujours leur effet, surtout quand s'y mélange, soudain, une certaine panique des bonnes intentions... N'est-ce pas? C'est bien ça? Au fond, pourquoi sommes-nous là? Qui le comprendrait quand je ne me l'explique pas? Il n'y a que trois lits entourés de visiteurs, seuls vivants faisant remuer de la couleur. Au six, une infirmière surveille un grand accidenté raccordé à la vie par un frémissement compliqué de tuyaux. Au neuf, un goutte-à-goutte surplombe un autre à-plat. D'un transistor de malade s'échappe le nom de Margrethe, reine du Danemark, en visite à Paris avec son Montpezat. Des yeux virent tandis que nous avançons vers le trente situé au fond de la salle. Deux ou trois têtes essaient de se soulever quand, saisissant deux chaises, nous allons les planter là où il faut.

« Nous sommes venus prendre de vos nouvelles, dit la fille.

– Vous ne pouvez pas le savoir, mais notre première rencontre date du jour où vous jouiez de la flûte, sur une souche, au bord de La Marouille », dit le père.

De près, parce que la prunelle est bleue, parce que dans tout ce blond qui coule de la tête et du menton se faufile du roussâtre, on ne pense plus aux Jésus des images pieuses, mais plutôt aux Gaulois dont s'enlumine l'histoire racontée aux enfants : on comprend pourquoi les infirmières l'ont surnommé *Mutix*. Pourtant, ce qui m'impressionne le plus, ce n'est pas qu'il se taise, mais plutôt qu'il se fige. L'immobilité parfaite, j'en ai l'expérience, est un exercice : le geste zéro, le plus voulu, le plus difficile à tenir et qui ne contraint d'ailleurs ni la respiration ni les battements de paupière.

« Excusez-moi, mademoiselle, j'étais en petite tenue. »

Sous des sourcils en barre, soudés par la taroupe, les yeux font la navette, les moustaches se relèvent pour un embryon de sourire. Il semble qu'on se sache fort, qu'on s'inquiète modérément. Prenons le relais :

« Excusez-nous plutôt. Nous sommes d'impénitents promeneurs et nous regrettons d'avoir été, par hasard, mêlés à ce qui vous arrive. »

Inutile de nous présenter davantage : garder l'anonymat est une indication, une manière d'admettre le sien. Se méfie-t-on de l'habileté? M'en veut-on d'être le premier découvreur? Le regard, qui fait le va-et-vient entre Claire et moi, est aussi impassible qu'une caméra. Le hors-venu, l'aubain, le tout autre! Ce sentiment me reprend. L'impossibilité de communiquer avec un bœuf ne vient pas de son refus, mais de son manque d'intérêt pour tout ce qui n'est pas l'herbe : elle est faite d'absence. Au contraire, c'est de sa présence même que cet homme fait barrage, comme s'il s'interdisait de l'admettre. Un passage de *Perceforest* me revient à l'esprit : *Moult nice celuy qui ne scet son nom nommer*. Voici le cas contraire, réclamant une attention, une volonté peu ordinaires.

« Vous n'en tirerez rien! » grince le onze, maigrelet petit vieux à l'affût derrière son oreiller.

De quoi se mêle ce gnome? Tout secret à certains fait offense. Mais l'occasion est bonne pour la visiteuse d'exprimer sa réprobation : sa moue n'a pas échappé au visité qui, lui-même, n'a pu retenir un soupir agacé. Comme il se remue, essayant de se recaser différemment dans son lit sans faire souffrir sa jambe, Claire me repasse le paquet, se lève vivement, se penche :

« Puis-je vous aider? »

Excellente diversion. La jambe est soulevée, le blessé recalé, les couvertures et le drap retirés. Si rien n'est plus fâcheux que de rester court pour qui tente une approche, de simples attentions valent autant que des mots et, bientôt, les inspirent :

« Au moins, vous, vous êtes soigné. Ce qui m'ennuie, c'est que personne n'ait pensé à votre chien.

– Ne vous inquiétez pas : il ne craint rien. »

Un malade s'est arrêté de geindre; une femme qui déballait je ne sais quoi a cessé de froisser du papier. L'écoute est générale. L'infirmière elle-même s'est retournée, puis détournée pour nous empêcher de croire qu'elle pourrait avoir envie de surprendre une confidence.

« Ce chien n'est pas à moi. On se rencontre. On s'aide. Mais avant de me connaître, il savait très bien se débrouiller seul. »

Pause. Puis une réflexion tombe, ambiguë :

« Pour un chien, ça ne pose guère de problèmes. »

De cette voix dire qu'elle est lente ne suffit pas.

Elle est... Je cherche le mot... Elle est, elle se veut courtoise et en même temps *isolante*. Claire se garde d'insister, revient vers sa chaise en me jetant ce coup d'œil bref, impérieux, qui m'immobilise, quand elle a avant moi vu bouger quelque bête. Elle reprend son paquet, le déficelle, nœud par nœud, en extirpe une flûte en deux morceaux qu'elle raboute et dépose simplement sur la table de chevet près du pistolet de verre des allongés. Sa voix tremble légèrement :

« Elle ne vaut pas la vôtre, je le crains, mais j'ai pensé qu'elle pouvait vous manquer. »

Un merci se balbutie dans un frémissement de poil. On se méfie, on est confus de se méfier, on voile la gourmandise d'un regard gêné d'en trouver en face bien davantage. Quel âge a ce jeune homme ? Entre vingt-cinq et trente-cinq. La barbe état-de-nature, curieux attribut mâle en ces temps féministes, renaissance du barbare reniant sa peau de Latin rasé, ça brouille nos calculs. Mais, comme convenu, ne nous attardons pas. Restons sur ce demi-succès. N'ayons pas l'air de vouloir l'exploiter.

« Maintenant nous vous laissons, dit Claire. Meilleure santé ! »

Impossible en effet de prononcer un *Au revoir !* et encore moins un *A bientôt !* qui pourraient passer pour une invite. Trois mains se lèvent : une forte main carrée, une main potelée, une main sillonnée de veines, toutes pianotant dans le vide comme on en voit faire des centaines, au moment des départs, sur les quais de la S.N.C.F. Je ne me retournerai pas. Je compterai vingt-deux pas jusqu'à la porte. Puis autant dans le couloir, sans faire la moindre réflexion à celle qui, sur des talons plus sonores, me suit avec la même sagesse. Toutefois, je n'irai pas plus loin : la blouse blanche de l'interne de service me barre le passage.

« Puis-je vous demander votre nom et votre adresse ? »

Glabre, ce carabin qui, sur ordre, j'imagine, paraît confondre clinique et souricière! A Sainte-Ursule, évidemment, je ne suis pas connu. Je pourrais être le père, l'oncle, le vieux cousin; et Claire, quelque chose comme la sœur ou la femme ou la petite amie. On se regarde tous deux avec une énorme envie de rire qui déconcerte l'apprenti. Plein de zèle, aurait-il gaffé? Ne serions-nous pas, à son insu, des amis de la grande maison, des habiles tâchant, avec d'autres méthodes, d'apprivoiser le client? Il n'est pas exclu, hélas! que l'intéressé lui-même n'envisage la chose. Mais dans ce cas, motus! Nous ne saurions le reconnaître. Il hésite, il insiste mollement :

« Si vous le connaissez, vous rendriez service au malade lui-même en nous disant... »

Mieux vaut, pour avoir la paix, contenter l'imbécile. Je décline :

« Godion Jean-Luc, directeur d'école en retraite à Lagrairie. Et sa fille. Nous nous intéressons au cas de votre blessé. »

Claire se chargera de la pointe finale :

« Et heureusement nous ne le connaissons pas. »

VII

C'EST presque un rite : le samedi, Claire prend la
voiture pour aller chez sa tante. Ou ailleurs. A force
de me tanner elle a fini par me persuader de la
laisser faire (ce consentement n'est peut-être qu'une
ratification); elle doit passer à l'hôpital pour remettre à l'infirmière en chef du service un paquet de
linge et une petite somme d'argent susceptible de
permettre au trente quelques achats de cantine. En
principe, elle ne doit pas entrer dans la salle. En
principe. Quoi qu'il en soit, durant son absence,
Léonard, le mince, le furtif Léonard, pour qui les
portes n'ont qu'à peine besoin de s'entrouvrir, s'est
éclipsé de la boucherie, a couru pour éviter les
copains et m'est arrivé tout essoufflé :

« Ils voulaient que je reste chez eux pour mouliner de la viande hachée... »

Ils : ses beaux-parents. *Chez eux*, à la place de *chez
moi*. Commentaire superflu. Léonard sait pourtant
qu'il n'y coupera pas d'un devoir de maths et
qu'ensuite il a des chances de troquer le Bic pour
une bêche.

« Sept, Parrain, sept! »

Présentement, je souffle un peu, assis sur la
berge. Léonard, qui lance des pierres plates, bien
rasantes, vient de battre son record de ricochets. Le

bas de mon jardin touche le Grand-Verzou, ici large de vingt mètres. Toujours présent, toujours passant, ne coulant jamais la même eau, comme ma vie, très une, ne coule jamais la même heure, il est si fidèle à la carte postale vendue chez le buraliste qu'on ne songe guère à ce qu'il est vraiment : un rassembleur de pluies lointaines, de petits affluents où se sont dissous autant de ciels que de paysages. Aujourd'hui le vent, y dédoublant des nimbus, pousse à l'est, remonte le courant abonné, lui, au seul ouest, et les roseaux, saisis au pied, saisis en tête par ces deux flux contraires, se courbent en lame de sabre. Amarré à son pieu, mon bateau – une barque de quatre mètres, avec deux tolets pour avirons de flanc et une encoche au tableau arrière pour la godille – tire sur sa chaîne, allégé. Le caillebotis flottait sur cinq centimètres d'eau de pluie; je viens d'écoper... Voyons! Qu'y a-t-il maintenant de plus pressé à faire? Si je n'ai pas de lapins, pas de pigeons, pas de poules – parce qu'il faudrait les tuer – je suis un bon horticulteur primé, ne détestant pas le petit rapport de ce jardin qui est aussi ma salle de gym. Les choux d'hiver, les oignons de Niort sont en place; les pois Alaska semés sur côtière. Les asperges sont débutées; leurs fanes, rongées de criocères, soigneusement brûlées. Comme la saison s'avance et que nous n'arroserons plus, nous avons aussi rembobiné sur le dévidoir ce long tuyau de plastique vert qui, regardé fixement, se redessine en rouge, couleur complémentaire, si on reporte rapidement les yeux sur un mur blanc.

« Illusion d'optique, due à la persistance rétinienne », ai-je expliqué.

Léo, je devrais l'embêter. Mais je suis pour lui moins prof que parrain et, s'il ne retient pas toujours ce qui s'enfourne dans ses grandes oreilles décollées, il a de l'intérêt pour tout ce qu'ignorent les enfants du béton. Il sait déjà que bon cœur n'est pas bon sens : il ne ramassera pas un oisillon tombé du nid que seule sa mère peut nourrir; il ne touchera pas, en forêt, à un faon surpris dans une cache et que la simple odeur humaine d'une caresse condamnerait à mort de la part de son clan. Surtout il aime observer : l'araignée qui emmaillote sa proie au centre d'une toile équilibrée par un petit caillou; les coccinelles qui se distinguent par le nombre de points noirs de leurs élytres; le syrphe jaune rayé de noir volant à point fixe au-dessus d'une colonie de pucerons verts que ses larves brouteront, un par un, tandis qu'ils continueront eux-mêmes à brouter jusqu'au bout la feuille nourricière; ou tout bêtement les *achées* chères aux pêcheurs, les tortillants et roses vers de terre, dont le peuple foreur, invisible, innombrable, si on le réunissait en une seule masse, pèserait plus lourd que tous les autres animaux de la terre.

« On fait les chicorées? »

Je n'osai lui proposer. Puisqu'elles sont arrachées d'avant-hier et ont eu le temps de ressuyer, nos chicorées, oui, épluchons-les afin de pouvoir les mettre en jauge, après-demain. Léo fera son problème plus tard.

Travail fastidieux. On arrache les feuilles, on garde le cœur qui, dans l'obscurité, renaîtra pâle endive, délivrée de l'amertume de sa race. Tas de gauche : les déchets. Tas de droite : les racines, grumeleuses et biscornues. Pour me servir de ma bouche en même temps que de mes doigts, plus serviles, j'y vais d'un petit laïus, je parle des autres variétés : la frisée, la scarole à faux café. Puis ce petit cours s'étouffe, laisse les moineaux pépier, les hirondelles gloser sur les fils électriques où elles s'assemblent pour un prochain départ. J'épluche et, à force d'éplucher, je m'épluche moi-même.

De ce que nous croyons vivre, de ce qui pousse en nous, dans l'ombre, de ce qui reparaît enfin, tout différent, je tiens le bon symbole : nous sommes tous des endives. Une fois pour toutes, monsieur Godion, voulez-vous me dire d'où source la sympathie que vous vouez à celui dont, ce matin encore, dans un méchant écho, *L'Ouest républicain* se gaussait du refrain : *Je ne suis personne.* Quand votre menuisier de père vous légua ce jardin où il se faisait une gloire d'entretenir ifs et buis taillés, en forme de coq, de salamandre, de roi d'échecs, obtenus à force de greffes, d'entrelacements, de ligatures sur écorçages – bref, en réduction, un « cirque de verdure », genre *Scotts Valley* –, vous n'avez pas voulu continuer ce forçage. Vous aimez la pousse libre. Vous n'avez pas d'animaux *domestiques*, votre chatte n'étant qu'une errante daignant parfois vous rendre visite. Malgré tout, en face de l'inconnu, nomade absolu, ne possédant même pas le domicile errant, la roulotte du gitan, vous êtes un archi-sédentaire, ancré dans une maison, un village, une forêt qui n'est rien d'autre qu'un territoire, à nul autre pareil, où vos pas sont des marques, au même titre que l'odeur dont un blaireau imprègne son canton. Cet anonyme devrait provoquer en vous l'archi-nommé, qui figure partout : sur vos cartes de visite, sur les registres de la mairie, de la Caisse d'épargne, de la B.N.P., de la Mutuelle de l'enseignement, de la Légion violette, de la perception, de l'E.D.F., de la Compagnie des eaux...

Attirance ? Pourquoi pas répulsion ? On se distrait, bonhomme ? On cherche à vivre par procuration ce qu'on ne vivra jamais soi-même ? On fait, en moins tragique, le transfert du spectateur qui ricoche de suspense en suspense, voit tomber de l'indien, du héros, du gangster, tandis qu'il leur survit, béat, béant, dans son fauteuil? Ne rêvez point de certaines affinités : aisance du pied, ferveur de druide, compétence zoo-phyto-dendrologique, anorexie sociale et peut-être, plus banalement, le goût d'interloquer. Rien de moins sûr que les apparences. Qui s'y fie, pour s'inventer un semblable, en le découvrant autre le trahira très vite.

« Claire ne va pas tarder? » murmure Léo.

Cinq heures sonnent au clocher. Parlant peu, Léonard supporte bien le silence et, quand il le rompt, habitué à ce que les siens ne lui répondent pas, il se garde d'insister. Pourtant l'intervention est bonne. Et Claire, justement? Ai-je des yeux pour les fermer et la mémoire si courte que je ne puisse prévoir ce qui s'est déjà produit? Quand je parle de ma fille, je devrais plus tranquillement paraphraser l'Ecriture : *Celle en qui j'ai mis mes complaisances.* Toutes, y compris les troubles. Claire est faite, comme sa commode, de tiroirs successifs. Elle a sur cette commode une pendule qui bat pour elle et je suis dans sa vie ce que cette pendule est dans sa chambre. Mais la comparaison s'arrête là. Mes habitudes ont toujours disposé de mes tentations. Pour Claire, qui mêle le don de longue enfance aux sensuelles innocences de sa génération, c'est l'inverse. Maître d'école marié à sa pareille, une maîtresse du vieux style dont le sang calme valait son encre rouge, je m'étonne encore d'avoir procréé cette gamine à foucades, cette adolescente à béguins devenus aujourd'hui des liaisons, qui ne se discutent pas, encore qu'elles s'enveloppent d'une telle discrétion que j'ignore si la dernière dure encore. Soyons net. M. le directeur s'est refusé la moindre aventure; il vivait dans le contexte de l'époque. Mais Claire, qui m'a été un objet de scandale, puis d'indulgence, pourrait l'être d'envie.

69

Et je n'affirmerai pas que la peur de la perdre, le souci de la voir jouir (en somme par délégation) de libertés que je m'étais interdites ne me fassent pas quelquefois – non sans réticences – passer de l'envie à la complicité.

« La voilà! »

Toujours laconique, mais l'œil brillant, proclamant une passion dont il serait souhaitable qu'elle fût payée de retour, Léo n'a fait qu'un bond en reconnaissant le bruit du moteur. Il me laisse à mes tas, il file pour offrir ses pommettes, quêter la tendresse étrangère et, dansant autour d'elle, me ramener ma fille, toute douce, toute fondante – même si ce n'est pas pour lui qu'elle appelle parfois *son petit amatride*. Bon, bon, ne cherchons pas qui ou qui en est cause. Quand, renonçant au jean, ma très brune met une robe et notamment cette robe grenat qui l'avantage, je sais ce que ça veut dire : la voilà sous les armes. Elle tourne, elle vire, elle ne me donne pas de nouvelles de sa tante qui, hebdomadairement et sans autre chaleur, « m'envoie le bonjour ». Elle va se trahir très vite :

« A propos, tu sais ce qu'on m'a dit à Sainte-Ursule? Mme Salouinet va procéder, sur place, à une confrontation générale. »

VIII

CONFIRMATION par Mérindeau : gratteur d'attendus, le bancal ne travaille pas à l'instruction, mais au tribunal, et ne semble pas nourrir une sympathie particulière pour Mme Salouinet. Rencontré dans la rue, il m'a confié que la dame en gris tenait l'anonymat pour une provocation; qu'elle soupçonnait une ténébreuse affaire, seule capable de l'expliquer. Il n'a pas dit qu'elle l'espérait. Il n'a pas dit que, refusant tout avancement pour rester au pays, elle n'en souhaitait pas moins de se faire valoir, que la presse lui semblait un peu molle. Il l'a laissé entendre.

Confirmation par *L'Eclaireur* : sous l'article consacré à Sadate et Begin, bizarrement conjoints dans le prix Nobel de la paix, ne figurait qu'un écho de huit lignes qui a rejoint les coupures que nous collons maintenant par ordre chronologique sur un cahier scolaire provenant d'un très vieux stock, type *100 Pages*, où figure au verso la table de multiplication.

Confirmation officielle, enfin, fort inattendue : sous la forme de deux convocations similaires nous enjoignant de nous rendre au pavillon D, au rez-de-chaussée, chambre 16, le 27 octobre à seize heures. La confrontation, nous en serons. Nous, les

Godion? A quel titre? Claire, qui de nouveau venait d'assurer le change et de faire tourner la machine à laver, s'est mise à crier :

« Témoins de quoi, d'abord? De la balade sur l'étang! Ça n'a pas de sens. Et tu te rends compte de ce qu'il va, lui, penser de nous? »

Lui m'a fait vibrer le tympan : faute de mieux, on peut donner beaucoup d'intensité au pronom personnel.

De toute façon, il a bien fallu nous incliner. Nous sommes même arrivés avec cinq minutes d'avance.

Un juge d'instruction a parfaitement le droit de se transporter où il veut. Tout de même, de la part de Mme Salouinet, le fait de ne pas attendre la sortie d'un convalescent, de préférer à son cabinet le décor de l'hôpital, n'est pas sans signification. Dès l'entrée du pavillon, la toque s'efface devant le képi et c'est un bon gros garde qui filtre les arrivants en s'adressant à eux dans le jargon du Palais :

« Vous venez pour le *retapissage*? »

L'accident, affaire connexe, a donné lieu à un premier débat. Tout au bout du couloir, dirigés vers une autre issue, s'éloignent les chasseurs, transformés, innocentés par leur complet veston. Un autre garde lorgne nos convocations, s'en saisit, les passe à un troisième par l'entrebâillement de la porte. En fait, nous sommes de la troisième fournée, la dernière, l'accessoire, et nous allons piétiner le dallage jusqu'à la sortie de huit fermiers, gros et petits plaignants, dépouillés de bétail ou de volaille, dont l'un, Garnet de *La Branse*, des années durant sur mes bancs, s'acharnait à écrire également *la Franse* avec un s. Il a tout résumé :

« Reconnaître qui, reconnaître quoi, quand on a vu de loin, la nuit, une ombre foutre le camp! »

A nous. Dans la pièce hâtivement meublée, puis regarnie d'une file de chaises disparates, ils sont encore six. Mme Salouinet est assise devant une table de bois blanc à côté de son greffier, athlète roux dont le torse s'accommode d'un pull à col roulé. Se mirant dans une glace de poche, elle refait l'arc de ses sourcils : opération qui accompagne la réflexion, mais pourrait bien affirmer le droit de son sexe à occuper son poste. L'observent avec déférence le brigadier Baumogne et un vieux monsieur à serviette de cuir fauve. L'observe avec indifférence un infirmier de service, debout près de son malade installé dans un fauteuil roulant et vêtu d'un de mes pyjamas, un peu court pour lui. Mme le juge, qui n'est pas ici la voisine avec qui il m'arrive de deviser, salue avec réserve et, d'un doigt, nous accorde deux chaises. Puis avec le vieux monsieur, qui ne peut être qu'un avocat d'office, elle reprend une conversation que notre entrée avait interrompue :

« Comme je vous le disais, maître, j'aurais pu convoquer également trois personnes qui, d'après la photo publiée par *La Voix de l'Ouest*, ont cru pouvoir identifier un disparu. Trois, me diriez-vous, c'est deux de trop et, pour éviter des scènes ridicules, je me suis contentée de commissions rogatoires. Je dois dire que l'insistance d'un père, dont le fils s'est éclipsé voilà six mois à la suite d'une rixe ayant entraîné mort d'homme, m'a retenue un moment. Mais on me fournissait des précisions dont une seule – l'absence de trois molaires – a suffi pour écarter l'hypothèse. Vous comprenez pourquoi j'ai fait, l'autre jour, examiner les dents du prévenu... »

Mme Salouinet qui, de toute évidence, cherchait une réaction, hausse le ton :

« Ne souriez pas, monsieur! L'intermède a pu vous paraître grotesque; il n'était pas joyeux. Cet homme recherche un être cher comme le fait sans doute votre famille. »

Elle se retourne aussitôt vers l'avocat :

« Il faut admettre, maître Millet, que nous avons l'air fin. Ne dirait-on pas que nous sommes devant le sphinx et que le sphinx à nos dépens s'amuse? »

Maître Millet, affligé d'une raideur du cou, d'un tremblement des mains qui laisse soupçonner un début de Parkinson, branle aussi de la tête. Et, nous considérant toujours comme transparents, ma fille et moi, Mme Salouinet, radoucie, évitant les objurgations, se lance dans une sorte de plaidoirie à l'envers dont elle espère peut-être qu'elle ébranlera le client :

« Un juge d'instruction, j'entends bien, joue les Œdipe à la petite semaine. Mais le qu'as-tu fait s'aggrave rarement d'un qui es-tu... »

Maître Millet tapote le sol du pied. Baumogne observe une sorte de garde-à-vous assis. L'infirmier s'ennuie : il a l'habitude de ces cours de patron élaborant un diagnostic sans se soucier des oreilles du malade. Mais rien n'atteint le nôtre qui ne bouge pas davantage qu'une réplique en cire du musée Grévin. Le numéro continue :

« Puisque le prévenu, même en qualité de victime, vous l'avez vu tout à l'heure, joue les zombis, laissez-moi vous dire qu'une banale usurpation d'identité m'inquiéterait moins que son refus. Lâchons le proverbe : *cause tue, faute têtue.* En fait de mauvaises raisons, j'ai déjà cité la plus probable, mais n'y revenons pas. Si votre client, maître, n'est pas un délinquant, voire un criminel, que peut-il être? Un besacier? Ce n'est pas le genre. Un évadé? Non, la liste est connue. Un déserteur? Non, même remarque. Un insoumis, un objecteur de conscience? Cela fait encore difficulté : l'objecteur annonce la couleur, il ne va pas vivre en marge d'expédients. Alors, je vous vois venir, monsieur le directeur... »

Tiens! C'est à moi qu'on s'adresse. Pourtant, ma religion n'est pas faite autant qu'on le suppose.

« L'objection absolue? La vocation d'ermite, au sein de la nature? Disons : le délire vert. Mais comme il faut bien vivre, outre le vagabondage, comment éviterons-nous, monsieur, le maraudage? Nous revenons, sous une forme atténuée, à notre hypothèse de départ. »

Que cela se tienne, qu'elle ait au moins partiellement raison, la dame grise, je n'en saurais disconvenir. Mais elle n'a pas vidé son sac :

« Remarquez, malgré le calme apparent, le savoir-faire du prévenu, je n'écarte pas le délire tout court. Comme je n'écarte pas une autre explication, relevant également du psychiatre... »

Vexons, vexons notre homme pour qu'il perde son sang-froid, se rebiffe et se trahisse :

« L'amnésie peut avoir des effets singuliers. C'est Mme de Sévigné, je crois, qui raconte l'histoire du marquis soufflant à sa voisine de table : « Je suis un « peu fatigué, baronne. Voulez-vous être assez « bonne pour me rappeler mon nom. »

Nous avons des lettres dans la magistrature et Saint-Simon ne réclamera pas son dû. Soudain, braquée sur le « malade » avec l'indulgence qu'en ce cas elle lui doit, Mme Salouinet lui demande à voix douce :

« Pouvez-vous m'assurer, monsieur, que votre mémoire est intacte?

– Passons! Je me souviens trop bien de tout. »

Avantage, côté table. Le prévenu n'a pas pu

s'empêcher de répondre. *Trop*, au lieu de *très* mériterait d'être relevé, si l'important maintenant, pour Mme Salouinet, n'était d'attaquer à fond :

« Admettons! Mais se souvenir de tout et n'en rien dire frise le faux témoignage et l'injure à magistrat. De toute façon, vous pouvez vous taire impunément devant moi; vous ne le pourrez pas devant l'expert commis pour vous examiner. Si vous tenez à paraître sain d'esprit, il faudra bien lui fournir une raison. Sinon...

— La raison, madame, vous venez de vous en moquer. »

Claire m'a saisi le poignet. Incapable de supporter qu'on s'en prenne à son intégrité mentale, le barbu, sorti de l'abri de sa barbe, vient de se lâcher. Qu'il l'ait voulu ou non, sa réplique vaut une déclaration. *Notez, greffier*, murmure Mme Salouinet. Mais, au regret déjà de s'être mal contenu, le déclarant ajoute entre ses dents :

« Choix obscur, il va de soi, et qui tient à le rester. »

Ce qui fait aussitôt rebondir Mme Salouinet :

« Vous ne faites rien pour cela! Le paradoxe, c'est que vous voilà connu au titre d'inconnu. Donnez-moi votre nom et vous n'intéresserez plus personne. »

Soucieux de ne pas rester un simple figurant, maître Millet d'une voix clapotante intervient à son tour :

« Certaines condamnations entraînaient jadis la mort civile. Mais un suicide civil, si j'ose dire, je crains que mon client n'en aperçoive pas toutes les conséquences.

— Il se prive de tous ses droits, en effet, et ne s'abrite de rien. Un inculpé peut très bien être condamné S.N.P... *Sans nom patronymique*. Inutile d'ajouter que dans cette perspective, offensante pour un tribunal, il ne serait pas ménagé. Il n'avoue rien, m'objecterez-vous, et les faits sont bénins. Je répète : c'est à voir. Il nous cache son passé et nous devons constater que, dans ce pays même, aucune plainte n'a été enregistrée depuis son entrée à l'hôpital. »

Décidément Mérindeau avait raison : l'agressivité de la dame en gris n'est pas surfaite. Elle a marqué un point, arraché un motif. C'est quelque chose. C'est peu. L'inconnu demeure inconnu et le coupable problématique : il s'est d'ailleurs renfoncé dans son fauteuil, les yeux mi-clos. Mme Salouinet se tourne vers nous, qui n'allons pas l'aider davantage.

Nom, prénom, domicile. La machine à écrire du greffier crépite, pour noter sous la forme légale ce que chacun connaît. Puis s'entrelacent questions et réponses livrées à l'Underwood qui les émiette de renvoi de chariot en sonnerie de tabulateur. Reconnaissez-vous le prévenu comme étant l'homme que vous avez surpris sur l'étang de La Marouille? *Oui.* L'aviez-vous déjà rencontré? *Non.* N'était-il pas nu? *Oui, mais il ignorait notre présence.* Visité par vous, pour des raisons charitables, vous a-t-il confié quelque détail qui puisse éclairer la justice sur son origine et ses activités? *Non.* Pour revenir à la scène de l'étang, ne s'est-il pas finalement éloigné en emportant du poisson? *Nous ne l'avons pas vu pêcher*, dit Claire. *Il portait bien une boîte, mais comment savoir ce qu'il y avait dedans?* dit M. Godion.

Si on espérait de nous un témoignage établissant au moins le braconnage, voilà du temps perdu.

Mme Salouinet ne nous renvoie pourtant pas et je la devine bien : un bon Samaritain peut donner de non moins bons conseils. Mme Salouinet dodeline du chef, redescend au niveau de la causerie, s'inquiète d'un malheureux dont elle ne sait ce qu'il va devenir. Pour l'hôpital c'est un sortant qui, toutefois, ne marchera pas normalement avant trois ou quatre mois. Un faune boiteux, béquillant dans les bois, en mauvaise saison, est-ce pensable ? Et même à supposer que le tribunal retienne contre lui le seul délit de vagabondage, n'y retomberait-il pas à l'instant même où il serait relâché ?

« Vagabondage ? murmure maître Millet. Est-ce si sûr ? »

Mme Salouinet se récrie. Juge et robin s'engagent dans une discussion confuse de chats-fourrés. Pas de domicile, pas de ressources, pas de métier connu, que demander de plus, l'article 270 du Code pénal est satisfait, le 271 est applicable; peut-être même le 272, si le prévenu est étranger... Oui, mais le délit n'est constitué, madame, voyez l'alinéa 5, que si le prévenu n'a exercé aucun métier depuis deux mois au moins, et qui peut l'affirmer ? Par ailleurs, on ne peut tenir pour dépourvu de ressources aucun individu porteur d'une certaine somme. Deux jours de vie. Un franc en 1810. Deux cents francs en 1971. A remonter au prorata de la dévaluation. Voir à ce sujet l'ordonnance 1301... Effectivement, maître, mais à la fouille on n'a pas trouvé un sou sur votre client. Par ailleurs, si le port d'une pièce d'identité n'est pas encore obligatoire – et c'est fâcheux –, le refus de justifier d'un état civil entraîne *ipso facto* la garde à vue jusqu'à l'identification, et si la police n'y parvient pas dans les quarante-huit heures, le Parquet peut décider le transfert en maison d'arrêt... Sans doute, madame, mais permettez-moi de dire que le législateur, ici, se tord un peu les pieds. D'abord, le délinquant n'encourt plus qu'une simple contravention. Ensuite, le droit à le détenir devient précaire et se heurte aux textes qui rendent la prison préventive inapplicable aux délinquants primaires risquant moins de deux ans de prison... Et qui nous assurera, maître, que votre client est primaire ? Je vous accorde que son cas nous embarrasse. Mais en matière de détention provisoire, afin de garder un inculpé disponible, de le protéger de lui-même ou de la récidive, les articles 144 et 145 précisent que la prévention limitée à quatre mois peut, même pour un primaire, être prolongée de deux mois par ordonnance motivée. Comment remettre en liberté un individu sans domicile qu'il serait impossible de citer à comparaître ?...

« J'ai oublié de vous signaler qu'il y a un billet de cinq cents francs caché dans la doublure de ma veste. Vous pouvez vérifier », dit soudain l'intéressé.

Nul défi dans le regard qui croise celui de la dame en gris, puis celui de maître Millet, tous deux empreints d'un étonnement nuancé de considération. Dérisoire en apparence, l'indication devient judiciairement *sérieuse*. Probables, le braconnage et le maraudage ne sont pas démontrés. A son tour, le vagabondage s'effondre pour un billet à l'effigie de Pascal : un billet caché dans une doublure, donc inutilisé, donc conservé pour protéger un porteur averti. Gros avantage, côté fauteuil : la thèse de la retraite en reçoit du renfort.

« De quelle provenance, ce billet ? demande sèchement la dame en gris, qui ne désarme pas.

– Si vous la croyez litigieuse, rétorque vivement maître Millet, c'est à la justice de le prouver. »

Mme Salouinet, très digne, se résigne. Elle se lève,

murmurant quand même : *je vous remercie*. Il ne lui reste rien de solide comme chef d'inculpation, et nos dépositions méritent à peine un paraphe sous le mention *persiste et signe*. Le greffier remballe sa portative, rassemble ses dossiers aux chemises de cartoline bleu gentiane et jaune souci. C'est lui qui dit à l'infirmier :

« Vous pouvez reconduire le malade dans la salle. »

Dans un bruissement de roues caoutchoutées le fauteuil passe devant nous, franchit la porte, et c'est aussitôt la surprise, la ruée, la cavalcade, le crépitement des flashes et des interjections. *Une seconde! Attendez! La tête droite, monsieur! Infirmier, s'il vous plaît, tournez un peu le fauteuil.* Une escouade de blouses blanches survient, laisse faire quelques instants, puis s'interpose, cerne le blessé et disparaît au trot avec lui. Mme Salouinet, qui attendait bouchant le passage, s'avance alors pour prendre sa part du feu. Il y a devant elle, probablement convoqués eux aussi, au moins dix journalistes, autant de photographes, deux radio-reporters, le Nagra en bandoulière et le micro en main, et, au milieu du groupe, caméra portative sur l'épaule, un opérateur de la Trois, Actualités locales. Mme Salouinet étend les mains pour repousser ou pour bénir tout ce monde :

« Comme le prévenu, messieurs, je n'ai pas grand-chose à dire. S'il y a un secret de l'instruction, c'est en effet le sien qui pour une fois n'est pas celui de Polichinelle. »

On note, on enregistre, on mitraille, on tourne. Sa profession de foi n'étant pas orthodoxe, Mme Salouinet continue sur le ton plaisant qui peut tout faire passer :

« *Il n'arrive jamais rien hormis dans les journaux*, disait Pierre Emmanuel. Prenez ça en bonne part, car, franchement, je ne le cache pas, j'embauche les médias : c'est la seule chance qui me reste d'identifier notre inconnu. Je répète mon sentiment : l'anonymat est un rideau de fumée qui peut cacher le pire. Rien de nouveau dans ce sens, je dois le reconnaître. Mais je dois aussi vous dire qu'en pressant, en effrayant un peu le garçon, j'ai pu obtenir de lui une petite phrase où il se réclame, carrément, de la désertion de l'espèce. C'est gros. C'est même énorme. Je vous laisse apprécier... »

Mme Salouinet fait des pas : trois ou quatre... Il ne faut pas décevoir la meute qui s'excite. Elle se laisse bloquer.

« Vous est-il arrivé, déjà, une pareille aventure ?

— En quinze ans de carrière, ma foi non, admet la dame en gris.

— Y a-t-il eu, ailleurs, des précédents ?

— Oui, mais plutôt rares et d'ordinaire assez vite démasqués par l'efficacité des services de recherche. »

Claire et moi nous voudrions bien dériver sur la gauche ou sur la droite, mais tout ce que nous pouvons faire, c'est d'éviter les objectifs. Mme Salouinet, du reste, devient intéressante et, pour achever son œuvre, passe à la conférence :

« Si je ne m'abuse, *La Chronique du Palais* a récemment relaté un cas du même genre : celui d'un escroc, arrêté à Grenoble, jamais identifié, condamné sur fiche et qui a disparu après avoir purgé sa peine... »

La voilà lancée. L'Histoire arrive à la rescousse. Souvenons-nous tout de même qu'avant l'ordonnance de Villers-Cotterêts, signée en 1539 par François Ier et obligeant les curés à tenir des registres, la situation aurait paru banale. L'existence d'un homme, qui serait un homme comme un loup est un loup, comme un brochet est un brochet, est devenue scandaleuse. C'est un scandale récent, dû au fait que les modernes ne se croiraient pas vivants s'ils n'étaient classés, répertoriés, mensurés, photographiés, radiographiés, testés, analysés, empaperassés... Sous Louis XIV, messieurs, en 1670, lors de l'épuration de la Cour des Miracles où les filles vêlaient encore sans souci de filiation, les sbires de La Reynie ont découvert des dizaines d'enfants sans état civil. Mais après tout, l'enfant perdu, l'enfant trouvé, l'enfant abandonné à l'Assistance publique portent souvent des noms qui ne sont pas, génétiquement, les leurs. Née de parents inconnus, baptisée *Damien* par l'administration, devenue *Renoux* par adoption, désadoptée, redevenue Damien, puis par mariage *Sarrazin*, qui était la célèbre Albertine, Algérienne dont on ne sait pas si elle était de sang arabe, français ou espagnol? Et qui était l'amnésique de Rodez surnommé *le soldat inconnu vivant*? Qui était le solitaire de la forêt de Basse-Saxe, précurseur du nôtre, réfugié dans une tanière durant une décennie?

Les photographes deviennent plus agressifs. Un journaliste à côté de nous entreprend maître Millet en annonçant : *France-Soir*.

« En fait d'escamotage, continue Mme Salouinet, n'oublions pas le plus célèbre : celui de l'archiduc Jean Salvator d'Autriche qui, en 1889, dépouillant rang et dignités, prit d'abord le nom de Jean Orth et, deux ans plus tard, disparut définitivement. Peut-être dois-je vous rappeler un fait curieux. Les anachorètes, nombreux au Moyen Age et dont le modèle moderne est le Père de Foucauld, avaient pratiquement disparu après la dernière guerre. On en compte aujourd'hui plus de quatre cents en France. Si dans l'ensemble c'est la foi qui les anime, un bon dixième est composé de naturistes. Mais ni les uns ni les autres n'ont pour autant abandonné leur état civil... »

Une idée! Reculons vers la pièce d'où nous venons de sortir et attendons que ça se passe. Nous refermons la porte après avoir entendu Mme Salouinet reprendre son leitmotiv et conclure :

« Donc, je vous prie, n'affabulons pas. Rien ne prouve que notre homme ait détruit sa carte d'identité comme Garry Davis avait déchiré son passeport. Et même si c'était vrai, pourrais-je le laisser vivre de rapines sous prétexte qu'il joue gentiment de la flûte parmi les biches et les petits oiseaux ? De toute façon, il quittera demain l'hôpital pour la maison d'arrêt où nous allons poursuivre son identification et le présenter au docteur Matignau, expert psychiatre auprès des tribunaux. S'il est coupable, il sera jugé. S'il déraisonne, ce sera l'asile. S'il est normal, innocent et toujours sans état civil, alors là, franchement, je ne sais plus. Il y a bien la Maison départementale... Le Parquet avisera. »

IX

LES hirondelles, dont le grand voyage étonne et dont on oublie que chez nous elles font plus de mille tours pour se construire ce nid en coin de fenêtre qui réclame autant de boules de terre, les hirondelles sont parties ce matin, en deux vagues; elles doivent en ce moment, déjà lointaines, inlassables, palpiter dans la nuit. Mais nous avons gardé les moineaux qui pépient sourdement, transis, entre les solives du grenier, et les derniers moustiques se sont réfugiés dans les chambres, lancinants prédateurs de moins d'un milligramme capables de troubler mes soixante-cinq kilos de sommeil. D'une tape, je viens d'en écraser un sur ma joue et, tandis qu'à son défaut me harcelle le cri de la chouette naine, le scops, qui égratine la nuit derrière les carreaux, je me retourne et j'y repense : c'est vrai, le dame grise a raison, que va-t-il faire en sortant ?

La tarentule de la responsabilité, pour ceux dont la vie professionnelle n'a été qu'incessante prise en charge, ne leur fait plus jamais grâce. Même si je me trouve ridicule, même si j'en veux à mes obligés, le secourable en moi se pique. A qui j'ai prêté assistance, je me sens lié par contrat. Et je m'inquiète. La nuit surtout. Chicotements, craquements infimes, vibrations d'ailes de mouches agonisant sur le parquet, ces fêlures du silence deviennent vite les miennes.

Que va-t-il devenir? Puis-je quelque chose pour lui? A force de citer le Code pénal, l'autre jour, les juristes m'ont donné envie d'y aller voir. Ils ont oublié de citer l'article 273, qui prévoit que les vagabonds pourront *même après jugement* être réclamés par une délibération du conseil municipal ou *cautionnés par un citoyen solvable*. Entre parenthèses il suffit de sauter aux articles suivants qui concernent les mendiants, de filer aux 277 et 278 qui regroupent les deux catégories pour réaliser toute la férocité du Code envers les démunis, les traîne-malheur, les clochards, les cagnards : tous éventuelles recrues de la *Maison départementale* (alias Dépôt de mendicité), tous, quand ils sont dehors, considérés comme menaces permanentes pour le repos, pour la bonne conscience de la propriété. Malgré la désuétude, un mendiant reste encore en principe passible de six mois à deux ans de prison, s'il ne peut justifier de la provenance des effets dont il est porteur! La mention qui m'intéresse est, à la réflexion, assez extraordinaire : la caution fournit l'absolution!

Que va-t-il devenir? Hormis ma fille et moi, je crains que personne ne s'en soucie. A vrai dire, je n'ai pas lu toute la presse. Abondante (mais sans excès de manchettes), hâtivement découpée, classée, collée, elle mériterait d'être regardée de plus près. Puisque je n'arrive pas à dormir, rallumons, tendons le bras, examinons le cahier.

« Le reconnaissez-vous? » titre *L'Ouest républicain* qui colporte un propos de la dame en gris : *il faut aider cet homme contre lui-même*. Argument à l'appui : on ne peut pas le laisser s'enliser dans une situation légale ahurissante, qui lui interdit toute indemnisation, tout bénéfice des prestations sociales.

« Transfert de l'inconnu à la maison d'arrêt », titre de son côté *La Voix de l'Ouest*, précisant que *Hix* s'y trouve consigné à l'infirmerie. Hix pour X, par commodité typographique, explique-t-on. Suivent d'aigres propos sur le « délit d'anonymat » dont on demande quel texte le définit ou légitime cette mesure arbitraire. Plus virulent, le contenu, au fond, est à peu près le même que celui du débat intervenu devant nous entre le juge et l'avocat.

L'Eclaireur reprend purement et simplement ce texte, en le faisant suivre d'avis contradictoires recueillis dans l'ensemble du canton, les favorables restant majoritaires.

Quant à la grande presse, autrement dit la parisienne, qui donne enfin, sans doute moins que ne le souhaitait Mme Salouinet, elle s'intéresse surtout à la formule « désertion de l'espèce ».

Un échotier se demande s'il ne s'agirait pas tout bêtement d'une expérience de survie, sur terre, analogue à celle de Bombard, sur mer, et qu'on voulait tenir secrète.

Un autre parle de résistance à la solitude et penche plutôt pour une copie hexagonale de l'autorelégation de Georges de Caunes, déposé sur un atoll désert en compagnie de son chien.

Le « mystère pub » est dénoncé par plusieurs, prédisant qu'il sera bientôt dénoué par un astucieux éditeur.

L'écologie hésite : le faune est sympathique, mais il ne brandit pas le drapeau couleur de feuille, il ne jette pas d'anathèmes; il semble se contenter de fuir les quatre boîtes – studio, radio, auto, bureau – pour retourner tout seul au paléo.

Le Matin cite Voltaire : « C'est n'être bon à rien de n'être bon qu'à soi. » Une société malfaisante se combat. On ne l'abandonne pas pour devenir une sorte de renard, un nuisible innocent : cette innocence-là est interdite aux hommes.

La plupart des gazettes n'étoffent guère, cherchent le trait. On trouve ainsi dans *Le Figaro* : « Doux anar. » On trouve dans *Le Parisien* : « Un farfelu, doublé d'un patte-pelu. » On trouve dans *Charlie-Hebdo* : « Solution radicale de la crise pétrolière. »

Mais le propre de l'époque étant la dispersion dans le pour et le contre, le drôle et le grave, au niveau de l'événement comme de l'anecdote, on trouve également dans un hebdomadaire médical célébrant les mérites d'un grand généticien, auteur d'ouvrages sur le caractère unique de chaque être vivant, une référence à l'inconnu de Sainte-Ursule, bon exemple d'*homo sapiens* réduit à sa carte d'identité biologique, dont le signataire fait remarquer que chacun d'entre nous, bon gré mal gré, la porte avec soi, imprimée dans le moindre bout de peau, sans rejet ni falsification possibles.

Cependant, le papier le plus sophistiqué est l'œuvre d'un chroniqueur que son agence de diffusion répand un peu partout. Lui aussi débute par une citation, attribuée à Virginia Woolf : « Le simple fait d'être en vie est une volonté »; et aussitôt il la conteste. Pour lui, la volonté de vivre se réduit parfois à l'instinct de conservation, parfaitement compatible avec un profond dégoût de l'existence : dégoût qui peut conduire à la névrose fabulatrice, à la fugue, au terrorisme, à l'entrée dans une secte, à la négation de soi qu'illustre bien l'inconnu de Lagrairie en répétant : *Je ne suis personne.* Bel exemple d'aliénation échangée contre une autre ! Toute vie provenant d'autrui et ne se perpétuant qu'avec autrui, elle n'a, isolée, aucun sens. La question posée par la plupart des commentateurs : *Qu'est-ce qui peut amener un homme à renier ses semblables?* n'est pas la bonne. Le fait de les renier n'empêche pas de leur rester semblable. Compte tenu des effets d'une telle démission, plus grave que ses causes, quelles qu'elles soient, mieux vaudrait obtenir du solitaire une réponse à une autre question : *Qu'est-ce qui peut, désormais, lui donner le goût de vivre?* Autrement dit, l'important n'est pas de s'inquiéter de son passé, mais de son devenir.

Fermons le cahier. Eteignons. Ma fenêtre, qui exportait de la lumière dans le jardin, de nouveau en importe de la nuit. Le rien, le presque inaudible, reprend de l'importance, ainsi que l'odeur de métal chaud que dégage le radiateur.

Nous avons le droit de penser que l'ours, le requin, le python, le puma, solitaires à l'heureux appétit, ne se soucient pas de la motiver, leur survie. Mais n'ergotons pas. Le désolant, c'est que le cas, rien que le cas, intéresse : que pas un plumitif n'en sorte; que pas un bienfaisant, parmi les sauveteurs d'ivrognes, de drogués, de taulards, de putains, de chats ou chiens perdus, n'ait bougé le petit doigt.

A Lagrairie même, toute cette semaine, quelle foire sèche! Curieux, gazetiers, pelliculards ont envahi le bourg et certains, pilotés par la rumeur publique – *Voyez donc les Godion, Rue-Grande* –, sont venus tirer ma sonnette. Je me demande encore si le premier était un pince-sans-rire ou un vrai collectionneur que sa marotte rend inconscient. Descendu d'une Mercedes, il s'est permis de me tendre le carton blanc 10 × 15 que ses pareils envoient d'ordinaire aux personnalités avec une enveloppe timbrée pour la réponse :

« Un autographe de *Hix*, signant de son non-nom, vous voyez ce que je veux dire, ce serait une pièce unique! Puisque vous l'approchez, je donnerais volontiers... »

Il s'en est allé, étonné de mon indignation, bientôt suivi par un petit jeune homme porteur d'une boîte rectangulaire dont la housse ne laissait pas présager qu'il pût s'agir d'un magnétophone, et que j'ai pris pour un plombier, attendu depuis la veille. C'est devant le lavabo qu'en bredouillant il m'a expliqué qu'élève de terminale, mandaté par les copains, il venait recueillir les éléments nécessaires à une discussion de cours susceptible d'alimenter ensuite le bulletin ronéoté de son lycée.

« M. Gontard se rappelle à votre bon souvenir. »

M. Gontard, bon prof, plus soucieux d'exercer une tête que de la bourrer, n'a pas tort d'aimer les controverses tirées de l'actualité. Et un élève, c'est sacré : j'ai accepté de faire pour lui ce que je n'aurais pas fait pour France-Inter; je lui ai servi ma relation des faits, plus poussé vers la réflexion que vers la péripétie; j'ai même dû m'y reprendre à deux fois, ce dadais ayant trouvé moyen d'annuler sa bande en tripotant je ne sais quel bouton.

Très loin, l'interminable train de marchandises de quatre heures vingt lisse du rail à l'infini, tandis que les meubles de ma chambre, le lit, la commode, l'armoire rustiques, en place bien avant moi, lourdement immobiles depuis un siècle, affirment une présence qui fleure l'encaustique. Je me retourne une fois de plus sur le sommier inégal, dont un ressort vibre en donnant quelque chose comme un *fa*.

Je m'en veux. Je pensais bien m'en tenir là et finalement, au nom de la commune, devenue but d'excursion, rameutant assez de monde pour réjouir la boutique et faire couler le gros-plant, il m'a eu, Vilorgey.

« Vous, monsieur le directeur, vous ne raconterez pas de blagues et vous savez causer. »

Vanité du sérieux! Quand je cesse de m'insurger contre elle, le magister revient, suffisant. Et j'ai cru que ma présence permettrait de redresser les jugements hâtifs, de fournir un autre ton; j'en ai été pour ma courte honte, à sept heures et demie, ce soir même, lors de la projection. Au petit écran, les catégoriques sont plus efficaces que les nuancés, trop longs, qui se font couper au montage. De toute façon, ce reportage en petits bouts, sur dix minutes d'antenne, que voulez-vous que ça donne, sinon de l'allégation et de la carte postale?

Hix, bille en tête. Chapeau de trois phrases. Puis clichés de la forêt pris sous un angle tel que les bas de troncs semblent énormes. Un domanier a traversé, sans souffler mot. Nous sommes passés au village, tombés sur Vilorgey qui grognait : *Comment a-t-il pu aboutir ici, ce Tarzan?* Remontant vers le clocher, la caméra s'est braquée sur le coq, est redescendue. Zoom sur le curé : *Hix? Dieu seul n'a pas besoin de registres, même paroissiaux, pour savoir qui il est.* Derrière lui, à la cadence d'un visage toutes les trois secondes, une brochette de notables a défilé. *Un planqué!* a dit Ravion, le maçon. *Un sage!* a dit Mme Pé. Ça se répétait beaucoup. Je suis intervenu alors pour prêcher la prudence dans l'interprétation. Mais aussitôt après, un comique a demandé : *Comment fait-il pour la bagatelle?* Et le suivant ne l'a pas relevé : *Pour échapper au fisc, au boulot, aux fins de mois, vraiment on ne fait pas mieux.* Et sans transition s'est arrondie la porte de la prison : une voix a crié : *Sortez-le! Il se trahira!* Tandis que Mme Salouinet apparaissait en surimpression, un doigt sur la bouche, pour s'évanouir dans un fondu enchaîné qui l'a remplacée par un grand point d'interrogation.

X

Aujourd'hui, c'est la Saint-Léonard, mais nous ne verrons pas le nôtre : il a la grippe. Le ciel est d'un gris uniforme qui plombe la rivière. Les trois quarts des oiseaux sont partis. Quelques grillons stridulent encore dans le jardin en friche de ma voisine. Cueilloir à poche, cueilloir à dents sont de sortie. Au-delà de mon jardin, dans la partie qui descend au Verzou, je n'entretiens pas de gazon moquette, sous sapin bleu, prunus rouge, érable blanc (mélange pour square ou parc d'aristo). De tout temps, ce fut un verger. On y dénombre un néflier, deux pêchers, trois pruniers et quatre poiriers à production « étalée » (*Beurré Giffard* de juillet, *William* d'août, *Louise-Bonne* de septembre, *Curé* d'octobre). On y compte aussi douze pommiers : douze pleins-vents trois-pièces montés sur franc ou sur doucin, puis sur intermédiaire, avant la greffe finale. Pour l'ente, comme pour l'écussonnage, on dit que j'ai la main verte. Pure affaire de patience et de précision : ce n'est pas pour rien qu'à cet égard les prêtres et les instituteurs sont doués. On ne badine pas plus avec la taille qu'avec le rituel ou l'orthographe. Mes arbres, ils sont bêchés au pied, fumés, grattés, maintenus à la hauteur et à la forme voulue par le sécateur à ficelle, défendus contre les parasites aux huiles blanches, aux huiles jaunes, à la bonne vieille bouillie qui protège aussi ma treille et qui bleuit le mur derrière elle. Répétons que pied de forêt, main de jardin ne se disputent pas. Sauvage ou domestique, la nature, ce Janus, j'en aime les deux aspects. Et pour un arbre ce n'est pas rien d'être aimé, comme pour un chien : il vous réclame des soins, de l'eau, de l'engrais, du regard, du sentiment. Mon grand-père disait tranquillement :

« Ne soigne pas mieux l'un que l'autre : ils sont jaloux. »

En ce temps-là, nos pommiers s'appelaient *Courpendu*, *Api*, *Haute-Bonté*, *Pigeonet*, *Grandmaman*... Sauf les deux premiers, ils sont morts, et leurs successeurs se nomment *Calville* (la rouge, à quatre bosses, à chair saumonée, juteuse, parfumée), *Rose de Benauge* (jaune, piquetée de marron, touchée de carmin côté soleil), *Belle de Boskop*, *Reine des Reinettes* (l'incomparable, qui se ratatinera jusqu'en mai dans son sucre). Point de *Golden* ni de *Starking* dont les fruits insipides, à goût de coton, jouent la carte de l'aspect standard contre celle de la saveur. N'oublions pas cependant un inutile, un sauvage que nous appelons le *Marie-Louise* et qui a droit à des égards particuliers : c'est ma femme en effet qui, dix ans avant sa mort, l'a ramené de je ne sais où et mis en terre au mois d'avril, pour voir, par défi, contre toute espérance. Arbre fétiche, riche de rejets, il nargue les autres, et c'est très bien ainsi. Arrondir des dizaines de têtes dans son école, des centaines de choux dans ses plates-bandes, des milliers de pommes sur la ramille, bon! Mais on ne peut pas rester bêtement faraud de ses plus brillants élèves, de ses plus gros cabus et de pesants fructidors étayés de perches fourchues. Un pommier sans étiquette, plus résistant au lanigère, à la chenille, à l'araignée rouge, s'affolant de fleurs au printemps, mais ne fournissant en automne que des billes acides bourrées de pépins, ça compense, ça vous excuse de songer aux tartes et aux beignets; c'est un arbre de la liberté. En somme, j'avais déjà mon *Hix*.

« Là, là, viens, ma belle! »

D'un coup de poignet tournant, je détache, j'amène à moi une championne, chaude de couleur, digne de figurer au comice. Celle-là, quand le panier sera déversé au fruitier, elle figurera en bord de claie, par gloriole. Elle y restera; elle ne mourra ni crue ni cuite. Enfant, Claire l'eût sans doute élue « présidente de l'étendoir » en lui attachant un ruban à la queue...

Mais Claire, justement, la voici, descendue de son atelier; elle court, en chaussons et les cheveux emmêlés de menues rognures de papier. Absente depuis le samedi, rentrée le mardi, boudeuse, comme si elle avait eu des mots avec sa tante ou avec quelqu'un d'autre ou avec elle-même, elle vit en ce moment sur ses nerfs, entièrement raccordés aux fils du téléphone qui, j'ai bien entendu, vient de sonner deux fois. Elle arrive à point pour recevoir une pomme sur le pied, la ramasse, l'expédie comme une balle sur un tronc et crie :

« Pouce! Tu t'arrêtes un instant. L'expert a déposé son rapport. Négatif. Il fait d'abord remarquer que les éléments nécessaires à une expertise sérieuse font défaut, puisqu'elle devrait prendre en compte le comportement du sujet dans le passé et que précisément celui-ci est inconnu. Il estimerait ensuite que les délires s'accompagnent d'ordinaire d'une intraitable surestimation de soi. S'il faut donc soupçonner de déraison un asocial inoffensif, un pauvre bougre assez humble pour prétendre qu'il n'est rien, il n'y a plus qu'à interner tous les moines. Je te fais grâce du reste... Maître Millet ajoute que l'expert, étant aussi le patron de l'asile, doit se méfier de couvrir un malfrat, même si ça fait l'affaire de Mme Salouinet qui voudrait se débarrasser de son client et pourtant le garder sous la main.

– Bref, on le remet dehors?

– Non! Pour que personne ne hurle à la séquestration, on pense à la Maison départementale. Mais le directeur, pour des raisons de paperasse et de gros sous, lui aussi, se fait tirer l'oreille... Vu? Tu rappelles Millet. Tu te réclames de l'article 273. Pourquoi refuserait-on? Ça devrait arranger tout le monde.

– Et où l'installerons-nous, ce garçon? Nous n'avons que deux chambres. »

Débordé par sa fille, par lui-même, par la logique des choses, M. Godion s'appuie sur son cueilloir, hampe sans drapeau. Claire ne répond pas, mais ostensiblement regarde l'appentis qui, c'est vrai, ne sert plus à grand-chose.

« Au fait, reprend-elle, on téléphone et on revient terminer en vitesse : le cidrier passe demain. »

Ni la surprise ni l'approbation de maître Millet, sans doute déjà pressenti, ne m'ont paru très vives.

« Confirmez-moi par lettre », a-t-il dit.

Puis aussitôt après :

« Le Parquet acceptera peut-être. Mais lui, acceptera-t-il? »

Il n'a pas ajouté que l'intéressé pourrait être plus sage que nous. Nous sommes redescendus au verger. Nous avons fini fort tard. Dix clayons de pommes à couteau embaument maintenant le sous-sol. Quant au tout-venant, il a été grêlé sur l'herbe, rassemblé au râteau, enfourné dans une demi-douzaine de sacs où nous avons réparti trois cageots de cormes et de poires de sauger glanées voici quelques jours près d'une closerie abandonnée. Rien de tel pour donner du corps et de la couleur, assurait mon grand-père.

Lui, il broyait à la manivelle; il laissait reposer la compote une demi-journée avant de remplir la cage et de serrer, petit à petit, à la barre à cliquet, la vis monumentale commandant l'écrasement des coussinets de bois dur; et le ruissellement jaune sourçait durant des heures au bec du lourd pressoir jadis campé dans l'appentis. On goûtait, on reniflait, on tripotait le jus, collant au doigt d'après son sucre, parlant au nez d'après le bouquet. On rallongeait parfois, très peu, à l'eau de pluie, recueillie sous la gouttière.

Le pressoir a été cassé, brûlé durant la guerre, ainsi que, douve par douve, les vieux tonneaux desséchés, déjointés qui perdaient leurs cercles. L'appentis pourvu de l'électricité est devenu buanderie où trônait le cuveau des lessives; puis de nouveau désaffecté par la machine installée dans la cuisine, il s'est reconverti en débarras, en abri pour le sarcleur attendant la fin d'une ondée, en cachette pour Léonard. Ignorant la fatigue, après dîner, Claire s'y est enfermée. Je ne l'ai pas entendue remonter. Quand je suis venu jeter un coup d'œil, ce matin, j'ai trouvé la pièce nette comme le dessus de la main; et Claire debout, près d'un lit-cage retiré du grenier où il s'empoussiérait depuis que la chambre d'amis est devenue atelier. Elle m'a dit tranquillement :

« On charge? »

La cidraison n'attend pas. Aujourd'hui, c'est brutal : le pressoir ambulant ne passe qu'une fois par an, et celui qui le manque peut jeter sa pommaille au fumier. Dès sept heures je l'ai vue passer, la machine, toussotant gris, brimbalant sa ferraille. Elle est allée se ranger au coin du cimetière sur l'emplacement habituel qui permet de manœuvrer les tombereaux, de décharger les fûts vides qui cessent d'être sonores quand, pleins jusqu'à la bonde, poussés à quatre bras, ils rouleront, ho! hisse! sur le poulain, avant d'être tractés, par rangées de cinq, sur les haquets des gros planteurs. Ça va très vite. Lorsque nous arrivons vers huit heures, avec nos sacs, dont trois juchés sur le fixe-au-toit et trois fourrés dans le coffre, s'alignent déjà de gros coussins brunâtres : les rejets, paquets de marc compacté gardant leur forme au déballage.

Des bras se lèvent pour nous saluer. Est-ce une idée? J'ai l'impression qu'on nous regarde avec insistance. Mais Julin, le patron de *La Bertaie*, et ses trois fils expédient à la pelle dans le bac de lavage une tonne de rougette, et trente personnes au moins assistent au spectacle, braillant des choses indistinctes, noyées dans le cliquetis de la mécanique, le halètement du moteur, les gargouillis des tuyaux, les pétarades de tracteurs amenant de nouvelles fournées. Descendue à l'envers, la chaîne à godets plonge, remonte à l'endroit en s'égouttant d'eau sale, va nourrir le broyeur dont la pulpe, encore blanche, tombe sur le cadre. Nu jusqu'à la ceinture, le cidrier – qui devient brûleur, en hiver, quand il balade son alambic – replie en quatre la bâche-tamis, glisse un autre cadre, une autre bâche pour achever la colonne. Une main me tombe sur l'épaule :

« C'est vrai? Vous le recueillez? »

Ils sont bien ronds et blanchis à la chaux, les pommiers de Ratel qui forment des quinconces sur ses herbages. Son Massey-Fergusson rouge, attelé à une longue remorque, trépide dans mon dos. Tout se sait trop vite, ici, même quand rien n'est sûr : un avocat bavarde, un collègue enregistre et ça court de fil en fil. Un geste évasif suffira, accompagnant une courte phrase qui peut s'entendre de plusieurs façons :

« On me l'a demandé. »

J'attends. Claire, encadrée par les fils de La Bertaie, ne leur prête que peu d'attention. La chaîne s'est arrêtée pour laisser descendre la presse. La rougette lâche son jus trouble qui ne donnera pas du pète-bouteille, mais plutôt de la piquette et deviendra dure baissière en fin de soutirage, au-delà de la fenaison. Aspiré par la pompe, refoulé vers le filtre, puis de là vers la manche, il cascade dans la barrique. L'odeur de pommé doux s'amplifie, domine les relents de graisse de rouage, de gaz d'échappement. On me jette toujours de rapides coups d'œil, rasant les sourcils. Qui soupçonnerait quoi ? Caution légale, caution morale, je le fus de l'histoire et de la grammaire; j'en garde l'auréole; et j'ai, au-dessous, le poil assez gris pour que nul ne se doute de l'ironie comme de l'inquiétude que ma décision m'inspire.

« Faut-il avouer, dit Ratel qu'on l'a bien maltraité, le pauvre. »

Approuvons de la tête. Je rachète les péchés du canton, voilà. La presse est à bout de course, la machine s'arrête; le cidrier déballe de nouvelles plaques de pulpe, brunissante, constellée de petits bouts de peau luisante, de pépins éclatés. Claire, dont il faut admirer l'extrême discrétion, me devance près de nos sacs, en déboucle un, certaine que les fils de La Bertaie se précipiteront pour l'aider et se faire valoir en empoignant la pochée d'une seule main. La machine va repartir : elle mettra cinq minutes pour nous offrir un hecto tout rond, certifié par la jauge, au tarif de onze centimes le litre.

« C'est toujours ça », dirai-je.

Il est bon que nous soyons surtout riches d'estime, que nous puissions au besoin la mobiliser. Né de pommes distinguées du reste, notre cidre, en bouteilles clissées, à bouchons ficelés, donne du mousseux, à boire frais, en verre fin. Ratel, tout à l'heure, fera faire un détour à sa remorque pour m'apporter et mettre en cave mon demi-muid que la bouillaison fera bientôt baver. Sans manquer à la réserve qui dans un bourg équilibre on-dit et nondit, il me laissera entendre que, si certains me trouvent généreux, d'autres m'estiment bien imprudent.

XI

A LA hauteur près, rien ne ressemble davantage au carré de murs de nos grandes fermes qu'une petite prison de province, aussi quadrilatère percé d'une porte ronde s'ouvrant pour le fourgon et flanquée d'un portillon moins aisé à franchir dans un sens que dans l'autre (à ceci près qu'entrant malaisément dans une ferme à cause des chiens, on ne sera point inquiété par eux en sortant; et qu'ici, du fait des gardiens, c'est l'inverse). Peu sensible au qu'en-dira-t-on, je dois tout de même avouer qu'en stoppant devant ce genre d'ouverture (qui assume surtout le rôle de fermeture), on s'inquiète des passants, on a envie que s'opacifient les glaces de la voiture, on se sent au moins fautif dans le choix de ses relations.

Il était onze heures, comme convenu, mais le ciel était si bas, si sombre, ce mercredi 15 novembre, qu'on se serait cru à la tombée de la nuit. Etonné de l'accord du Parquet obtenu en moins de quinze jours, comme de l'heure choisie pour l'élargissement, que je croyais plus matinale, j'attendais de voir le portillon s'entrebâiller pour un podagre pendulant sur deux béquilles. Mais ce fut maître Millet qui parut et vint se pencher à la portière en murmurant :

« On vous attend au bureau, on veut vous voir. »

Je le suivis. Un porte-clefs, libérant sans hâte quelques fortes serrures, nous fit passer trois grilles, aussitôt refermées, pour nous introduire dans un couloir mal éclairé, imprégné d'une odeur composite – crésyl, tabac froid, soupe aigre – et dont les murs n'offraient à l'œil que quatre portes et un panneau couvert de notes de service. Maître Millet, tirant sur sa jambe droite, ajoutait à mi-voix :

« Tout sera risible dans cette affaire. Une levée d'écrou, c'est forcément nominatif et, au surplus, ça se signe. Vous vous souvenez qu'à l'hôpital le blessé se laissait appeler le trente d'après le numéro de son lit. Pour simplifier on l'avait également bouclé ici dans la cellule trente et c'est ce chiffre que nous libérons. Le trente a donc apposé, accompagnée de ses empreintes digitales, une simple croix, paraphe des analphabètes. Il l'a d'ailleurs, avec malignité, tracée en forme d'X. Si la justice n'est pas fâchée d'être débarrassée de lui, elle s'inquiète d'une libération, plus justifiée que la détention, mais qui ne bouscule pas moins les formes légales. »

Nouvelle grille. Nouveau couloir. Mais tout de suite à droite, grand ouvert, l'accès au greffe : vaste pièce partagée en deux comme une poste par une balustrade, derrière quoi trois scribes en uniforme, dans un décor de cartonniers et de gros registres pénitentiaires, grattaient de la paperasse, tandis que, dans la partie réservée aux sortants, le libéré était assis sur un banc courant le long de la cloison. Debout, auprès du surveillant chef aux manches trois fois galonnées d'argent, Mme Salouinet fumait nerveusement une cigarette tachée à la base de rouge à lèvres. Une lumière sale, appauvrie par des vitres embuées et mélangée à la lueur de lampes garnies d'abat-jour verts, lui gâtait le teint. Comme je l'avais déjà vue faire (et comme le font la plupart des gens de justice, que leur profession entraîne, j'imagine, à se méfier des mains, ces délinquantes), elle salua du menton.

« Ne vous étonnez pas, fit-elle aussitôt. A situation bizarre, présence exceptionnelle. Je voulais vous avertir, monsieur Godion. Vous accueillez le prisonnier à vos risques et périls. A vos frais, également. Comme il ne bénéficie pas d'un non-lieu, mais de la liberté provisoire sous contrôle judiciaire prévue par l'article 138, il reste à ma disposition. Il n'a pas le droit de quitter Lagrairie. Nanti de son carnet, il devra se présenter à la gendarmerie chaque mois et se prêter à toute tentative nouvelle d'identification. Comme les pointages et les convocations réclament un libellé nominatif, il sera réputé s'appeler Trente, comme en fait foi son bulletin de sortie. A titre provisoire bien sûr : le service départemental de recherches dans l'intérêt des familles, en effet, reste alerté et même les spécialistes du Groupe des Disparitions du Sixième Cabinet de Délégation Judiciaire au quai de Gesvres à Paris. J'ai mes raisons pour insister. On perd de vue chaque année vingt mille adultes et quinze mille mineurs dont soixante pour cent sont retrouvés dans les huit jours, trente pour cent dans la quinzaine suivante et encore cinq pour cent dans les trois mois. Du petit reste, il n'y a pas cent cinquante dossiers pour être finalement classés en vaine enquête. »

Evidemment Mme Salouinet, feignant de s'adresser à moi, essayait d'exciter l'intéressé plus calme, plus indifférent, plus *Mutix* que jamais. Mais ce fut maître Millet qui en fin de tirade plaça poliment :

« Puis-je me permettre de vous rappeler, madame, que tout citoyen majeur a le droit de disparaître? »

Mme Salouinet tiqua, mais consentit à répondre :

« C'est un droit limité, maître. Un homme doit toujours pouvoir être touché par son bureau de recrutement. Vous ne devez pas ignorer non plus que, s'il est marié et chargé d'enfants, sa disparition devient un abandon de famille passible d'un an de prison...

— Et de six mille francs d'amende, précisa maître Millet. A propos, madame... »

Mais la dame en gris, sur sa lancée, continuait :

« Pendant que nous y sommes, autant informer le prévenu de la nouvelle législation qui le concerne. Il y a les *disparus* proprement dits, présumés morts. Il y a les *absents*, présumés vivants. Depuis la loi du 28 décembre 1977, un absent n'a plus trente ans devant lui pour revendiquer ses biens et il n'est plus nécessaire d'attendre un siècle pour le considérer officiellement comme défunt. L'absence peut être constatée dès qu'un fugueur a cessé de fournir des nouvelles et, au terme de la décennie, entraîner les mêmes conséquences qu'un décès.

— Je sais, fit M. Trente, soudain redressé sur ses béquilles.

— Merci du renseignement, reprit incontinent Mme Salouinet. Si vous le saviez, comme il s'agit d'une loi française, vous reconnaissez au moins que vous êtes français. »

La raideur du ton pouvait faire illusion, mais non le sourire que d'ailleurs lui rendait l'adversaire. Il y avait du jeu là-dedans : une sorte de colin-maillard agressif, réduit à deux partenaires, l'inconnu et le faux aveugle cherchant à soulever le bandeau. Cependant, pirouettant sur un talon, Mme Salouinet, enveloppée de son discret parfum, se retournait vers moi :

« Encore un mot, s'il vous plaît, monsieur

Godion. Tout ce qui pourrait être délictueux dans le comportement de votre pensionnaire, faute de m'être rapporté, engagerait votre responsabilité... Et, bien entendu, s'il reprenait la route, vous devriez sur l'heure m'en informer.

— Il va de soi, fit maître Millet, devançant ma réponse. Mais à propos, madame, vous savez sûrement qu'avant-hier on a de nouveau volé du bétail dans une ferme de Saint-Savin et que mon client se trouvant ici...

— C'est à considérer, en effet, lui accorda la dame en gris. Au revoir, messieurs. »

Elle prit à droite tandis que nous prenions à gauche, accompagnés du même garde pour franchir à l'envers les mêmes grilles. La jambe malade à demi repliée et l'autre se balançant avec une régularité de métronome sur les embouts de caoutchouc qui tamponnaient le dallage, le prisonnier se mit à béquiller vers la sortie et, chemin faisant, à compléter loyalement les avis de M̄me Salouinet :

« Moi aussi, je tiens à vous prévenir, monsieur. Je vous suis très obligé, mais, si j'accepte votre proposition, c'est que je n'ai pas le choix. Une fois valide, je repartirai et je ne peux pas m'engager à vous en prévenir. Pas plus que d'ci là je ne me sentirai obligé de vous fournir la moindre explication.

— Il va de soi, fis-je à mon tour.

— Je vous quitte, dit maître Millet. Je profite de l'occasion pour faire descendre un de mes clients au parloir. »

Ce fut en silence, seulement troublé par le tintement froid de son trousseau, qu'après avoir présenté le bulletin de sortie au guichetier — qui le remit au sortant — le gardien se sépara de nous. Ce fut en silence que le mur de ronde, face interne, fit place au mur de ronde, face externe, plus sale, garni à chaque bout de guérites où se rencoignaient deux factionnaires. Il tombait, striant de biais la façade chaulée du café d'en face, un mélange de pluie et de neige fondante; de quoi faire grelotter un homme habillé d'un simple bleu de chauffe. Mais Claire y avait pensé : un manteau attendait sur la banquette.

Trois minutes plus tard, moi devant, le blessé derrière pour mieux pouvoir caser sa jambe, nous sortions de la ville, laissant au battement de l'essuie-glace, au bruissement des pneus sur le goudron mouillé le soin de meubler l'instant. Sur un fond de campagne éponge, décolorée par des brumes mouvantes, réduite à des crayonnages sombres de haies, à des luisances de fossés pleins, se mirent à défiler à droite les poteaux de bois du téléphone, à gauche les poteaux de ciment de l'E.D.F., les uns comme les autres chargés de fils où fluaient de grosses gouttes. Les ponts, les passages à niveau qui font sans cesse changer de côté le tortillard à rails rouillés, la route et le Grand-Verzou, depuis le second Empire tressés ensemble, furent franchis sans que j'aie une seule fois rencontré un regard dans le rétroviseur. M. Trente dormait. Du moins, enveloppé dans mon manteau, il fermait les yeux. Rassuré ou feignant de l'être, comme moi-même. C'est beau la spontanéité, mais ses conséquences vous embarrassent assez vite. Avec un minimum de confort – lumière et chauffage –, l'appentis permettrait à notre invité d'être indépendant. Mais il faudrait aussi manger, se laver, s'occuper. Une vie commune, ça en fait des respirations dans les mêmes pièces, des passages dans la même baignoire, des frites et des soupes consommées à la même table! Pourrait-il longtemps s'accommoder de notre présence, ce solitaire? Et nous, de la sienne?

Au moment d'entrer dans la portion de forêt qui précède Lagrairie, j'interrogeai de nouveau le rétroviseur. On venait de tourner la tête. On observait, paupières à demi soulevées, une boulaie pleurant ses dernières feuilles, puis un gaulis dénudé, repoussé sur de vieilles souches de châtaigniers et assez abouti pour fournir perches ou poteaux, sans compter ces bogues, déjà gâtées, brunes comme des oursins, tombées pêle-mêle et dont les maigres châtaignes n'avaient intéressé personne. Soudain, quand le gaulis, un instant relayé par une zone de mort-bois communale, fit place à la rentable plantation d'arbres de Noël réalisée – hors fermage – sur des terrains appartenant au baron de Tordray, je me mis, gros malin, à réciter du Fombeure :

> *Pour les sapins, pour les dindons*
> *Qui feront les frais de la fête*
> *Le petit Jésus, ding, din, don,*
> *C'est le plus méchant des prophètes !*

On voulut bien sourire, mais on fit aussitôt :

« Comme je serai le plus ingrat des hôtes. Franchement, pourquoi vous embarrassez-vous de moi ? »

Arrivés au sommet de la côte, nous redescendions vers le village tout hérissé d'antennes qui ratissaient des nuages courant à fleur de toit. Prenant mon temps, j'attendis pour répondre l'apparition de la plaque *Rue-Grande* au coin de la première maison, dont une gouttière crevée douchait le trottoir :

« Je ne suis pas sûr, ami, que votre souci de m'interdire toute question vous autorise à m'en poser. Mais n'ergotons pas... La raison de mon accueil ? Je crains de ne pas la connaître mieux que vous. Disons que, moi aussi, je n'avais pas le choix. La forêt ne paraît pas en ce moment très hospitalière et les points de chute, pour vous, n'abondaient pas. »

L'averse redoublait, tambourinant sur le capot, brouillant les glaces, nous évitant des curiosités. Hormis une fille en blanc, plantée sur le trottoir sous un parapluie tenu si bas qu'il lui donnait l'allure d'un champignon géant, il n'y avait personne dehors. Mais, une grille d'égout ayant dû se boucher, je passai incapable d'éviter la rivière qu'était devenu le caniveau et soulevant une gerbe d'eau sale qui atteignit la fille de plein fouet. Traité de salaud et, de ce fait, presque sûr de ne pas avoir été reconnu, j'accélérai, je traversai la place, également engorgée, dans une gloire d'arroseuse municipale et je fus très satisfait, cent mètres plus loin, de braquer à droite pour m'engouffrer dans mon garage grand ouvert dont Claire, vigilante, referma vivement les vantaux.

XII

POUR le premier jour, il fallait sûrement bloquer
notre porte et protéger M. Trente des importuns, au
besoin de nous-mêmes. Que la partie ne fût pas
facile, je m'y attendais bien. Héberger un inconnu
dont le silence, entrecoupé de petits signes de tête,
pour lui suffisants, est devenu une prudence, une
habitude de sylvain et qui, se méfiant de lui-même,
vous offre un visage composé, un regard vitrine, ça
n'épargne pas les minutes pesantes. L'appeler monsieur (en évitant le matricule de pénitencier) et être
lourdement payé de retour faute de pouvoir lui
proposer l'emploi de votre prénom sans avoir l'air
de l'inciter à la réciproque, ça ne facilite pas davantage les contacts; pas plus que le fait d'ignorer ce
qu'il peut désirer ou refuser ni quel sens allusif il
est capable de donner aux inévitables petites questions pratiques du genre : *Préférez-vous le pain blanc
ou le pain gris?*

Je ne comptais pas voir mon hôte, sortant de la
forêt, puis d'hôpital et de cellule, se mettre aussitôt
à l'aise en notre intimité. Je n'entendais pas lui
demander de vivre comme nous, de participer aux
sorties, aux courses, à la descente du jeudi à la

sous-préfecture pour y pousser à ma place, derrière ma fille, le chariot de provisions dans l'allée centrale du supermarché! Mais je ne supposais pas que le plus gêné – et sans doute le plus gênant – ce serait moi. Après avoir salué Claire d'un *Bonjour madame* accompagné d'un léger plongeon, après s'être excusé en quinze mots des embarras, du surcroît de besogne dont il craignait d'être la cause, après avoir considéré l'appentis, lâché un *très bien*, éteint le radiateur (*limitons les frais, s'il vous plaît*), après avoir admis qu'en cas de besoin, pour l'appeler, nous nous servirions d'une clochette, après avoir reconnu que son bleu, trop léger pour la saison, était bon à laver et accepté de passer un de mes costumes, il l'avait revêtu avant de venir s'installer pour déjeuner à côté de la maîtresse de maison, donc en face de moi.

« Je vous ai fait une pintade aux choux, une salade composée, une couronne de riz aux fruits », dit Claire.

Accompagné d'un coup d'œil vers la droite, le *Vous* ne me parut pas pluriel pour annoncer ce menu de fête, très différent de ce que devait, au hasard d'un hameçon, d'un piège ou d'une cueillette, déguster notre invité dans les bois. Mais celui-ci n'en fit pas la remarque. Ni gauche ni timide, intimidant plutôt, correct, le dos droit, les coudes au corps, s'essuyant la bouche avant et après boire, toujours réservé, mais nullement effacé, ne cillant pas, ne portant ni haut ni bas sa belle tête gauloise – de la *Gallia comata* –, il occupait sa chaise, il occupait mon costume, au gilet un peu ample, aux manches de veste un peu courtes, à la boutonnière encore rayée de violet qui me donnait l'impression d'être reçu plutôt que de recevoir. Il mâchait lentement, louait tout – d'un pouce levé –, mais ne reprenait de rien, murmurant :

« Je dois surveiller mon poids.

– Nous aussi, rétorquait Claire, mais nous marchons tellement que le risque est minime. »

Et de meubler bravement en parlant avec moi de nos raids : point assez sûre d'elle cependant pour ne pas tortiller du derrière dans son blue-jean et respirer un peu court dans sa blouse indienne dont, en l'absence de soutien-gorge, ses pointes de seins agaçaient l'étoffe. Je connais la panoplie de ses gestes, dont elle décroche d'ordinaire les plus innocents quand ses intentions le sont moins et qu'elle a ce que j'appelle « l'œil artésien ». Elle l'avait, sans cesser de faire la jeune fille de service, se levant, servant, desservant avec de jolis mouvements de bras pour faire atterrir ou s'envoler les plats : manège à quoi un regard bleu, guetté par un regard brun, ne me paraissait pas insensible. Comme nous allions cependant manquer de sujets, notre chatte, ou plutôt la chatte collective dont notre maison paraît être la résidence secondaire, apparut sur le rebord de la fenêtre, se frottant aux carreaux, la queue dressée, ondulante, hésitant entre le point d'interrogation et le point d'exclamation.

« Mère indigne! Cannibale! s'exclama Claire en lui ouvrant. Par-dessus le marché, tu es toute boueuse. »

Et se retournant vers moi :

« J'ai oublié de te dire : Mme Cruchot, la voisine, l'a surprise hier dans son grenier. Elle mangeait son délivre, ce qui est normal. Mais ensuite elle a aussi croqué ses petits. On sait maintenant pourquoi elle n'en amène jamais. »

Enlevant la chatte par la peau du cou, elle repartit vers la cuisine. Je toussai deux ou trois fois, faute d'inspiration. Puis tinta la gamelle d'aluminium, sûrement garnie de la ration habituelle : une demi-boîte de Ron-Ron.

« C'est curieux! dis-je enfin. Ce qui serait un crime effroyable pour une femme ne l'est pas pour une chatte.

– Parce que pour elle c'est la seule forme possible de contraception : la méthode Ugolin, en somme. »

Malgré moi, je relevai le nez pour considérer mon hôte, impassible. Lui était-ce tombé de la barbe, comme ça, sans contrôle? Ou me faisait-on savoir ainsi qu'on avait de la culture, une tête à respecter et pas seulement des muscles au service d'une étrange aventure? Cependant, l'ayant démoulée en vitesse à l'eau chaude, Claire revenait avec la couronne de riz, remplie d'un mélange d'abricots, de prunes, de cerises, de raisins secs et ornée de neuf lettres taillées dans l'angélique, collées au caramel pour former le mot *Bienvenue*. Je battis des mains. Mais tandis que je songeais curieusement : « Nous ne pourrons jamais, sans doute, sur quelque autre gâteau, inscrire *Bon anniversaire* ou *Bonne fête* pour célébrer notre invité », celui-ci murmura entre ses dents :

« Je vous en prie! N'en faites pas trop. »

Impossible de dire si son visage exprimait plus d'émotion que d'effroi. Il le disciplina, très vite, mais durant le dessert comme durant le café, bu sans sucre et pourtant nerveusement touillé, il ne plaça guère que des mercis et, nous laissant parler de la fin de la bouillaison, de la proche mise en bouteilles, se leva brusquement en nous demandant la permission d'aller se reposer.

« Il a perdu l'habitude d'exister pour les au-

tres, dit Claire quand il eut refermé la porte.
— Surtout ne l'étouffons pas! » fis-je en écho.

Il resta bien deux heures sans donner signe de vie, tandis que dans l'atelier nous poursuivions un travail de demi-luxe, assez inhabituel pour nous et déjà bien avancé : l'œuvre complète de Troyat, en reliure pleine.

Pas de commentaires, pas de réflexions. A moi le massicot pour rogner la tranche de tête : celle-là seulement, le client voulant conserver les barbes de papier des autres tranches. A Claire le recouvrement de basane encollée à l'envers, repliée à l'intérieur des plats, où s'appliquent ensuite les papiers de garde qui ont de si jolis noms : *flamme, nacré, mosaïque* ou *queue de paon*. A Claire encore la dorure à la feuille couchée sur enduit, fixée, polie au grattoir d'agate. A moi la pose facile des signets ou des tranchefiles, ces petits galons de couleur qui ornent le haut ou le bas du dos.

Claire était en train de composer le nom de l'auteur sur un fer de deux lignes quand monta soudain jusqu'à nous le *Danny Boy* cher à James Gallway. Il n'y avait pas là de quoi inquiéter les mânes de Gaubert ni mériter l'envoi au concours de flûte de Barcelone, mais décidément le garçon savait en tâter. Sans nous être concertés, Claire et moi, nous fûmes debout en même temps pour dégringoler l'escalier et nous retrouver dans la salle, fouillant dans le petit meuble qui jouxte le piano et contient un magma de partitions. Mettant la main sur *Belfast horn pils*, autre air irlandais, j'avais déjà soulevé le couvercle et retiré la bande de molleton, quand Claire m'arrêta :

« Non, finalement non, nous aurions l'air de le relancer. »

Il ne pleuvait plus et au bout du compte j'allai encore une fois écoper le bateau, puis je revins chercher ma fille, qui entre-temps avait taillé des cubes de lard et redescendit avec moi vers la pommeraie, également porteuse d'un marteau et d'une boîte de pointes de 50 à tête plate, tandis que je me chargeais de l'échelle. Nous avons en effet disposé un peu partout dans nos arbres des boîtes à nicher, forées de trous de calibres divers, pour que ni l'étourneau ni le moineau ne puissent pénétrer là où passera le roitelet. Nous avons aussi planté plusieurs mangeoires, différemment garnies pour agrener les uns ou les autres, et l'hiver, nous piquons çà et là, pour leur permettre de faire gras, ce que nous avons sous la main : morceaux de panne, du suif, des rillons, de la margarine, voire du beurre rance quand le gel peut le rendre assez dur. Comme nous arrivions sous le pommier *Marie-Louise*, Léonard, profitant de son samedi après-midi, gambada jusqu'à nous, criant :

« Vous ne l'avez pas ramené ?

– Ecoute donc ! » fit Claire en lui posant à sa manière, de tempe en tempe, cinq petits baisers faisant le tour du front.

La flûte entamait *Syrinx* de Debussy, mais l'abandonnait presque immédiatement, sur une panne de mémoire sans doute.

« S'il sort, reprit Claire, tu fais comme s'il n'était pas là. Tu ne lui demandes rien. Tu te contentes de répondre si, le premier, il t'adresse la parole. »

Un cube fut cloué sur le tronc. Mais un poumpoum régulier, faisant crisser le gravillon, nous interrompit. S'arrêtant de temps en temps pour faire le triangle, le bon pied en arrière et les béquilles en avant, haussant le cou pour voir si on le guettait par-dessus la haie, notre hôte descendait sans hâte. Arrivé à ma hauteur et me voyant fixer un nouveau cube, il intervint :

« Clouez plutôt sous les grosses branches. De cette façon, les chats n'atteindront pas le lard. Les mésanges au contraire s'accrochent et mangent très bien la tête en bas. »

Puis retourné vers Claire et le doigt pointé sur Léonard :

« C'est à vous ? demanda-t-il.

— Un filleul ! » fit-elle vivement.

Il passa ; il poussa, en dix ou douze longs balancements, jusqu'à la rivière. Il s'arrêta, l'air très intéressé, en découvrant la barque. Il répéta :

« C'est à vous ?

— A nous comme à vous, dès que vous pourrez vous en servir », répondis-je du haut de l'échelle.

Il s'attarda quelques minutes, lorgnant la crue, d'importance moyenne, mais tout de même bouillonnante, limoneuse à force de lécher la glaise des berges et charriant, avec des feuilles pourries, des paquets d'écume sale en provenance de la chute d'amont.

« Le Petit-Verzou, reprit-il, se jette-t-il dans le grand en aval du barrage ?

— Oui, dans notre bief, à cent mètres d'ici. Des fois, Parrain en remonte un bout à la godille », dit Léonard.

Etonné de cet échange entre deux taciturnes et constatant qu'une naissante complicité de sourires, triangulaire, me laissait sur la touche, je me dis que tout irait mieux sans moi. N'avais-je pas d'ailleurs oublié de téléphoner au brigadier pour lui demander quel jour il entendait choisir pour exercer son contrôle légal? Je remontai sous ce prétexte, laissant Claire achever la mise en place. Un peu plus tard, Léonard me rejoignit comme d'habitude, pour faire ses devoirs et me réciter ses leçons. Claire ne rentra qu'à la tombée de la nuit.

XIII

PROFITANT de son dimanche, M. Pallans, le nouveau directeur de l'école, est passé tôt ce matin, sollicitant mon aide pour résoudre un de ces ridicules problèmes que pose la gestion d'une cantine et qui ne lui sont pas encore familiers. Etant donné que le F.O.R.M.A. peut prendre en charge ses dépenses de lait, à condition que par repas et par enfant il n'en soit consommé ni moins de douze centilitres ni plus de vingt-cinq, à condition également que sa comptabilité soit tenue à jour et s'accompagne de feuilles d'achat dûment tamponnées par les fournisseurs, comment déterminer une moyenne, compte tenu de toutes les formes d'ingestion : crèmes, sauces, potages, petits-suisses ou entremets et, il va de soi, de leur variable contenu lacté? Je ne me suis pas fait faute de lui dire que c'était là un superbe exercice, ne comportant aucune solution vérifiable, et qu'en tel cas, le sincère n'étant plus que du souhaitable, il suffisait d'aligner – à 10 % près, pour faire bien – le remboursable sur le déboursé.

Je n'ai pas d'excessive sympathie pour ce successeur – le second depuis ma retraite – qui confond laxisme et décontraction. Je lui ai tout de même rédigé son état, et c'est au moment où il sortait, vers dix heures, que j'ai vu descendre ma fille, toute harnachée et qui m'a dit, le nez sur le baromètre encadré d'edelweiss de bois découpé, discutable chef-d'œuvre de l'ébénisterie helvète ramené de Zermatt par un élève :

« Musette, Papa! Il fait beau. Nous allons à la ronceraie d'Espin. Notre ami est prévenu. Je lui ai laissé du pain, des œufs et du fromage. D'ailleurs, c'est à sa demande que nous allons là-bas. Impossible d'emmener Léonard : un enfant, ça bavarde. »

Claire ne déteste pas les initiatives, entourées de quelque mystère. Celui-ci n'était pas épais (sauf peut-être en ce qui concernait la façon dont Claire s'y était prise pour se le faire confier). Botté, équipé comme d'ordinaire (avec en plus le prudent K-Way de saison, dans son petit sac « banane » noué à la ceinture), je me suis donc retrouvé en fin de matinée au-delà des sapinières. La ronceraie d'Espin fait partie de la commune de Saint-Aubin-sur-Vère; elle couvre sur une centaine d'hectares une croupe schisteuse qui est le point culminant du massif comme La Marouille en est, sur Lagrairie, la dépression centrale. La futaie y tourne au taillis et par endroits à la lande où prospèrent, entremêlées d'ajoncs, les deux espèces de ronces, celle dont le dessous de feuille est blanc, celle dont le dessous de feuille est vert, aussi longues, aussi agressives l'une que l'autre et toutes deux prodigues de mûres noires, enduites d'une pruine glauque. Cette vaste, cette inextricable épinaie, c'est le refuge des derniers râles-de-genêts; c'est le seul endroit où j'ai réussi à surprendre un vrai chat sauvage, à queue annelée de noir et fuyant grand train, un levraut en travers de la gueule.

L'itinéraire ne pouvait que fortifier ma conviction : au lieu de profiter de la route et de se rabattre ensuite plein ouest, Claire ne s'imposait pas sans motif de brousser à travers bois, lentement, mais discrètement. Il n'était pas douteux qu'elle avait, la veille au soir, de la part d'un homme qui une fois de plus n'avait pas le choix, reçu mission d'aller voir dans quel état se trouvaient son gîte et, surtout, son contenu.

La question du gîte, je me la posais depuis longtemps. Dans une forêt de l'importance de la nôtre, répartie sur quatre communes, en faisant le compte des bûcherons, des chasseurs, des gardes, des ramasseurs de champignons, des flâneurs, j'estime qu'il y a au moins vingt passants au kilomètre carré par semaine dans la haute sylve, contre deux dans les broussailles et un seul dans la zone marécageuse, inhabitable. On voit tout de suite où, pour passer relativement inaperçu, peut se cacher un solitaire. Il n'y a pas de grottes dans la région pour vivre en troglodyte. Il n'y a pas de ruines, de bâtisses abandonnées. Il est malaisé de construire et de rendre invisible un abri aérien. Ne reste que le fourré.

Problème bouffon au XXe siècle, assurément! Ce qui ne l'empêchait pas d'être majeur, en l'occasion, sans même faire intervenir les autres comme de pouvoir disposer – sans se faire repérer – de nourriture, d'eau potable ou de feu. Ce n'est pas une sinécure de jouer à l'homme sauvage dans une nature civilisée, qui peut devenir vacancière pour le scout, pour le campeur bien équipé, mais qui est trop cadastrée, surveillée, quadrillée pour permettre aisément à un Robinson de se dissimuler longtemps, toute tentative de vivre sur le terrain réduisant encore ses chances en multipliant les risques de rencontres et de démêlés avec les autochtones. Ce Robinson est presque aussi démuni que les animaux du cru dont les nids, les jucs, les bauges, les trous, les terriers sont souvent découverts et qui ne subsistent, tenus pour un cheptel de tir, que dans l'attente de leur disparition. Autrement dit, c'est un amateur d'impossible et de ma sympathie cette raison – ou cette déraison – n'était peut-être pas la moindre excuse.

Cette partie de la forêt, tout de même, il ne l'avait pas choisie au hasard : elle n'est pas domaniale, donc moins gardée; elle n'est pas exploitable, donc moins fréquentée. Claire allait, faisant bruire de la feuille et encore de la feuille, au-dessus de quoi, dépouillés, les arbres de fin d'automne semblaient nus à l'exception des résineux, qui ne se déshabillent jamais.

« As-tu faim ? »

Deux claquements de langue : non. Claire tira de sa musette et se mit à déchirer un sandwich fourré aux rillettes de lapin (précisons : de lapin coupable d'être domestique et dont la survie n'est pas en cause comme celle du lapin de garenne : ces rillettes sont une spécialité de notre vieille voisine). Nous devions approcher du but. Voici qu'apparaissaient des affleurements feuilletés, des glaises bleuâtres ne nourrissant plus que des rabougris, des tortillards, souvent réduits à cette charpente de branches mortes où aime percher la buse pour scruter l'alentour.

« La carrière est plein devant, n'est-ce pas ? »

Le mode interrogatif chez ma fille est d'usage courant pour remplacer l'indicatif. Il ne s'agissait donc pas d'une question, mais de la fourniture d'un renseignement destiné à m'intégrer, *in fine*, à l'entreprise. Sa mère, déjà, procédait ainsi, *Tu veux une tarte pour midi ?* signifiant que la tarte était au four. Quant à la carrière, ce n'est qu'une excavation dont ne fut jamais tirée d'ardoise fine, mais de la grossière dalle pour *opus incertum* et de la caillasse plate à murets; et pour l'instant elle n'était qu'un repère qui, atteint, allait sûrement être suivi d'un autre :

« Cent mètres à l'ouest, un têtard à deux loupes. »

Inspirez-vous, pères chouans, chercheurs de trésors de la Collection Verte, Algonquins déchiffreurs de signes! Au crédit du filleul, il fallait encore inscrire ceci qui choquera les gens graves : ne nous offrait-il pas un retour au folklore de l'enfance? On s'amusait franchement, le père, la fille, ricochant du têtard vers un défunt fayard encroué dans les ronces, l'acceptant pour balise après hésitation et, de là, repartant en quête d'un sorbier qui devait se trouver dans l'alignement : un sorbier défeuillé, ne pouvant plus se rougir de sorbes pour attirer nos regards. Rompant la règle, nous glosions, nous discutions, nous interprétions de maigres indications orales, nous revenions sur nos pas pour les recompter dans l'autre sens, pour aboutir enfin à « l'arbre à merles », planté au carrefour de halliers de plus de trente mètres de large, si denses que le plus ardent basset, reniflant sur voie chaude, eût refusé de s'y glisser.

« Il y a deux issues, dit enfin Claire, faisons le tour. »

A en juger par le double gué de La Marouille, la sécurité recherchée pour un simple poste de pêche devait en effet se traduire ici par deux tunnels fermés par des bouchons. Ce genre de refuge s'appelle un nid de pie. Après le piège canadien, le gué malais, si j'en croyais encore mes lectures, l'abri s'avérait hottentot; et il suffisait de réfléchir une seconde pour comprendre que, s'il est décelable en saison verte quand les bouchons de feuillage ont séché, il l'est beaucoup moins en saison rousse. Tirant sur tout ce qui ressemblait à ces bourrées de clôture dont les paysans se servent pour obturer un trou de haie, en arrachant quelques-unes sans résultat (il avait pensé, le bougre, à en disposer quelques fausses), les remettant aussitôt en place, nous ne pûmes qu'au bout d'une heure dégager la bonne et nous insinuer à quatre pattes dans un boyau conduisant à une étroite plate-forme taillée au cœur du roncier qui faisait mur de toutes parts et dont la base avait été doublée d'une palissade de branchages entrelacés. Le travail, entièrement fait au sécateur, comme l'attestait la coupe franche des tiges, méritait le coup de chapeau.

« Camping amélioré! » murmurai-je pourtant.

C'est qu'en effet le logis central était plus décevant. La question principale : *Pourquoi fuir ses contemporains?* (à supposer que ce fût la bonne) introduisait forcément la suivante : *En ce cas, de quelle époque peut-on se réclamer?* Je me demandais depuis longtemps : quel genre de case, de hutte, de cabane, suffisamment étanche, cet inventif a-t-il pu se bricoler? Or il n'y avait rien de tel sur la plate-forme, soigneusement débarrassée de tout chicot, mais une tente individuelle à double toit dont la seule originalité était d'avoir été léopardée. Plus intéressante, la surmontait une bâche, imperméable, également panachée de vert et de brun, tendue sur quatre piquets inégaux de hauteur calculée pour récupérer l'eau de pluie du côté du plus bas, dont les bords retournés faisaient gouttière dans un seau de toile rempli par la dernière averse.

« Les barbares ont mis cinq mille ans pour se civiliser. L'opération inverse doit demander quelque temps », dit Claire, s'accroupissant pour délacer la porte de la tente.

Comme je ne soufflais mot, sa voix devint plus pointue :

« Vas-y! Raconte que c'est de la triche! Je ne vois

pas pourquoi notre ami chercherait à battre des records de pauvreté et devrait se débarrasser des rares objets qui lui restent nécessaires sous prétexte qu'il ne les a pas fabriqués lui-même. Mais peut-être es-tu choqué de ce qu'il s'inquiète de ses affaires... Tu vois comment, une fois libre, il pourrait se débrouiller sans elles? Il n'y a là, du reste, que le minimum de survie.

– Chacun a le sien. Pour un hindou, qui dort sur un trottoir à Calcutta, c'est déjà de la surcharge. »

Sachant mieux que moi ce qui me chiffonnait, Claire n'insista pas. La tente ouverte, il s'en dégagea une assez vilaine odeur due à deux pigeonneaux – pas des bisets, mais des ramiers – certainement pris au nid et qui avaient pourri sur place. Je les pris par les pattes pour aller les jeter dans le roncier et, aussitôt, sortant mon carnet, j'entrepris l'inventaire, sérieux comme un huissier.

Tente, donc : trouée en deux endroits. Un tapis de sol, couvert de petites crottes de loir ou de mulot. Un matelas pneumatique, dégonflé. Un duvet. Un petit tas de pommes de terre – des B.F. 15 – ne provenant sûrement pas du marché et dont, en tous sens, s'allongeaient les germes blancs à pointe verdâtre. Une botte desséchée de cresson naturel du Petit-Verzou. Un pot de camp, une gamelle, un gobelet d'aluminium, cabossés. Une paire de chaussures de marche, encroûtées de boue durcie. Une égoïne, un hachereau, un sécateur. Un pull, un pantalon molletonné. Très peu de linge. Une provision d'amadou, de pierre à briquet, de ficelle, de fil de nylon, d'hameçons. Une pochette de couture. Un nécessaire succinct de secouriste. Une flûte, un harmonica, mais pas de transistor (refus significatif : nous vivons hors du temps, hors du monde). Le tout devait tenir facilement dans un sac à dos dont Claire venait de retirer un porte-billets de similicuir. Oui, un porte-billets! Qu'elle n'ouvrit pas. Qu'elle fourra aussitôt dans la poche fessière de son jean en tirant dessus la fermeture Eclair.

Mais je secouai la tête, tendant la main. Claire fit la moue, hésita, puis retira le porte-billets de sa poche pour le glisser dans celle de mon veston :

« Nous allons tout emporter, fit-elle, c'est surtout ça que je suis venue chercher. Ne fais pas les yeux ronds. Il n'y a là ni papiers ni photos ni quoi que ce soit qui puisse fournir la moindre indication. Tu vérifieras toi-même. Tu trouveras dix bons du Trésor de mille francs chacun. Essaie de comprendre que c'est une assurance contre l'acci-dent...

— Ou contre l'échec? »

Elle avait raison, ma fille. Les grignoteurs de quotidien, comme moi, quand ils rencontrent l'inso-lite, ils deviennent d'une exigence! L'occupant de cette tente avait bien le droit de se prémunir. Selon toutes probabilités, nous étions en face d'une instal-lation récente, attestée d'ailleurs par la souplesse des branchages de palis. Que la somme ne fût pas négligeable, que nous puissions être inculpés de recel si d'aventure elle avait été volée, je ne le fis pas remarquer. Mais je murmurai :

« Pourquoi des bons? Pourquoi pas des billets?

— Pour être moins tenté de s'en servir, j'ima-gine. »

Cependant Claire enfournait dans le sac tout ce qui lui tombait sous la main. Puis, sortie de la tente, elle se mit à décrocher les tendeurs, à extraire les sardines, tandis que je m'attaquais à la bâche sans toucher aux poteaux. Je ne touchai pas non plus au foyer, assez curieusement fait d'une gonne sans fond, renversée sur quatre pierres et sur quoi était posé — broche élémentaire — un bout de fer à béton. Il contenait si peu de cendres qu'on pouvait douter de son fréquent usage. Une fumée régulière à point fixe et son odeur, portant loin, vous dénoncent vite : l'occupant devait plutôt, çà et là, improviser ses feux. La provision de bois, très réduite, le confirmait et, la jouxtant, un petit tas de glaise donnait à penser que, décidément éclectique, notre ami employait parfois le mode de cuisson « à la rabouine » qui permet d'empâter très vite une poule dans sa plume, un hérisson dans ses piquants et de retirer des braises une sorte de poterie qu'il n'y a plus qu'à casser pour déguster le contenu.

« Brr! fit Claire. Tu te vois passer l'hiver, ici? »

J'y songeai. On a beau mépriser ses aises – à l'encontre d'un siècle où chacun en est devenu l'esclave –, nos bois ne sont pas des édens naturels, toujours tièdes, riches de fleurs et de fruits : l'Océanie de rêve de nos peintres naïfs! Pourtant les toiles une fois repliées, roulées, ensachées, ce fut avec grand soin que, sortant du sas, j'y replaçai le bouchon d'ajonc.

Puis je décidai de rentrer par le secteur dit des *Fauldes* que j'ai connu actif lorsque j'avais douze ans.

Il faut dire qu'alors le massif était tout différent, qu'on y comptait une centaine de bûcherons, de refendeurs, maniant hache, masse, coin ou scie de long, sans compter les rouliers, les fagotiers et une demi-douzaine de sabotiers, travaillant en cabane le hêtre ou le noyer, recreusant l'ébauche à la tarière, à la cuiller coupante, pour finir au paroir. On y trouvait aussi au moins quatre ou cinq équipes de charbonniers sachant monter des meules et faire cuire à l'étouffée la charbonnette. Ce fut en traversant une de leurs anciennes « places », clairière dont la terre reste encore noirâtre, que je m'arrêtai pour dire :

« De toute façon, un garçon de cet âge ne se retire pas du monde sans des raisons sévères. Mais est-ce définitif ? »

Plus loin, plus tard, comme au-delà des lisières, un crépuscule hâtif teintait de mauve le brouillard montant des labours frais, où des vanneaux se régalaient de vers, Claire, à son tour, s'immobilisa au milieu du chemin de la *Croix-Haute* aux ornières remplies d'eau, aussi luisantes et parallèles que des rails :

« Si j'ai bien compris, fit-elle, tu te poses la question : devons-nous l'aider dans son choix ou, au contraire, l'aider à s'en guérir ? »

XIV

QUAND nous sommes rentrés, commençaient à filtrer des relents de graillon et à s'allumer les plafonniers qui, avant la fermeture des volets, nimbent de lumière tamisée des scènes parfois cocasses : le curé en train de repasser son linge, la fille de l'épicier enroulée autour du commis... Du côté de la salle des fêtes s'exerçaient les cuivres de la clique et une grosse caisse qu'exténuait la mailloche. Malgré ce bruit de fond et la discrétion de nos pas, les rideaux des voisins s'écartèrent quand je poussai la clef dans la serrure.

« Il nous a fait des pommes sautées », dit Claire avant le recul du pène.

J'ai le nez aussi fin qu'elle et j'étais bien d'accord. Mais je mis le doigt sur mon nez : vieux signal de famille signifiant jadis : *Laisse-moi seul avec ta mère* et, de la part de Claire : *Ça, c'est strictement mon affaire.*

Elle comprit aussitôt et s'éclipsa sous prétexte d'aller préparer son travail du lendemain, dans l'atelier. Inutile d'agiter la clochette. Je trouvai dans la cuisine un maître queux à l'aisselle gauche bloquée sur une seule béquille pour le laisser disposer de son bras droit. Dans une poêle de téflon rissolaient des pommes de terre (bien choisies : pas de

Bintje à purée ni de Viola pour ragoûts. Des trois tas, figurant dans ma cave, on n'avait remonté que de la Belle de Fontenay). Le couvert était mis sur la table garnie de toile cirée où nous mangeons, ma fille et moi, quand il n'y a pas d'invités. Un bol, taché de chocolat, traînait sur l'évier. On m'expliqua :

« Léonard vient de sortir... »

C'était mon tablier bleu de jardinier, à poche ventrale, qui enveloppait mon ex-costume et les cordons ramenés sur le milieu du ventre s'y nouaient en boucles égales.

« On vous a téléphoné deux fois. D'abord un certain inspecteur Ricat, de la Brigade des recherches. Il rappellera demain. »

Aucune peur apparente. La cuiller de bois, celle qui ne raye pas le téflon, retourna les rondelles, croustillantes à souhait. Puis le complément tomba :

« Un journaliste, aussi. Je l'ai découragé.

– Vous avez noté son nom ?

– Excusez-moi, je n'écris jamais. »

L'écriture en effet peut trahir. Je m'étais assis sur ma chaise de paille, à ma place, et je n'enregistrai aucune réaction lorsque le porte-billets sortit de ma poche.

« Dix mille, n'est-ce pas ?

– Dix mille, oui, merci. »

J'attendais qu'une main me fût tendue pour restituer l'objet à son propriétaire et recevoir de lui les apaisements auxquels je me sentais droit. Comme il fourrageait dans la boîte de plastique à logettes pour en retirer six œufs à coquille légèrement verte – des œufs de cane –, je tournai ma langue dans ma bouche avant de trouver une formule qui appelât une réponse sans avoir l'air d'une question :

« Vous n'avez rien à craindre de nous, mais

l'inverse n'est pas vrai si cette somme ne peut pas voir le jour.

– Elle peut. »

Deux mots de garantie : il faudrait bien m'en contenter. Je déposai le porte-billets dans la troisième assiette, tandis que les œufs, un à un, étaient cassés dans une vieille tasse, glissés dans une casserole d'eau bouillante salée dont l'odeur affirmait qu'elle avait aussi été vinaigrée. Une fois pochés, ils furent correctement extraits à l'écumoire, disposés dans un plat, arrosés de sauce tomate. J'admirai le cuisinier : pas une erreur de recette, pas une faute d'équilibre.

« Si j'avais eu le nécessaire, je vous aurais fait des œufs en meurette », reprit-il.

S'instituer mon officier de bouche en faisant preuve d'un certain tour de main, il y avait là, chez ce garçon, nourri d'on ne sait trop quoi au fond des bois, une singulière contradiction et dans le terme précis d'origine morvandelle, je crois, qu'il venait d'employer, peut-être même un indice. Cependant, sans transition, comme si en se retournant il avait lu un reproche dans mon regard, il enchaînait :

« Je sais, certaines prudences ressemblent à de la lâcheté. Mais cet argent va me permettre, j'y tiens, de vous payer pension. Vous n'avez que votre retraite, et la reliure ne doit pas y ajouter grand-chose... Mille francs par mois, voulez-vous ? C'est tout ce que je peux faire. Il me faut, pour repartir, conserver un viatique.

– Je ne vous demandais rien. »

En même temps que la poêle, cheveux, barbe et moustache furent violemment secoués. Il y avait de la confusion dans l'air. Et de la dérision. Finalement cet étrange assemblage : tête toute en poil de Celte, costume de vieil insti petitement décoré, tablier de jardinier, jambe demi-repliée pendulant entre l'autre garnie d'une pantoufle et la béquille à l'embout écrasé, tout vacilla, se reprit, se raccrocha, eut une sorte de triple hoquet :

« Ça va... être... trop cuit. »

Puis la voix redevint normale :

« Moi non plus, je ne vous demandais rien, mais je vous devrai beaucoup. Trop, comprenez-moi, pour être à l'aise si je n'aide pas qui m'aide. Votre fille a raison... A l'hôpital je vivais la vie commune. Tant que je serai chez vous, ce n'est pas à la mienne, c'est à la vôtre que je dois me conformer... »

D'avoir d'affilée débité plus de cinq phrases, il en était tout étonné, presque essoufflé, le pauvre. Fatigué par une longue station debout, dans des conditions précaires, il s'assit : Claire rentrait pour prendre le relais.

Mais après le dîner, il me surprit de nouveau. Ma fille a conservé quelques douces manies. Elle continue à faire collection de timbres animaliers. Notre hôte supporta bravement l'examen des trois albums, admira la série des pachydermes émis par le Mozambique et une toute récente acquisition : les sept triangulaires consacrés aux hyménoptères par la Mongolie. La dernière page refermée, il ne dédaigna pas une partie de scrabble qu'il gagna en formant ses mots à la main, sans les annoncer, sans se préoccuper de la marque. Aussitôt après, Claire l'ayant entraîné dans un jeu inventé par elle, qui utilise précisément une partie des jetons du scrabble et consiste à reconstituer des noms de personnalités décomposés au préalable en lettres rangées alphabétiquement, il décrypta la suite facile AAKLMRRX (Karl Marx), mais échoua devant AAACDDEEGGIILNRRSSTVY, comme devant AAC-DEFIIMNNORRRSTT.

« Deux rivaux, disait Claire.

— Je ne vois pas », répétait-il.

Des noms à deviner, pour lui qui n'en avait pas, était-ce un jeu bien indiqué? Ne pouvait-il pas y soupçonner une sorte de thérapeutique? Comme son application polie ne me donnait pas le change, je le délivrai en m'installant sur le tabouret à vis pour jouer les premières mesures de la *Fantaisie* de Fauré pour flûte et piano. Il comprit, alla chercher son instrument et, assis sur une chaise garnie de deux dictionnaires pour pouvoir déchiffrer la partition par-dessus mon épaule droite, tandis que Claire postée à ma gauche tournait les pages, il fit ce qu'il put en me réclamant, de fautes en reprises, une indulgence dont j'avais au moins autant besoin que lui.

XV

Si le samedi mon retour de la sous-préfecture est, grâce à l'averse, passé inaperçu, si le dimanche du fait de notre raid sur la ronceraie d'Espin la façade sur rue, n'offrant que des volets clos, a pu déconcerter les riverains, *La Voix de l'Ouest* en annonçant ce matin « la libération de l'inconnu de Lagrairie qui, sous le nom d'emprunt de M. Trente, a été recueilli, au moins provisoirement, par M. Godion, conseiller municipal et ancien directeur de l'école », m'a valu dès huit heures un furibond coup de fil de mon élève et maire :

« Non, monsieur le directeur, non! Vous n'avez aucun droit d'exciper de votre qualité de conseiller, et de compromettre ainsi la municipalité au cas probable où votre aventurier nous attirerait des ennuis. »

N'ayant pas encore lu l'article, je tombais des nues. A l'autre bout du fil on me l'a aussitôt déclamé. J'ai coupé court en criant :

« De quoi te mêles-tu, Jojo? »

Vilorgey, qui ne tolère plus de trouver dans la bouche même de sa mère ce diminutif scolaire, doit être ulcéré. Mais en effet de quoi se mêle-t-il? Ce n'est pas ma faute si le journal s'est souvenu de mon élection, précisément voulue par Vilorgey qui, soucieux de remplacer feu son père et de battre la liste du baron de Tordray, a pensé que mon nom lui racolerait des voix et s'est trouvé dans la situation assez ridicule d'en récolter cent huit de moins que moi et de me devoir une écharpe que je pouvais lui rafler.

Huit heures dix. Je ne soufflerai mot de l'altercation : il ne faut ici décourager personne. Claire n'est pas descendue, notre ami pas monté. Selon nos conventions c'est moi qui suis de semaine pour assurer les corvées matinales. J'ai déjà rechargé, mi-bois mi-charbon, la multicombustible récemment installée dans la cave et qui va nous permettre d'économiser le fuel comme de déduire – chapitre 6, ligne J, sur ma déclaration – sept mille francs de revenus. J'ai sorti la poubelle que le service intercommunal ramasse le lundi et le vendredi. J'ai moulu le café dans le moulin à main, nourri d'arabica, qui calibre bien mieux qu'un moulin électrique le grain du marc et dont le broyage en rond, surtout, est bruit de petit jour : quelque chose comme le complément odorant du réveil. L'eau frémit dans le coquemar, et sur la table attend la haute cafetière émaillée de Marie-Louise que notre fille n'a pas osé troquer contre un de ces engins du type lessiveuse ou perco qui épargnent des gestes, mais ne permettent pas de compter les secondes au rythme des gouttes qui tombent...

Cependant il est dit qu'aujourd'hui nous ne serons pas tranquilles. Le téléphone remet ça : c'est l'inspecteur Ricat de la Brigade des recherches dans l'intérêt des familles qui précise que son train arrive à neuf heures trente-sept et demande benoîtement si je peux venir le prendre à la gare. Comme je dois présenter à onze heures le libéré à la gendarmerie, il m'y donne rendez-vous. Et aussitôt, drelin, troisième appel : c'est le docteur Lancelot qui se lance dans des explications confuses dont je retiens que Mme Salouinet désire que le blessé soit suivi, mais ne peut l'exiger de l'hôpital. En urgence, n'est-ce pas, après l'accident, il avait pu passer. En consultation il ne franchirait plus le rideau de paperasse; et ce, d'autant moins que ses précédents frais sont restés impayés.

« Si encore, gouaille Lancelot, il avait la vérole qui se soigne partout de façon discrète et gratuite! Mais là, non, pas d'arrangement possible. Sauf avec moi, bien sûr. Je passerai chez vous entre quatorze et quinze. »

Huit heures vingt. Après le doublé rituel, d'une joue à l'autre, Claire s'installe devant son bol, s'enquiert des trois sonneries et, mise au courant, décide :

« Il vaut mieux que ce soit moi qui transmette. »

Elle réfléchit à haute voix en beurrant une biscotte :

« Et mieux vaut enrober... Nous descendons en ville pour nous procurer une paire de cannes anglaises, un pull, un costume, du linge décent. Accessoirement nous irons voir les flics. »

Elle se tait. Sans qu'aucun bruit ne l'ait précédé, le titulaire du troisième bol vient d'ouvrir la porte et, toujours aussi bref, nous lance :

« Bonjour! »

Campé sur le bon pied, il laisse descendre l'autre, lui accorde même un peu de poids et, pour corser l'expérience, soulève ses béquilles qui ne tardent pas à retomber. Claire s'est vivement relevée :

« C'est ça, faites le zouave et recassez-vous. Mais puisque vous voilà debout, restez-y, j'en profite : j'ai vos mesures à prendre. »

De sa poche de jean sont déjà sortis un mètre mou de couturière et un petit carnet à crayon engainé. Tour de poitrine, tour de ventre, longueur du bras, hauteur du dos, distance de la ceinture au talon, de l'entrejambe au cou de pied... Tantôt souple, tantôt tiré droit, serpent-bâton de Moïse, le mètre voltige et le crayon note. J'ai bien compris. Nous ne sommes pas des gens à fréquenter le tailleur. Sans l'avoir *serrée*, Claire *n'a pas la main plus ouverte qu'il ne faut,* comme disent nos ménagères : la confection suffit. Bien entendu, il n'est pas question de m'imputer la somme. Ma fille a hérité de sa mère, qui les avait hérités de la sienne, cent onze *coqs*. Vingt d'entre eux, au taux actuel, ont payé son matériel de reliure. Pour équiper le garçon quatre ou cinq suffiront, à prendre sur le reste dont j'ignore d'ailleurs s'il est toujours bon or ou s'est démétallisé pour prendre le chemin de la Caisse d'épargne. Ce qui est sûr, c'est que s'affirme une prise de possession. Claire ferme son carnet, rembobine son mètre, fait asseoir notre ami, saisit, puis penche la cafetière pour le servir, ajoute d'autorité deux morceaux de sucre dans le bol et, portant le sien à sa bouche, le vide d'un trait afin de pouvoir murmurer, le nez dedans, d'une voix négligente :

« Je crains que notre programme, aujourd'hui, ne soit chargé... »

Huit heures et demie. Pas de réaction notable. Le bruit familier du courrier, introduit dans la fente de la porte d'entrée et tombant dans la boîte aux lettres, m'attire dans le vestibule. Je n'en ramène d'ailleurs que *L'Ouest républicain* auquel je me suis récemment abonné et dont je fais aussitôt sauter la bande :

« Un papier de plus pour le cahier? » demande Claire en me voyant revenir, à pas lents, l'œil sur la une.

J'incline la tête. A vrai dire il n'y a ni écho ni photo. Mais la rubrique *Point de vue*, imprimée en italique, illustre l'actualité en conservant un peu de cette prévention que le journal a toujours manifestée contre notre hôte :

« Lis donc tout haut », dit Claire.

L'intéressé approuve :

« Allez-y! J'ai déjà tout entendu. »

Il y a deux façons de neutraliser un texte : le réciter d'une voix de lecteur de réfectoire ou, au contraire, exagérer les intonations. Choisissons la seconde :

« *Un homme, ça parle et entre tous les mots l'essentiel, pour lui, c'est son nom : ce nom propre qui le distingue d'un animal, seulement pourvu d'un nom d'espèce que, d'ailleurs, il ignore. Notre nom affirme notre existence...*

– Comme sa marque à l'urine l'affirme pour le chien! Comme la roue du dindon le fait savoir aux dindes! » murmure-t-on en pleine barbe.

Nulle agressivité. Plutôt de l'amusement. Je poursuis :

« *Mieux encore : notre nom prolonge notre vie. Au fil des généalogies il désignera le mort bien plus longtemps que le vif et, faute de le connaître, nous n'hésiterons pas à l'inventer : on a ainsi rebaptisé Lucy notre plus lointaine aïeule, qui dormait en terre africaine depuis trois millions d'années.*

– Record battu : il y en a qu'on rebaptise de leur vivant! » dit Claire.

Elle tient visiblement à ce que nous restions dans la note comique. J'appuie :

« *L'expression même* : se faire un nom *dit assez que par lui s'exprime toute réussite. En 356 avant J.-C. un obscur Ephésien, Erostrate, n'hésita pas à mettre le feu au temple d'Artémis, septième merveille du monde, se condamnant ainsi à mort pour être sûr de laisser un nom, même maudit, à la postérité. Avec l'inconnu de Lagrairie, qui vient d'être relaxé, sommes-nous en face de l'ambition inverse :* « *ne laisser aucun nom et mourir tout entier* », *pour citer l'*Iphigénie *de Racine? Ou s'agit-il au contraire d'une variante : celle de se faire gloire d'être une énigme?* »

Me gardant bien de tout commentaire je ne m'empêcherai pas de lever les yeux. Notre ami, cette fois, ne cache pas son agacement. Il hausse les épaules et lâche :

« Il ne viendra donc jamais à l'idée de ces gens-là qu'un laïc puisse se retirer du monde comme l'ont fait trappistes ou chartreux sans étonner personne. »

Neuf heures quarante. Nous quittons le garage et, dès le départ, au coin de la Rue-Grande et de la rue Traversière, nous sommes stoppés devant la pharmacie par un accrochage de camions dont se boxent les chauffeurs. M. Pé nous repère aussitôt et Mme Pé, surgissant de l'arrière-boutique, manie vivement le bec-de-canne et rose, volubile, grassouillette, vient nous assaillir de gentillesses. Elle est si heureuse, n'est-ce pas, de saluer M. Trente, d'être une des rares qui l'aient tout de suite compris et défendu. Bien sûr, comme elle est correspondante de *L'Eclaireur*, si M. Trente a quelque déclaration à faire, qu'il n'hésite pas! Elle est à son service...

M. Trente en est devenu de bois et c'est moi qui dis merci, très vite, en m'engageant carrément sur le terre-plein des tilleuls pour me débarrasser d'elle et contourner l'obstacle. Une fois de plus, sous des gris fluents, nous traversons cette campagne aux bois dégarnis, alternant avec des prés déserts, des grands carrés de terre nue, très brune, émottée par les herses, pour atteindre le faubourg où se trouve le « Médicentre », seul magasin d'orthopédie de la région, encombré par un joyeux assortiment de chaussures correctrices, de déambulateurs, de bandages herniaires, de prothèses en tout genre.

« Dans l'état de Monsieur, trois mois de location suffiront », juge le patron, tourné vers Claire comme s'il s'agissait de Madame.

Filons vers les Nouvelles Galeries où l'utilité des mesures prises d'avance par ma fille apparaît: devant la foule qu'avalent les entrées et que vomissent les sorties, l'homme des bois réapparaît :

« Clopiner dans cette presse!

— Ce ne sera pas nécessaire », dit Claire.

Mais quand elle sera revenue, chargée de paquets vite glissés dans le coffre et que, poussant vers la gendarmerie, nous en verrons surgir le pylône-radio, haubané de longs fils, l'humeur renaîtra, exprimée en deux phrases :

« Me présenter suffit, je pense. Il va de soi que je ne veux rien signer du nom dont on m'affuble.

— Ils ne peuvent pas vous le demander, dit Claire, ce serait un faux. »

Et soudain la voilà qui s'esclaffe :

« Ils n'y ont pas pensé, mais logiquement ils auraient dû se souvenir de la formule : *Je soussigné...* Le roi signait d'un prénom : Louis. Dans votre cas on ne peut signer que d'un pronom : *Moi.* »

Onze heures. Le brigadier, dont les hommes viennent d'arrêter une bande de pilleurs de wagons et les harcèlent de questions pour savoir où ils écoulaient la marchandise, n'a pas le temps de s'occuper de nous. C'est un quelconque gendarme à l'accent languedocien qui tamponne le carnet, griffonne trois lignes sur un registre, y fait apposer en marge l'empreinte de l'index droit, l'empreinte de l'index gauche et, sans même proposer le chiffon de nettoyage, retourne dans la salle contiguë où retentissent des claques :

« A vous! » a-t-il crié.

Alors se détache du fond de la pièce, occupée par un groupe disparate et silencieux – témoins, plaignants, femmes de prévenus, sans doute –, un petit homme au crâne rose, poussant devant lui un gilet exténué par cette sorte de ventre qu'on appelait jadis « l'œuf colonial ». Dès qu'il s'approche pourtant, on n'a plus envie de rire de son menton à plis. Il a les yeux de l'emploi : mobiles, insistants, ne cillant que sur commande. De son observatoire, où nous ne l'avions pas remarqué, il nous a vus venir; il a épié nos gestes, notre visible entente; il a eu tout le temps d'examiner son homme : de face quand il s'avançait sur un pied et sur deux poignets solidaires de leurs cannes, de profil au moment du pointage. Il est certain qu'il a depuis longtemps reçu copie de certaines pièces du dossier de Mme Salouinet, notamment des fiches anthropométriques et dactyloscopiques, sans compter les photos dont il doit avoir un double jeu : dans sa mémoire et dans ses poches. A quatre pas, il s'arrête, ouvre une bouche grasse et, sans s'adresser particulièrement à l'un d'entre nous, se présente :

« Inspecteur Ricat. Excusez-moi si je vous déçois, mais je ne suis pas spécialement venu vous voir. En fait, j'enquête dans la région pour une autre affaire. »

Son regard instinctivement s'intéresse à l'oreille

qui émerge, à gauche, des cheveux blonds : le pavillon en est tellement ourlé qu'il en est presque roulé et il se prolonge en bas par un lobule attaché à la joue.

« D'ordinaire, continue l'inspecteur, je recherche dans l'intérêt d'une famille ou d'un tribunal un disparu dont je connais le nom, mais pas le refuge. C'est la première fois que je dois procéder à l'envers et, si je n'ai pas la naïveté de croire que vous allez me faciliter la tâche, j'avoue que le problème est assez excitant : vous me sortez de la routine. »

Il est en face de lui, son problème, sous la forme de ce Nordique qui ne paraît ni plus intimidé ni moins sûr de ses droits à l'anonymat qu'il ne l'a été depuis trois mois. Comme chaque fois qu'on s'intéresse à lui de trop près, il secoue ses cheveux, puis se fige. Pas plus que Mme Salouinet, l'inspecteur ne lui en impose. Il ne baisse pas la tête, il n'efface pas les épaules comme les *dominés* le font en face des autorités, des *dominants*, qui bombent le torse et relèvent le menton. Il disparaît en lui, devient un bloc d'indifférence. Pas un regard. Pas un mot. Pas même une expression d'ennui sur le visage. Les faux automates, qui parfois intriguent les passants aux devantures des grands magasins, ne font pas mieux pour imiter le mannequin. L'inspecteur l'observe toujours avec appétit, puis se tourne vers moi :

« Monsieur Godion, je vais vous demander ainsi qu'à votre fille de bien vouloir me laisser quelques minutes seul avec votre ami. C'est bien votre vieille I.D. grise qui est garée en face contre l'Estafette ? Je vous y rejoins. »

Une heure moins le quart. Les minutes de coiffeur ou de policier se valent. Assis dans la voiture, nous avons eu le temps de voir arriver, se remplir et repartir vers la maison d'arrêt le panier à salade. Nous avons entendu la radio annoncer l'attribution du prix Goncourt à Patrick Modiano, puis, par la même fenêtre ouverte d'un logement de gendarme, se déverser un pot-pourri des derniers succès. Claire fait craquer ses ongles et murmure : *Ce serait tout de même idiot si...* Elle ne précise pas. Serait-il idiot de voir sortir, toujours boiteux, mais regreffé d'une identité, un garçon dont l'inspecteur, goguenard, pourrait assurer : *Eh bien, voilà : il s'appelle Vanouck Jean-Louis, il est né le 17 avril 1950, il est comptable dans une filature de Roubaix...* Serait-il idiot qu'il retrouvât les siens ? Qu'il échappât à notre sollicitude ? Ou seulement que nous lui ayons acheté pour rien un costume neuf ? Pour être franc, je le sais, entre lui et nous, il y aurait quelque chose d'inachevé. Je souffle :

« J'espère qu'au moins on l'a fait asseoir. »

Et juste à ce moment, franchissant la porte, il apparaît, tranquille, venant à nous en battant de la jambe. Nous ne saurons évidemment ni ce qui s'est dit ni ce qui s'est tu. Du pas court des obèses qui, comme les femmes enceintes, se font un contrepoids du haut de leur corps, rejeté en arrière, l'inspecteur suit, affichant l'air bonhomme. Mais, ouvrant la portière, il bougonne :

« Difficile de faire comprendre aux gens qu'à la Brigade de recherches nous sommes là pour les aider, nous ne faisons pas de répression ! Difficile aussi de se mettre dans la peau des disparus ! Quand on arrive à les joindre ils défendent tous leur secret comme une fille sa vertu. »

Notre réserve ne paraît pas l'émouvoir. Il continue, mêlant les genres :

« Mais l'expérience m'a appris que dans les deux cas il faut savoir insister. Pour un criminel, le plus difficile n'est pas de tuer, mais d'escamoter le corps de sa victime. Pour un disparu, rien de plus simple que de s'éclipser; l'embarrassant, outre lui-même, qui ne se quitte jamais, ce sont les gens qui, heureusement pour nous, oublient mal... Nous avons un signalement complet et, faute d'un spécimen de son écriture, nous avons à l'insu de Monsieur enregistré sa voix. A bientôt! Quand je reviendrai, c'est que j'aurai trouvé. »

Quatorze heures vingt. Nous avons eu juste le temps de rentrer, de déjeuner, de faire la vaisselle. Voici qu'on sonne. Estimant l'épreuve suffisante, j'avais bien proposer de reporter la visite du médecin. *Non*, a dit notre ami, *je le connais : il fait partie des incurieux*. Détendu, finalement satisfait de sa matinée, un rien d'ironie relevant le coin gauche de sa moustache, il a aussitôt ajouté : *Incurieux, mais pas indifférent*. Claire, prévenue, ne bouge pas. C'est moi qui vais ouvrir à Lancelot, trimbalant sa sacoche.

« Entendons-nous bien, fait-il à voix basse. Je ne peux pas signer de feuille de soins ni, si besoin est, délivrer d'ordonnance à un inconnu. Vous êtes assuré social, donc vous serez le malade, par procuration. »

Il pouffe, discrètement, une paume sur la bouche.

« J'avais bien pensé à vous réputer cardiaque pour vous obtenir la carte jaune et vous exonérer du ticket modérateur. Mais ce serait tout de même un peu gros. »

XVI

Trois semaines, déjà. Au dernier conseil de novembre j'ai dû rembarrer Vilorgey, très agressif, prétendant que maintenant il devenait difficile de débouter l'hôpital disposant d'un nom et d'une adresse. Essayant pour une question de gros sous d'exciter mes collègues, il est allé jusqu'à dire :

« Et en cas de recensement ? Et en cas de révision des listes électorales ?... Forcément nos états seront faux.

– Vous contestez une décision de justice, monsieur le maire ? »

L'argument autant que le vouvoiement l'ont cloué. Mais au conseil du samedi 9 décembre en début d'après-midi, après une âpre discussion sur les priorités de curage des fossés à entreprendre sur tel ou tel chemin rural, Berthault, fermier très intéressé à ce que nous commencions par la section IV (la sienne), a étalé sur la table *L'Ouest républicain* :

« Est-ce vrai, monsieur le directeur ?... *L'inconnu de Lagrairie, invisible depuis quinze jours, refuse cinquante mille francs que lui proposait un grand hebdomadaire pour publier ses impressions de solitaire.* »

142

Désolé que cela se sût, il m'a bien fallu en convenir.

« Dommage, a dit Bieux, l'adjoint. Il aurait pu régler ses dettes. »

Je me suis fâché :

« D'abord, il n'a pas de dettes. C'est dans ce village qu'il s'est fait amocher, donc aux responsables de payer. Ensuite, soyons sérieux : il faut avoir une mentalité pourrie pour croire ce garçon capable de vendre son secret. Ne rien dire, ne rien être, ne rien avoir, c'est toute son ambition.

– Facile! a dit Vilorgey.

– Essaie donc! Chacun de nous y arrive, en effet, mais généralement quand il est mort. »

Pas mécontent de ce trait et d'un pied vif reparti vers la maison, sous un ciel froid dont le soleil bas se contentait d'éclairer le trottoir d'en face en laissant le mien dans l'ombre, qu'ai-je vu en arrivant, par la fenêtre de la cuisine? Je vous le donne en mille. Sur le mur chaulé – idéalement plein sud – de l'appentis et sous les yeux ébahis de Léonard, M. Trente – lui dont le premier acte, devant nous, a été de jeter sa montre dans La Marouille – ébauchait un cadran solaire. Qu'on se débarrasse d'un chrono, objet sophistiqué, ultra-civilisé, soit! Qu'on puisse se délivrer du temps, pas question. Mais pour montrer qu'il était possible de se passer de la vieille horloge à poids de la salle comme du moderne cartel à piles de la cuisine, notre ami s'en remettait à ce cadran sans aiguilles, aussi vieux que la clepsydre ou le sablier et, pour pouvoir disposer de ses mains, tranquillement assis sur la plate-forme de l'escabeau à faire les vitres, commentait son propos :

« N'importe quel arbre isolé, si tu en repères l'ombre durant toute l'année, finit par te donner vaguement l'heure et la saison. Là, ce sera tout de même plus précis. Passe-moi la pince, gamin. »

Sur un mur de l'école, voilà vingt ans, pour les enfants, n'ai-je pas fait la même chose ? On sait qu'une fois le gnomon fixé il faut l'incliner de telle sorte qu'il fasse avec la paroi un angle complémentaire de la latitude locale. Comme nous frôlons ici le quarante-huitième parallèle, l'angle vaut pour nous $90 - 48 = 42°$. Reste ensuite à diriger le gnomon dans le même plan nord qu'un fil à plomb accroché à sa base, afin de le rendre parallèle à l'axe terrestre. Ainsi son ombre, au fil de l'an, pourra varier en longueur mais non en direction. Comme à l'aide d'un rapporteur et de petits outils, puisés sur demande par Léonard dans ma boîte de fer à deux étages, s'achevait ce travail de précision, passant très au-dessus de la comprenette de Léonard, l'ingénieur m'aperçut, me héla :

« Vu ? Nous n'avons plus qu'à attendre le solstice du 21 pour marquer, s'il fait beau, les heures au pinceau.

– Chaque fois qu'elles sonneront au clocher ! » fis-je avec candeur, en refermant la fenêtre.

On pouvait s'en douter, c'est un bon bricoleur. Je l'ai déjà vu aiguiser un fer de bêche à la meule : sans le bleuir ni encocher le fil. Je l'ai entendu calculer, tandis que je remplissais de terre de bruyère une fosse anticalcaire pour planter un rhododendron : *Quatorze pelletées à la brouette, quatorze brouettes au mètre cube,* comme s'il avait été contremaître sur un chantier de terrassement.

Mais ce n'est pas pour autant le genre toutes-mains. Pas plus d'ailleurs que le genre toute-tête. Au début j'ai été dupe de sa raideur. Je le suis encore parfois de son maintien. C'est un dos-droit. Jamais de Grand-Arsène, comme disaient les jésuites : pas de jambes l'une sur l'autre, quand il s'assoit. Même pas de Petit-Arsène : il ne se croise pas les pieds.

« Il est un peu amidonné », dit Claire.

Cependant, il ne déteste pas l'humour : même s'il a pour but de lui faire entendre qu'il est parfois un peu dupe de lui-même. En vingt jours on n'a pas le temps de faire le tour d'un être, même s'il est votre commensal. Mais on peut avoir une idée de ce qu'il n'est pas. Grave, notre hôte ne paraît nullement désespéré. Ni déséquilibré. En tout cas il n'est sûrement pas atteint d'amnésie comme l'insinuait Mme Salouinet. La diversité de ses connaissances, son étonnante mémoire musicale plaident plutôt pour l'inverse. Ce n'est pas un homme qui se cherche, à mon avis, mais qui s'invente après s'être excisé de ce qu'il fut.

Frugal, il ne boit que de l'eau, mange la salade sans huile et sans vinaigre, ne touche guère aux gâteaux, ni aux sucreries. Comme s'il ne voulait pas reconnaître l'homme qu'il a été, il ne se regarde jamais dans une glace : quand il passe devant celle de l'entrée il détourne la tête. Il reste peu loquace. Mais ses silences rassemblent plus qu'ils n'écartent et, rompus à bon escient, donnent à ce qu'il dit l'importance d'un condensé. Sans plus d'humilité que de vanité (du moins apparente), il ne souffre sûrement pas du complexe du sphinx dont le soup-çonnait le chroniqueur de *Point de vue*. Il paraît dépourvu d'ambition, de calcul, de souci du lende-main; il entretient une réserve, une garde vigilante de lui-même, il a vraiment le goût du retrait.

Estimant que la curiosité se banalise très vite quand on la satisfait et qu'il était préférable de voir notre ami devenir l'homme sans nom du village, comme Berron en est le manchot, comme Mérin-deau en est le bancal, j'ai essayé de l'emmener dans la rue pour de courtes marches rééducatives. J'y ai renoncé. Dehors, sous les yeux des voisins, tout le haut du corps devenait raide comme un buste de plâtre au-dessous de quoi jambes et cannes, portant le tout, s'embrouillaient rapidement, manquant de le faire tomber, alors que sur le gravillon de la petite allée discrète du jardin les progrès sont considérables.

Tout indique par ailleurs qu'il n'attache, en dehors de l'indispensable, aucune importance à la possession de quoi que ce soit, et la complicité qui l'a tout de suite lié à Léonard illustre bien le fait que, pour lui, c'est une grâce d'être démuni comme un enfant. Un curieux corollaire, c'est que, capable de dire devant un lavabo qui fuit : « Vous n'allez pas appeler le plombier pour ça! » et de faire lui-même la réparation, il se résigne mal à un travail suivi, à but lucratif, comme la reliure de Claire, qu'il aide un peu. Malgré les difficultés qu'il éprouve encore à bouger, il va, il vient : on sent que l'espace lui manque, que les cloisons pour lui s'encombrent de cadres, les meubles de bibelots, les parquets de tapis, les croisées de rideaux, les plafonds de luminaires. Il ne lit jamais les journaux, mais s'intéresse aux huit rayons de ma bibliothèque qui compte une bonne moitié d'ouvrages de botanique ou de zoologie : c'est ainsi que je l'ai trouvé en train de lire *THE SHELL, five hundred millions years of inspired design*, ouvrage américain qui à ma connaissance n'a jamais été traduit en français et dont il se contentait peut-être de regarder les admirables illustrations.

Quant à la télé, il n'en tourne jamais les boutons, pas plus que ceux de la radio. Mais s'il est moins d'une certaine heure, du reste variable, à laquelle il a décidé d'aller se coucher, il lui arrive de rester assis devant le poste avec nous. Et même de réagir. C'est ainsi que le 3, dans la demi-lumière verdâtre du Philips, je l'ai vu esquiver, paume contre paume, une sorte d'applaudissement étouffé devant l'arrivée à Paris des marcheurs du Larzac; puis il s'est mis à rire lors de l'apparition sur le petit écran de Luis Herrera Campins, le nouveau chef de l'Etat vénézuélien. Il a même chantonné une vieille strophe datant du père Loubet et dont je me suis demandé comment elle avait pu arriver jusqu'à lui

> *Le président, solennellement*
> *Assis sur son derrière,*
> *Que dans le temps*
> *Bottait son père...*

Le 4, la proposition de Joël Le Tac, député R.P.R. de Paris, plaidant pour la réouverture des maisons closes, l'a encore égayé. Mais il s'est rembruni et, les doigts fourrageant dans sa barbe, a manifesté une vive émotion à l'annonce du déclenchement du plan S.E.C.M.A.R., faute de nouvelles d'Alain Colas, huit jours après la fin de la Route du rhum. A l'isolé des mers allait évidemment la sympathie de l'isolé des bois, mais non sans restriction :

« La navigation solitaire, je comprends, a-t-il murmuré. Mais pas la compétition... »

Par la suite – et je ne sais plus quel jour ni sur quelle chaîne –, l'a retenu un débat sur la vivisection. Il n'a cessé de hausser les sourcils : signe chez lui de vive réprobation et, au moment où, traversant son chenil, une docte bourrelle en blouse blanche a dû avouer que, pour ne pas s'émouvoir en cours d'expérience, elle refusait d'individualiser ses chiens en leur donnant un nom et ne leur accordait qu'un numéro, il s'est écrié :

« Tiens donc! »

Exclamation sommaire. Voulait-il dire : *Je connais*

ça : je suis le trente de Mme Salouinet? Ou au contraire : *Si je me suis privé de nom, c'est pour que nul
ne s'émeuve, là d'où je viens, de ce que je tente sur
moi?* Impossible d'en décider. Tout ce que je peux
dire, c'est que d'autres réflexions, toujours brèves,
comme échappées de sa bouche et vivement rava-
lées, témoignent tantôt d'un rejet radical, tantôt
d'une tristesse détachée, tantôt, au contraire, d'une
vitalité animale qui va de pair avec une ferveur de
frère lai naturiste.

A cet égard, il étonne. C'est pieds nus dans la
rosée qu'il descend chaque matin au verger pour
« se mettre en forme ». Il mange une pomme trois
jours après y avoir planté deux clous : recette qui
associe laxatif et fortifiant naturels. Il m'a traité un
mal de tête sans aspirine en me mettant le pied
droit dans une bassine d'eau froide, le pied gauche
dans une bassine d'eau chaude. Et le métal selon lui
tuant les vertus des plantes, comme le fait de les
bouillir, c'est au « premier frémissement » qu'il
infuse ma tisane du soir dans une casserole
d'émail...

Disons encore : autour de lui nous sommes trois
dont les rôles diffèrent. Le mien – patronage et
méditation – est nettement défini et se rembourse,
je crois, d'autant d'amitié qu'il en dépense. Celui de
Léonard, qu'on assiège au-dehors pour savoir ce qui
se passe, est de n'en rien rapporter qui puisse
encourager le dernier lot de malveillants : béant
d'admiration, il aurait plutôt tendance à corser la
légende d'un surhomme. Quant à Claire, soyons
franc, son rôle est de séduction, et il est naturel que
notre hôte, malgré sa réserve, malgré ce va-et-vient
de regards embarrassés où se lit la crainte de me
faire offense, n'y soit pas insensible. S'il ne dispose
plus que de notre petit lot bien clos, j'imagine que
sur quinze mille hectares sa forêt ne regorgeait pas

148

de nymphes attentives et qu'il y a là quelque compensation.

La voilà, justement, Claire, qui vient de quitter l'atelier et rejoint le gnomoniste pour l'aider à descendre de son perchoir. C'est l'heure de l'exercice qui, quatre fois par jour, de la maison à la rivière et retour, fait crisser le gravier. Claire et Léo, de chaque côté, se postent en flancs-gardes, rallongent ou raccourcissent leurs pas. Il y aura une pause à mi-chemin sous le pommier sauvage. Il y en aura une autre sur la berge. Là, d'ordinaire, on complique la séance, on tente de rester debout sans cannes ou de faire quelques pas avec une seule, quitte à se rattraper, si besoin est, à une épaule où de longs cheveux noirs tombent sur un pull d'hiver de grosse laine grenat. Cette fois rien de tel. On discute. On dispute même, semble-t-il. Le Grand-Verzou est assez plein pour que la barque soit plus haute que la rive. C'est Léo qui tire sur l'amarre pour ramener le bateau au ras du piquet qu'il suffit au boiteux d'empoigner pour se tenir, s'accroupir, se retrouver assis sur le plateau arrière. Claire saute, Léo saute et se retrouvent fesses à fesses sur le banc de nage. Mais n'ayant plus à s'occuper de ses jambes, soudain normal, tout en biceps, le batelier a décroché la chaîne, laissé filer de cinq mètres en aval et, empoignant un aviron, l'a engagé dans l'encoche du tableau.

Festival de godille! Je la pratique honnêtement; c'est d'ailleurs le seul moyen de s'aventurer dans les petits affluents du Verzou, d'en franchir les plus étroits passages. Mais je serais incapable de cette virtuosité et notamment de *faire la roue*, tournant dix fois sur place, moulinant l'eau sans que le mouvement de la pelle en fasse jaillir une goutte. Le nautonier s'amuse. D'un coup de poignet, il se remet au droit, contre le courant et pique vers l'île où habitent mon cousin issu de germain Jean Sion, plombier-couvreur, et sa vieille mère paralytique, la Mélanie, ma tante « à la mode de Bretagne », dans cette maison reliée par un pont de bois à l'ancien chemin de halage qui longe la berge sud. On ne la touchera pas, bien sûr. On la rasera, avant d'en faire le tour et de revenir par l'autre chenal, forçant les passagers à courber la tête sous l'arche basse.

Mais je serai descendu à mon tour, je serai présent à l'accostage et notre ami, remonté sur ses cannes, modeste, coupera court à mes louanges en laissant échapper une vague indication :

« Affaire d'habitude ! Dans une passe du marais, la godille est plus sûre que la gaffe. »

Quel Marais ? Avec un petit m ou un M majuscule comme le Marais poitevin ou le Marais breton qui ne sont pourtant pas hantés par les grands blonds comme ceux d'Ecosse ou du Pripet ?

XVII

MA fille et moi nous sommes levés depuis longtemps. Je prépare le rôti, à la place de notre hôte,
qui est pourtant de semaine et semble l'avoir
oublié.

Certes il n'a aucun horaire précis et je l'ai moi-
même invité à ne pas s'astreindre au nôtre. Au
surplus, nous nous sommes couchés tard hier soir :
à minuit passé. Après le journal parlé dont je n'ai
retenu que la déclaration de M. Barre : *Il n'y a pas
de problème corse*, les programmes des trois chaînes
m'ont paru si maigrement pourvus de chantaille ou
de chasse à l'indien que je me suis mis au piano,
essayant *Le Merle blanc, opus 161*, d'Eugène Da-
marré, qui en principe réclame l'accompagnement à
la petite flûte. Mais le flûtiste m'a bientôt dépassé.
Etait-ce son jour de grâce ? Avec une belle maîtrise
de la respiration, un coup de langue n'excluant ni
douceur ni velouté, il nous a servi un curieux récital
allant comme dit ma fille « du grand truc au petit
machin ». Bref, nous étions contents, mais tout de
même pas subjugués comme les rats de Hamelin ou
les cobras des contes orientaux, en l'entendant
passer du *Mouchoir de Cholet* ou de *Monsieur de
Kergarion* de Botrel à la *Sonate en la mineur* de
Bach, suivie de *Namouna* de Lalo. J'en passsse... Cela

s'est terminé sur *L'Interpolaire* de Fumet qui est un poème aux étoiles. La simple logique et l'essoufflement de l'artiste nous ont amenés sous un ciel de petit gel, très noir, ponctué de ces feux inégaux dont on se demande si, à l'horizon, ce sont encore des astres ou des ampoules lointaines veillant dans des maisons où l'on ne dort pas encore.

Ça fait partie de nos douces manies, à nous, les Godion, amateurs des en-haut comme des en-bas : quand la calotte est nette, profonde, fourmillante de ces lucioles immobiles dont chacune est un monde, j'y braque aussi les bonnes jumelles marines qui me servent à identifier un butor au bout de l'étang, un avion dans le ciel ou parfois un couple d'amoureux fonctionnant à deux kilomètres de là au revers d'un talus sur un lit de fougère écrasée. Comme les sept péchés capitaux, qu'il fallait jadis débiter par cœur au catéchisme (et dont *luxure*, me paraissant dériver de *luxe*, dans mon idée ne s'adressait qu'aux riches), je peux me réciter dans l'ordre les noms arabes de sept étoiles du Chariot de la Grande Ourse : *Dubhé, Mérak, Phecda, Megrez, Alioth, Mizar, Alcaïd*... Ça ne sert à rien ? Ce serait pur exercice de mnémotechnie ? Voire ! Regardez bien sous Mizar. A l'œil nu en distinguez-vous *Alcor*, autre point lumineux qui pour les myopes n'existe pas ? Si oui, c'est un bon test : vous pouvez vous vanter de vos dix dixièmes.

Et les noms tombaient : à ce jeu je peux battre Claire, car je deviens presbyte et je garde ma mémoire sèche d'insti. Record de brillance boréale, *Véga*, dans la Lyre, s'impose à tout regard. Mais la tache blanche de la galaxie d'Andromède, moins de gens peuvent la reconnaître. Magister, j'ai toujours trouvé scandaleux qu'il n'y ait pas, deux ou trois fois par an, un cours nocturne pour familiariser les élèves avec ces présences fixes qui sont là, à leur place, depuis bien plus longtemps que nos villages. Mais comme je pointais le doigt vers *Orion*, qui culmine à la mi-décembre précisément vers minuit, pour désigner la rouge *Bételgeuse* et la blanche *Rigel*, un tapotement de canne sur le sol m'avertit que j'agaçais. Presque aussitôt une voix narquoise fit dans la nuit :

« Un Esquimau se dit *Innuit* et le mot Chine n'a aucun sens pour ceux que nous appelons Chinois. Alors, vous pensez, à trois cents ans lumière d'ici, les gens du coin rigoleraient bien en écoutant ces noms terriens.

– Il faut savoir de quoi on parle », fit Claire invisible dans l'ombre et seulement certifiée présente par son parfum.

Une étoile filante s'alluma vers l'ouest, puis s'éteignit en même temps que la réponse :

« La musique au moins n'a pas besoin de mots. »

Il est allé se coucher sur cette demi-vérité. Langage universel, exprimant sans dire, elle a besoin de notes, la musique, et sauf en de rares exceptions comme *La Truite* ou *Le Bourdon* dont l'harmonie imitative ne laisse aucun doute sur le sujet, elle a aussi besoin de titres, parfois aussi gratuits que le *Morceau en forme de poire* de Satie. Cependant l'aiguille du cartel, avançant par saccades vers le quart, je ne m'étonne pas d'entendre sonner les talons de Claire :

« J'ai peur de l'avoir vexé, dit-elle. Vouloir savoir de quoi on parle, pour lui, c'est peut-être attenter à son incognito. »

Je continue à piquer d'ail le rôti que Gillon, le beau-père de Léo, a ficelé, très serré, dans sa barde. Je m'accorde un peu d'humeur :

« Tout étant nominatif, merde! nous ne sommes pas, ma petite, au bout de nos peines... Va jeter un œil, tout de même : il peut être malade. »

Ça ne traîne pas. Comme elle le faisait, gamine, au lieu de faire le tour par le perron, Claire ouvre la fenêtre et saute dans le jardin, bien bêché, mais durci par un petit moins deux qui ne laisse indifférentes que les roses de Noël. Je beurre mon rôti, je l'installe dans le plat de terre qui va au four. Mais je dois l'abandonner pour me pencher au-dehors. Claire revient, déjà, de l'appentis dont elle a laissé la porte ouverte. Elle arrive, haletante et les seins bousculés sous sa blouse, ouverte jusqu'au troisième bouton. Elle s'arrête sous la fenêtre et, toute blanche, crie :

« Il est parti. »

XVIII

Claire est encore sous la fenêtre; elle a froid, elle grelotte dans sa blouse et, les yeux levés vers moi, me regarde réfléchir.

Nulle trahison de toute façon : il m'a bien averti que, s'il reprenait la route, il ne me préviendrait pas. Mais je ne peux pas y croire : encore infirme, fiché, placé sous contrôle, facile à reconnaître et facile à rejoindre, il n'a aucune chance de se débrouiller seul en plein hiver et il le sait.

« Qu'est-ce qu'il a emporté? »

Je suis passé à mon tour par la fenêtre et en dix enjambées me voici dans l'appentis. Le radiateur électrique est éteint. Le lit est fait, au carré, avec une minutie militaire. Dans l'armoire de bois blanc figure, côté penderie, le costume neuf et, côté rayonnage, le linge que nous avons acheté. On pourrait nous les avoir laissés, mais dans un coin de la pièce, à terre, gît le sac à dos, aussi bourré que le jour où nous l'avions rapporté de la ronceraie d'Espin. Détail important, une des quatre poches extérieures contient le porte-billets.

« Il n'est pas parti, il est seulement sorti. »

C'est alors que j'aperçois, étalée sur la table, une serviette de toilette où s'alignent un jeu de 32 cartes pour belote, un morceau de suie sans doute détaché de la cheminée de la salle, trois bouts de papier découpés dans les coins numérotés des pages d'un journal pour former le chiffre 365 et un foret à bois de vilebrequin. Elle est bien bonne! Craignant toujours les graphologues, l'absent nous a laissé un message sous forme de rébus :

« *Je suis en forêt*, déchiffre correctement Claire, médusée, ne sachant plus s'il faut rire ou s'alarmer davantage.

– Et comment veux-tu qu'il y soit allé? » demande son père.

On se regarde. On se comprend. La raison de cette fugue ou plutôt de cette course nous échappe. Mais ni de nuit ni de jour personne n'a sûrement vu notre pensionnaire jouer des cannes durant des kilomètres.

« Bon sang! dit Claire. C'est une répétition qu'il s'est offerte, samedi dernier. »

Nous n'avons plus qu'à descendre jusqu'à la rivière pour constater qu'en effet à flanc de berge le piquet d'amarrage ne retient plus rien. Du Grand-Verzou passant dans le Petit, déversoir des étangs, un vigoureux expert de la godille peut remonter fort loin dans les bois : sensiblement à la même vitesse qu'un marcheur en poussant vers l'amont et bien plus vite en revenant grâce au courant qui porte vers l'aval. Comme les journées sont courtes vers la mi-décembre, il a dû filer à l'aube dans le brouillard violet qui se condense sur l'eau tant que le soleil n'a pas pris assez de hauteur pour le dissoudre; et sans doute rentrera-t-il de même, à la brune, quand les pêcheurs auront démonté leurs gaules. Il a neuf heures pour respirer de l'air d'escapade, se prouver qu'il est libre, qu'il existe en dehors de nous.

« Tu ne vas pas alerter le Parquet, dit Claire.

– S'il n'est pas revenu ce soir il faudra bien que je

le fasse, ne serait-ce que pour lui porter secours en cas d'accident. Mais tranquillise-toi : il n'a pas emporté de couverture, donc il n'a pas l'intention de coucher dans le bateau.

– Avec lui peut-on savoir... »

Si le ton indique qu'elle éprouve plus d'inquiétude que d'amertume, pour moi, ce serait plutôt l'inverse. Rien ne me forçait à recueillir mon sauvage, mais par moments ce n'est pas une sinécure : s'il lui arrive quoi que ce soit, à qui s'en prendra-t-on, sinon à moi ? Mais ne nous énervons pas. En attendant, choisissons un travail qui, à force de coups, à force de copeaux, nous réchauffe et nous calme.

« A l'Avent élague les pleins-vents. »

D'un signe de tête, ma fille approuve le proverbe. Le verger ne jouxte-t-il pas la rivière, qu'une faible insolation étame, lui accordant, avec l'odeur, la couleur du poisson. Du verger on peut en surveiller près de trois cents mètres de berges, celle du nord bordant des jardins comme le nôtre et garnie de places à laver, de places à pêcher, de pontons, de bachots peints en vert, celle du sud donnant sur les terres de *La Barre*, ferme des Gachoux dont les prés bas sont plantés de peupliers envahis de centaines de boules de gui qui ressemblent à une exposition de lustres et où, faute de mieux, se ravitaillent les maigres merles noirs qui n'émigrent jamais. Le confluent par où débouchera notre bateau est marqué – et de ce fait masqué – par un îlet qui provoque en permanence un méchant tourbillon. Il faudra au retour en éviter la pointe et prendre un peu au large, en demi-cercle, pour se ramener, hors de l'eau vive, là où les chalands glissaient autrefois, halés à bout de corde par de lents percherons.

« Et puis après tout qu'il se débrouille ! »

On dit ça. Mais on va s'habiller plus chaudement

et chercher, affûter, rapporter la ferraille nécessaire. Sauf pour un déjeuner expédié en vitesse – l'œil de Claire interrogeant sans cesse les carreaux et ses petites dents serrées mâchouillant la viande en même temps que des bouts de phrase tels que *Si j'avais su, je lui aurais préparé des sandwichs* –, nous ne quitterons pas le verger de la journée, émondant de la branche inutile, écimant ce qui dépasse la portée d'un cueille-fruits, extirpant du chancre, parant les plaies de taille à la serpette ou les cicatrisant au goudron de Norvège. Consultant notre montre aussi :

« Il est trois heures et demi, papa. »

Mon père, ne vois-tu rien venir? Je ne vois que la rivière qui ondoie sous de petits nuages qui rougeoient, teints par un soleil froid, qui décroît. Levé à sept heures vingt-neuf, se couchant à quinze heures cinquante-deux, d'après le calendrier, que j'ai consulté, il est encore bien bon, par temps découvert, de nous laisser une demi-heure de crépuscule. Mais à vrai dire, ma fille, ce que je vois venir, ce n'est pas ce que tu crois. De ce qui s'est passé quatre ou cinq fois, dehors et loin de moi, je n'avais pas lieu, comme ce soir, de me sentir responsable. Il ne fait plus très clair. Mais il reste à soigner le Marie-Louise, le sauvage surgeonnant comme un fou : faute de le conduire, je dois au moins le restreindre et l'émousser.

« Papa, il est seize heures quinze. »

Oui et là-bas, au bout du bief qui ne miroite plus, sous un ciel qui se pointille d'étoiles apparues entre les branches, dans ce fouillis de traits au fusain que devient la peupleraie, vient d'apparaître une tache noire d'abord plus longue que haute – la barque qui, vue de travers, boucle pour éviter les remous –, mais bientôt plus haute que longue – la barque,

redressée, vue par l'avant et qui maintenant remonte.

Pour ne pas avoir l'air de faire le guet, occupons-
nous encore. Une fois sec, tout ce qui a été coupé
sera brûlé. Nous pouvons le ramasser, le remettre
en tas dans l'ombre envahissante qui fait crier les
chouettes. Si Léo était là – mais nous ne l'avons pas
vu de la journée –, je lui poserais, pour m'occuper l'esprit, un petit problème de C.M.2, et comme
Claire piétine, cherche une contenance, elle servira
d'élève :

« A la vitesse diurne de l'infanterie, qui fut de
quatre kilomètres à l'heure, pauses non comprises,
durant les manœuvres de la bataille de la Marne,
combien de temps notre godilleur, tenant la même
cadence sur trois hectomètres, mettra-t-il pour toucher le piquet ? »

Claire hausse les épaules, mais répond presque
aussitôt :

« Sept minutes et demie. »

Exact. Et parfaitement faux, du fait de l'énoncé :
en fait de marche, il fallait plutôt m'aligner sur celle
des légions romaines capables d'abattre leurs huit
lieues en cinq heures. La barque progresse bien
plus vite que je ne m'y attendais. A cent mètres d'ici
l'électricité s'allume dans une maison proche de la
berge et, dans la traversée de la courte zone lumineuse qui projette sur l'eau l'image floue d'une
fenêtre, on distingue deux formes, de taille inégale,
qui replongent aussitôt dans un long passage sombre, tandis que se précisent peu à peu un léger
clapotis et le bruit de la godille nerveusement
cadencée.

« Quatre minutes », dit Claire, dont la montre est
lumineuse.

La barque arrive maintenant sur son erre, freinant sur les herbes du bord de telle sorte que le batelier n'a plus qu'à empoigner le piquet où, pour serrer la berge, il rembobine vivement dix tours de chaîne. Nous n'aurons même pas le temps de l'aider. Il s'est hissé d'une main, l'autre tenant ses cannes. Il prévient :

« N'avancez pas, le chien ne connaît que moi. »

Il reste assez de jour pour reconnaître le houret, immobile et qui gronde, assis sur le caillebotis au fond du bateau.

Je pensais tout à l'heure : c'est trop, nous ne sommes occupés que de lui; il nous déborde, il abuse de l'intérêt qu'il suscite. Mais cette petite révolte a fait long feu. Il émane de ce garçon l'assurance, la force, peut-être l'inconscience du c'est-comme-ça, de l'indiscutable, à prendre ou à laisser. Nous avons pris. Nous continuons. Ce que j'entends, c'est bien le même craillement qu'au bord de La Marouille : le houret saute aussitôt, se poste au flanc de son compagnon qui s'achemine vers la maison en s'expliquant à mi-voix :

« Suivez-moi à cinq mètres, s'il vous plaît, et veuillez m'excuser de vous avoir inquiétés. Mais deux mois d'absence, ça devenait trop long, je ne pouvais pas risquer de me faire oublier : ce chien est trop précieux... »

Claire pèse à mon bras... Mais oui, mais oui, à bon motif point de chicane. La nuit, qui derrière nous s'épaissit, se décolore du côté de la rue où se regroupent les maisons sur fond jaunâtre d'éclairage communal. Elle sent le chat : ce que confirment deux taches phosphorescentes qui en poursuivent deux autres sur un toit.

« Heureusement que j'avais mon sifflet! reprend

notre ami. Sinon j'avais peu de chances de retrouver cette bête. Elle gîte souvent dans un ancien terrier de blaireau près de la rivière... Bien entendu, je n'ai pas l'intention de la garder ici : je voulais seulement qu'elle sache où je suis. »

Le houret semble l'avoir compris et, prenant de l'avance, va renifler de lui-même la porte de l'appentis. Il revient et le nez sur le sol fait au petit trot le tour de la maison, plusieurs fois. Nous le retrouverons dans la courette de la maison, flairant le portillon de la grille dont un proche réverbère plaque au sol les ombres acérées. Son maître – qui détesterait ce titre, mais en a les pouvoirs – s'est assis sur le rebord du perron; il émet une sorte de sifflement, sur trois notes : exactement il *froue* comme l'oiseleur le fait à la pipée. Le houret, qui n'a rien du bichon à sa mémère et que j'imagine trop fier pour quêter de la caresse, s'approche et d'abord réticent se laisse finalement lisser la tête, d'avant en arrière par une main qui insiste, qui utilise l'index pour gratter la ligne médiane. Rien là, qui ne soit connu. Mais la main passe à l'unique oreille dont elle frotte le rebord; elle va toucher à la base et au bout de la queue; elle se glisse sous le ventre pour atteindre et masser la face interne de la patte arrière droite, au-dessus du jarret, contre le tibia; au bout d'une minute elle en fait autant pour la patte arrière gauche... Pas de doute. Il s'agit d'une application de la méthode d'apaisement par pression digitale, dite du docteur Dalet, dont je me souviens qu'un humoriste la réputait *en général très efficace, mais difficile à mettre en œuvre quand vous attaque un molosse*. Le houret est trop farouche pour lécher, gémir de contentement, se retourner sur le dos comme le feraient la plupart des cabots. Il se contente, sans vraiment quoailler, de battre du bout du fouet: il hume, de toute sa truffe, le pantalon de l'opérateur qui se relève enfin, cloche vers le portillon, l'ouvre et tape dans ses mains.

Le chien disparaît immédiatement. Mais refusant la porte ouverte, la rue, les rencontres, il rebrousse vers le jardin, s'enfonce dans la nuit, préférant traverser la rivière à la nage plutôt que de s'aventurer dans le village.

« Il est plus prudent que vous, dit Claire. Venez, vous devez être affamé. »

Et nous voilà rentrés dans la chaleur légale – 18° – que certifie un vieux thermomètre à mercure donnant d'un côté les degrés centigrades, de l'autre les Réaumur. En fait de casse-croûte une baguette entière va y passer, ainsi qu'un petit pot paraffiné de rillettes du Mans. Plus beau Gaulois que jamais et de nouveau *Mutix*, ne commentant pas son équipée, mâchant lentement, relevant, rabaissant les paupières, notre hôte l'avouera sans le dire qu'il est gêné, qu'il est ému d'une absence de reproches et de l'attention de cette fille qui, assise en face de lui, ne le quitte pas des yeux.

XIX

C'EST probablement le silence qui m'a réveillé, un peu après minuit. Le premier sommeil est dur d'oreille; mais ensuite, si de faibles bruits nous manquent, c'est un peu comme si nous manquait le battement de notre cœur, d'ordinaire inaudible. Quand Claire est dans sa chambre, séparée de la mienne par une mince cloison, je sais qu'elle se retourne dans son lit, je perçois vaguement le rythme de cette respiration nocturne, légèrement sibilante, qu'elle a depuis toujours. J'ai pu me demander d'ailleurs si la présence ou l'absence de ma fille ne me sont pas obscurément sensibles. Il m'est arrivé – en haut, en bas, dans n'importe quelle pièce de la maison – de me poser la question : *Est-elle là?* et de me répondre oui ou non et d'aller voir et de constater qu'à cette loterie le plus souvent je gagne.

Elle n'est pas là, j'en suis sûr.

Derrière huit centimètres de plâtre encollé de papier peint, bleu chez elle, vert chez moi, elle n'est pas là, couchée la tête à l'ouest, les pieds à l'est, à l'inverse de moi, mais dans le même axe. Je suis monté le premier, la laissant terminer ou, plus exactement, la laissant s'acharner à ne pas perdre, contre notre hôte, bien plus fort qu'elle, sa troisième partie de dames. Elle s'est attardée dans la

163

salle et n'a fait sonner ses talons dans l'escalier qu'une bonne demi-heure plus tard. Je l'ai entendue refermer sa porte. Je l'aurais sûrement entendue la rouvrir. Mais c'est vrai qu'elle a d'abord circulé dans la pièce avant de la refermer, sa porte, et qu'elle a pu le faire de l'extérieur avant de resdescendre en douce. Quand je dis *en douce*, je me comprends. Je ne dis pas en cachette. Si Claire ne s'affiche jamais, elle est dans ses amours aussi libre, aussi têtue que l'autre dans son anonymat.

Elle n'est pas là. Me lever, sortir de ma bonne chaleur pour frissonner dans un reste de chauffage nuitamment réglé à 15°, tourner le bouton de la chambre bleue sans faire grincer le pêne et, la lampe électrique étouffée dans la main, me faisant les doigts roses, éclairer d'assez peu de lumière un lit intact (car j'en jurerais, Claire ne l'a pas défait : la mise en scène, ça ne lui ressemble pas), contrôler ainsi son absence en haut, puis, les pieds nus sur les tranches des marches, descendre pour m'assurer qu'il n'y a personne en bas, mais que la porte d'entrée n'est plus fermée à clef, non, non, cela non plus ne me ressemble pas.

Je pourrais frapper deux petits coups avec le « genou de l'index » comme disait Claire, enfant sujette aux insomnies et réclamant le cachet, le verre d'eau sucrée, le bordage serré, le baiser au coin de l'œil. Je pourrais utiliser ce qui, plus tard, devint notre code nocturne, inspiré du Morse au sifflet des scouts se rappelant dans les bois. Toc sur le mur pour une brève; raie de l'ongle pour une longue. Quand Claire rentrait, éreintée d'avoir dansé dans la tente-bal montée sur la place des Tilleuls, elle m'envoyait ainsi un bonsoir tardif et c'est de la même façon que j'appris sa décision, un matin, vers trois heures :

.‒‒‒ . .‒‒ ‒‒‒ ..‒ ... . ‒. . ‒. .

Autrement dit, *j'épouse René*. Ayant eu raison de lui répondre par une file de huit toc *(erreur de transmission)*, donc tort de l'encourager à s'affirmer, je ne répéterai pas cette bévue. D'abord je ne suis pas de ceux qui, à propos de leur fille, se sentent prêts à crier : Attention, mon vieux, on ne touche qu'avec les yeux! De la savoir convoitée, cette belle enfant de ma fabrication, elle-même pleine d'appétit, de l'avoir vue sortir sur la pointe des pieds, de l'avoir vue, la bouche encore humide, la paupière bleue, rentrer lasse et comblée, en m'accordant un sourire silencieux, pourquoi m'offenserais-je? Et puis, voyons! Si je ne me moque pas tout à fait du gros rire de Vilorgey, commentant à l'occasion une hospitalité écossaise, je sais depuis le premier jour que ça devait arriver. Elle le voulait, elle l'a, son sauvage. Et lui, après tout, ce n'est pas un Père du désert. S'il a fait, admettons, vœu de pauvreté, vœu d'obéissance à la nature, celle-ci, plutôt portée sur la question, n'a jamais réclamé le vœu de chasteté. *A jeune ermite, vieux diable!* D'où nous vient ce dicton? J'ai oublié, mais je sais bien que le séducteur ne gravera jamais son nom près de celui de ma fille, au centre d'un cœur, sur un tronc de frêne, sur un coin de tuf; je sais qu'il ne les mélangera pas davantage sur le registre d'une quelconque mairie. Ne suis-je pas un vilain tendre père affamé de présence, qui pour sa fille préfère l'amant à l'épouseur?

XX

LA faible pétarade de la pétrolette d'Amélie, l'employée des P. et T., jeune veuve qui a la réputation de se faire consoler par le receveur, les premiers chants de scie (et aujourd'hui, je pourrais parier que ce qui se débite, en longues passes lisses, ce n'est pas du chêne, mais du peuplier), le départ à vide du ramasseur roulant vers les bidons groupés après la traite au débouché des chemins creux sur la route, tout cela se suit chaque jour, à quelques minutes près, tandis que je me rase. Ajoutons-y ce matin un petit air de flûte qui monte, guilleret, de l'appentis :

Que t'as de belles filles, giroflé, girofla...! A vrai dire je n'en ai qu'une, mais elle est précisément auprès de l'exécutant et doit trouver que les paroles, trop connues, sont également trop de circonstance. Faute de pouvoir crier : *Non, René!* ou *Non, Charles!* (les suivants, je n'ai pas su leurs noms), elle crie : *Non, Toi!* Belle confirmation, s'il en était besoin, car hier elle le vouvoyait encore. Bel embarras, aussi. Voilà un mois que je m'oblige – et que souvent, je

166

m'agace – à tourner l'anonymat en utilisant toutes les expressions possibles, *M. Trente, notre hôte, notre pensionnaire, notre ami.* Changeant la salive en glu, ce qui a compliqué nos phrases et nos rapports quotidiens ne saurait manquer de paraître bouffon et très vite scandaleux à ce qu'il y a de plus nominatif au monde : une passion.

Mais le téléphone sonne et une joue rasée, l'autre encore barbouillée de savon, il me faut descendre quatre à quatre.

« Alors, quoi de nouveau, monsieur le directeur? Rien à me signaler? Au fil des jours dans l'intimité il est bien difficile de ne pas se couper... »

Mme Salouinet! Sûre d'être identifiée, sinon à la voix, du moins au genre de question posée, elle n'a même pas décliné sa qualité. Ce qu'il y a de nouveau, certes, je ne vais pas le lui chanter, et de toute façon je ne suis pas son indicateur. Renversons la vapeur. Répondons comme si, vraiment, je ne pouvais rien apprendre que d'elle.

« Ma foi, je sèche. Mais puisque vous vous manifestez, j'imagine que vous tenez une piste.

– Plusieurs! »

Perplexité sensible au bout du fil. Elle introduit la requête :

« Si vous voulez m'aider, annoncez négligemment à votre protégé que Mme Agnès va lui rendre visite. Si le garçon réagit, d'une manière ou d'une autre, prévenez-moi. La Brigade des recherches travaille de son côté, moi du mien. Je ne me lasse pas facilement... »

Et aussitôt, sur le ton jovial, elle enchaîne :

« A propos, je savais que votre ami jouait joliment de la flûte... ce qui n'est pas d'ailleurs un indice négligeable. Mais est-il vrai que c'est aussi un bon marinier d'eau douce? »

Sans attendre la confirmation, elle me lance un

assez maigre au-revoir et raccroche. Il s'agit d'un avertissement : le passage du batelier, repéré par un riverain, a fait l'objet d'une information transmise au Parquet. Par qui ? J'en ai bien une petite idée. Pourquoi ? Là, ça me paraît limpide : parce que la bienveillance, pouvant devenir complice, mérite d'être surveillée. Je croyais couvrir notre hôte de ma réputation : elle pourrait en souffrir. Lentement remonté vers la salle de bain, je reprends mon Gillette et, dans la glace à trois faces où je ne me quitte pas des yeux, où cra, cra je les rase un peu nerveusement, je vois plusieurs Godion se tirer la langue, fort mécontents les uns des autres, ceux-ci taxant d'inconséquence ceux-là qui en retour les traitent de capons.

Redescendu, paisible, mais nanti de deux estafila-des sur une joue soignée à l'eau de Cologne, j'aurai le temps de déjeuner, puis d'aller faire les courses chez Mme Sibilot, l'épicière, un peu mercière, un peu crémière, un peu charcutière, dont la boutique, tenue jadis par sa mère, m'enchantait de couleurs et d'odeurs lorsque j'étais enfant. Mme Sibilot, forte femme aux cheveux gras, glisse sur des charentaises convenant à de grosses jambes variqueuses dont les bandages sont visibles sous les bas noirs; elle a un œil de verre, mal assorti à l'autre, et vous regarde de profil. Faute de place pour des chariots, elle s'est modernisée en offrant à la clientèle des paniers de treillis métallique, mais la marchandise n'a varié que de conditionnement, et derrière sa porte à sonnailles le magasin sert toujours de dépôt de pain et de centre d'informations :

« Vous savez qu'ils ont arrêté trois viandards sur Béléglise ? » dit Mme Sibilot à Mme Varan qui me précède à la caisse.

Et me voilà de retour avec ce renseignement et diverses provisions, notamment un bloc de six litres de lait stérilisé U.H.T., dont j'ai soigneusement contrôlé la date limite de consommation que Mme Sibilot, si l'on se fiait à elle, ignorerait volontiers. Toujours seulet, j'attends dans la cuisine. Nuit d'amour et grasse matinée vont ensemble, et le souci – au moins chez Claire – de faire de ce retard non pas un aveu (qui suppose contrition : ce n'est pas son genre), mais un avis tacite : *c'est comme-ça-Papa, n'en parlons pas.* La méthode est nouvelle : jusqu'ici elle a beaucoup laissé traîner de points d'interrogation. Mais en dehors d'un gendre provisoire elle n'a jamais amené personne à domicile; elle ne s'est jamais trouvée dans cette situation à quoi je réfléchis, plus amusé que maussade, et qui pourrait aboutir, si la pilule n'existait pas, à la conception d'un enfant né de père inconnu bien que toujours présent dans la maison.

Ne nous impatientons pas cependant, ne jouons pas de la clochette : on arrive, la fenêtre me l'assure. On arrive, bras dessus, bras dessous, en couple. Pour la première fois l'éclopé, sans cannes, marche sur ses deux jambes soutenu du côté de la mauvaise qui sautille, le bout du pied portant seul sur le gravillon. Tout à l'heure sur l'ardoise aide-mémoire où nous notons avec un bout de craie attaché à une ficelle les consignes ou les coups de fil, j'avais écrit : *Je suis chez l'épicière.* J'efface. On gravit, une par une, les trois marches du perron. Je trace : *Mme Agnès a téléphoné.* Réflexion faite, je n'aime pas Mme Salouinet, passons le chiffon. Puis réflexion refaite, après tout, si je ne suis pas chargé de rapport, j'ai le droit de m'instruire de ce qui maintenant peut concerner ma fille. Reprenons la craie. *Mme Agnès a téléphoné...* Comme je trace le dernier accent aigu, la porte s'ouvre et laisse déferler des pronoms singuliers de la deuxième personne :

« Tu vois, tu peux te passer de moi, je te dis que dans quinze jours tu courras comme un lièvre. »

Il avance en effet tout seul, notre grand blond, sans trop faire le château branlant, mais plutôt gêné aux entournures et l'œil voilé, comme continuent de l'avoir les plus libres garçons de cette époque permissive devant le père de l'aussi libre fille qu'ils viennent de sauter. Ses œuvres ne me détroussent pas de ce qu'ont produit les miennes, je n'ai pas vraiment d'humeur contre lui ni contre Claire qui suit, toute fondante, qui m'embrasse avec une insistance appuyée, puis relève la tête pour demander :

« Qui c'est, Mme Agnès ?

— J'allais te le demander. Ce n'est pas une amie à toi ? Elle a simplement dit : *Ici, Mme Agnès. Je serai chez vous dans une heure*, et elle a raccroché. »

S'il est en cause, l'intéressé est un comédien de premier ordre. Il n'a pas pipé. Tout dans son attitude exprime l'indifférence et laisse croire que pour lui cet incident mineur ne concerne que ma fille et moi. Claire qui réfléchissait, un doigt dans la bouche, finit par murmurer :

« Une Agnès, non, je ne vois pas. Cette dame s'est trompée de numéro. »

S'il s'agissait d'une expérience consistant à prononcer le nom d'une parente possible — mère, femme, sœur ou je ne sais quoi — pour alerter un disparu, Mme Salouinet a raté son coup. Et moi aussi du reste... Remarquons au surplus le silence de Mme Salouinet qui n'a fait aucune allusion à l'arrestation des pillards : elle continue à penser qu'on ne se terre pas dans les bois sans mauvaise raison, elle n'a pas l'intention de signer tout de suite un non-lieu. Mais *L'Ouest républicain*, qui tombe dans ma boîte, sera moins discret. Sous le titre « On les tient enfin! » il publie à la une deux photos : celle du patron d'un lointain restaurant nantais qui ne pouvait ignorer la provenance des viandes ou des volailles trouvées dans ses congélateurs et celle d'un fermier de Béléglise qui, aidé par ses fils, razziait ses voisins et, pour donner le change, c'est un comble! figurait parmi les plaignants. Si le test précédent n'a rien donné, la lecture de l'article, par Claire, va en constituer un autre, cette fois éloquent. Profitant de l'absence de son ami qui prend sa douche (entre nous pouvait-il en faire autant dans la ronceraie d'Espin?), elle commence par découper l'article en murmurant sans me regarder :

« Une fois sa jambe guérie et la relaxe prononcée, qu'est-ce qui le retiendra?

— Toi! »

Je l'ai dit sur le mode exclamatif, nullement dubitatif. Claire baisse la tête et ses cheveux se partagent en deux flots noirs, découvrant le bas de sa nuque, seul endroit de son corps dont la peau, ne recevant jamais le soleil, ne soit pas dorée, mais blanche.

« Je ne me fais pas d'illusions... Sais-tu ce qu'il m'a dit ce matin en se rhabillant? *Nous avons eu envie l'un de l'autre, c'est normal. Mais il ne faut pas t'attacher à moi.* »

XXI

QUAND la commission municipale des écoles s'y rend pour une visite de routine, je me sens tout rajeuni. Rien ne m'empêcherait d'y aller plus souvent, même seul, mais je sais par expérience à quel point peut se montrer susceptible un directeur d'école, dont le modeste traitement est moins compensé par de larges vacances que par le sourcilleux usage de ses responsabilités. Je ne veux pas mortifier M. Pallans. Je me méfie d'une sorte d'honorariat et puis je sais qu'en ressortant je n'y couperai pas, je compterai sur mes doigts mes années de retraite, je recenserai dans ma tête tout ce qui date de mon époque et tout ce qui a changé en fait de livres, de matériel, de méthodes et surtout de visages... Oui, de visages d'enfants, jadis tous connus depuis la maternelle jusqu'au certificat et aujourd'hui, sauf celui de Léonard et de quelques petits voisins, aussi étrangers que pouvaient l'être les bouilles rondes des élèves de mon collègue de Saint-Savin quand par hasard je pénétrais dans l'une de ses classes.

Cette fois encore, pourtant, je me suis laissé mécaniser par de vieux réflexes de pédago qui attend l'inspection. Mon doigt a traîné sur les radiateurs, sur les rebords de fenêtres. Bien, pas de poussière. Mon œil a consulté la raie rouge du thermomètre. Bien, à un degré près, il s'alignait sur la température réglementaire. Nous avons parlé du toit dont deux faîtières sont cassées, de l'insuffisance des lavabos, des fournitures, du prix de revient de la cantine, du salaire de la cantinière qui réclame d'être payée à plein temps. Vilorgey, forcément présent à la tête de toute commission en qualité de maire, mais admettant ma compétence, m'a laissé le pas, tandis que, peu familiers, le directeur et moi, nous nous lancions ce même titre à la tête, poliment. Ensemble nous avons décidé de supprimer les pissotières en ardoise de Trélazé où le ballon va régulièrement rouler dans l'urine et de faire construire quatre cabines semblables à celles qui étaient jusqu'ici réservées aux filles.

« Trois, peut-être, a dit Vilorgey. Ça dépendra du prix et de la subvention que m'accordera l'Hygiène. »

Et sans craindre le coq-à-l'âne il s'est retourné vers moi, presque déférent :

« A propos, pour votre innocent, vous aviez vu juste. »

Il jouait sûrement sur les deux sens du mot, mais j'ai feint d'accueillir, indulgent, une amende honorable. Nous sommes passés de salle en salle : maternelle, C.P., C.E.1, C.E.2, C.M.1... En arrivant au C.M.2 – où c'est le plus souvent le patron qui officie – je n'ai pas pu résister au long tableau noir parallèle à l'estrade ni à l'envie de terminer un problème, de me poudrer la manche en maniant la craie. Puis je suis allé tapoter le dos rond de Léonard :

« En progrès, a dit M. Pallans. S'il tient toute l'année ses 6,5 de moyenne, il passera en sixième. Mais ses compositions ne valent pas ses devoirs... »

Autrement dit : vous l'aidez trop, collègue, et pourtant quand vous étiez à ma place vous avez pu constater l'injustice dont souffrent les enfants de paysans ou d'ouvriers, souvent moins bien notés parce qu'ils ne bénéficient pas de cette école complémentaire à domicile que constitue le privilège d'avoir des parents ou des parrains cultivés. Il n'a pas insisté. Avec un superbe 9,2, ça se sait, son propre fils est en tête du peloton. Nous avons glissé vers la porte, et c'est alors que j'ai vu filles et garçons pointer le nez, l'air de rien, dans la même direction : le panneau d'affichage des meilleurs dessins. Tiens donc! parmi les sujets ordinaires – fleurs, arbres, ronds ou pointus, maisons surmontées de gros soleils irradiants – figuraient une demi-douzaine de chevelus moustachus barbus, tous en très bonne santé, disposant, avec deux taches bleues pour les yeux, de deux taches roses aux pommettes.

« Il est très populaire, a dit M. Pallans.

– C'est dommage qu'on le chambre! » a murmuré Vilorgey.

Remarque parfaitement injuste. Il y a maintenant à la maison une situation nouvelle; il me suffit d'observer Claire pour me rendre compte de son inquiétude, corollaire d'un sentiment qui ne paraît pas conforme au vœu du partenaire. Dans ces conditions, la phrase qu'elle m'a jetée en revenant de la ronceraie d'Espin : *Devons-nous aider son choix ou au contraire l'aider à s'en guérir?* ne se présente plus aussi nettement comme une alternative. Nous faisons tout ce que nous pouvons pour le sortir, notre hôte.

Avec prudence. Bien que nous ayons toujours préféré le pied à la roue (même de vélo), nous nous sommes mis d'accord pour utiliser à cet effet la voiture : cellule roulante, ne permettant pas l'accrochage par des tiers, mais autorisant les randonnées sur allées forestières, voire sur laies, impraticables en période mouillée, mais carrossables quand il gèle. Le houret nous a fourni le prétexte : il n'est pas revenu, il faut aller le chercher dans la région qu'il hante, relativement facile à atteindre à partir du rond-point de La Glandée par la *ligne* coupe-feu qui rejoint la route de Saint-Savin en traversant le Petit-Verzou et la pinède du Ressaut. Arrivés au but, nous sortons de l'I.D. pour faire des pas. Le coureur des bois fait ce qu'il peut, achève de se remettre en train.

Nous avons ainsi à sa grande joie rencontré le chien... Mais également, comme je l'espérais, pour ne pas seulement rééduquer sa jambe, un domanier en tournée et une équipe de bûcherons à qui trois poignées de main n'ont pas été refusées et qui ont même eu droit à une courte réflexion devant les troncs à l'écorce grisâtre, côtelée, rugueuse, qui s'allongeaient non loin du feu où brûlaient haut, en pétant sec, les rameaux d'ébranchage :

« Ils ont la rouille, vos bouillards. »

Ce nom du peuplier noir n'est usité, à ma connaissance, qu'en certaines régions de France. Il serait intéressant de recenser lesquelles. Chacun de nous a son vocabulaire. Celui de notre ami comme d'ailleurs son goût pour le beurre, son aversion pour l'huile interdisent de situer son origine au sud de la Loire. Et en tenant compte de certaines opinions, de certains avis qu'il exprime plus aisément depuis qu'il est, si j'ose dire, de la famille, on pourrait à son sujet s'avancer davantage.

Avant-hier samedi, par exemple, les ouvriers étant partis, nous sommes allés avec Léo nous indigner sur le chantier qui à deux kilomètres d'ici vient de s'ouvrir pour assurer la troisième tranche des travaux de canalisation du Grand-Verzou. Au nom de la ligne droite ou de la courbe tendue chères aux ingénieurs du Génie rural, seront supprimés les chenaux, les îles, les anses, les méandres à rives plantées d'aunes qui se mirent dans le courant et avec eux ce monde de grenouilles, de chevesnes, de martins-pêcheurs, d'ablettes, de poules d'eau baladant leurs poussins entre les sagittaires... Tout ça pour nous faire, paraît-il, de barrage en barrage, une rivière qui n'inondera plus une campagne nette comme une épure, donc accessoirement dépouillée, pour laisser le champ libre aux tracteurs, de ses haies comme de ses fossés remplacés par des drains! En arrivant sur place, devant l'ébauche du canal, l'éventration du paysage, les tas de terre grasse mêlée de cailloux, de racines broyées, de mottes d'herbe et le parc d'engins abandonnés durant le week-end et surveillés par un gardien fumant sa pipe au seuil d'une baraque, nous avons tous les quatre lorgné la dragline mobile à godet racleur, le scraper graisseux, enduit de boue, haut perché sur d'énormes pneus, le bulldozer à lame arrêtée sur une dernière poussée de déblais. Nous sommes restés cinq minutes contemplatifs et rageurs. Puis Claire a pointé le doigt au hasard vers une excavatrice d'un rouge vif à cabine vitrée, montée sur chenilles, espèce de crabe géant qui n'aurait qu'une pince, un bras énorme, quatre fois articulé, luisant de vérins, hérissé de grosses durites noires de transmission de pression :

« Bouffe-nature! a-t-elle grogné.

– C'est une Poclain 90 », a précisé une voix calme sûre d'elle.

Et ce commentaire a suivi :

« Même sans faire d'écologie bobo, on peut affirmer que c'est idiot. Ces redressements de rivières en terrain argileux évacuent les petites crues, mais ils aggravent les grandes. »

176

Nous avons continué sur la vicinale qui recroise plus loin la tranchée. A cet endroit, qui sera doté d'un pont, s'élevait sur le talus ouest un monument public non classé, aussi ancien que Chambord... un solitaire témoin de vingt générations, au tronc fait comme un torse et, comme ses fortes branches, tout cuirassé d'épaisse écorce. Bien sûr, messieurs les ingénieurs n'ont rien fait pour l'éviter et il n'en est rien resté, sauf des stères et des stères de bûches, de quartiers grossièrement refendus. Cependant il ne pouvait pas savoir, l'homme assis près de ma fille sur la banquette arrière, que se tenait là depuis toujours le plus gros distributeur de bogues que j'aie jamais connu. Mais à la couleur jaune du bois, à l'odeur de la sciure laissée par les tronçonneuses et brièvement humée par l'ouverture de la portière, il ne s'y est pas trompé; il a même prononcé l'oraison funèbre, d'un ton désabusé :

« C'était un châtaignier : ils en feront du tanin. »

XXII

CE monsieur a plus d'un mètre quatre-vingt-cinq et se tient raide comme s'il craignait d'en perdre un pouce. Il a dû être blond, si l'on en croit quelques fils de laiton persistant au milieu de cheveux blancs taillés court et de sourcils épais. Il a l'air digne, sérieux, décidé, et son bon gros manteau déboutonné, son costume brun, son gilet où s'enfonce une cravate discrète issue d'un col très blanc, son pantalon à pli saillant, ses souliers noirs bien cirés plaident l'honorabilité. Les yeux sont bleus, le visage glabre, osseux, austère, finement ridé. Ajoutons qu'il n'a pas sonné, qu'il est arrivé juste au moment où, laissant la porte entrouverte, je balayais le trottoir, qu'il a dû me prendre pour le voisin, qu'il est entré carrément, que le suivant sans même m'être débarrassé de mon balai je me suis trouvé, en blouse, devant lui qui, planté sur le tapis, criait : *Il n'y a personne ?* et s'est retourné vers moi pour dire avec un fort accent belge :

« Monsieur Godion, je pense ? Je me présente : Albert Claes, de Bruxelles. Excusez l'intrusion : je voudrais voir mon fils. »

Ma tête, servie en double exemplaire, de face au naturel, de profil dans la glace qui surplombe la cheminée et où du coin de l'œil je me surveille, il faut la voir ! Ahuri, voilà ce que je suis. Malgré l'invraisemblance de la situation, je m'y étais habitué : le non-identifié devenait le non-identifiable...

Un père! Prévenu par qui? Quand? Comment peut-il s'amener impromptu, après des mois de recherche, sans être accompagné par quelque autorité? Je ne peux tout de même pas lui demander ses papiers, réclamer pour comparaison une photo de son rejeton. Il n'a pas fait un pas sur le tapis, il ne m'a pas tendu la main. Il considère d'un œil froid mon évidente perplexité. Il insiste :

« Enfin, monsieur Godion, c'est bien à vous, n'est-ce pas, que la justice l'a confié? En précisant qu'il devrait se prêter à toute tentative d'identification... Vous voyez, je suis venu seul, pour ne pas faire d'éclat ni déranger personne. J'ai mes raisons pour agir discrètement.

– Et pour vous croire le père? »

M. Claes incline la tête, simplement. De ce qu'il vient de dire le seul mot que j'ai retenu, c'est le mot *tentative*. Il n'y a pas certitude. S'il est inconvenant que ceci me soulage, me fasse songer que mon hôte a été plusieurs fois réclamé par erreur, tant pis! J'ai lieu de m'inquiéter. De quelle réaction « le fils » est-il capable? Que peut-il choisir? La fuite précipitée? Le retour au bercail? Ni ceci ni cela ne faisant mon affaire, ne cherchons même pas à savoir qui nous envoie ce visiteur, n'espérons que la méprise et passons à l'épreuve :

« Je vais le chercher. »

Il est là-haut dans l'escalier, avec Claire. Jamais les marches de l'escalier ne m'ont paru si hautes, mes jambes si lourdes, mes idées plus confuses. C'est vrai, quoi! Nous ne savons rien, nous ne pouvons pas le défendre de qui lui veut du mal ou de qui lui veut du bien contre son gré. Quand on peut à tout moment être rejoint par ce qu'on a fui, quand on dispose d'amis sûrs, on se confie, on imagine, on prévoit des choses, je ne sais pas, moi... un signal de détresse, une voie de retraite, un autre refuge ou, tout simplement, un recours. Je suis arrivé au palier. Je souffle. Trois pas et je suis dans l'atelier. Je n'ai qu'à dire :

« M. Claes est en bas. »

Et je suis aussitôt rassuré. Pas plus de succès, pas plus d'émoi que pour Mme Agnès. Claire, penchée sur un ouvrage, continue à déterminer minutieusement l'emplacement des cinq nerfs du dos, divisé en vingt-sept parties égales qui lui permettront de placer le premier nerf à cinq traits du bord supérieur, le dernier à six du bord inférieur. Quant à l'improbable fils Claes, qui sur un pied fait le héron, il trie vaguement un arrivage de matière première et distribue aux casiers correspondants du parchemin, du maroquin, du madras, du veau, du jute, du velours, du chlorure de vinyle...

« Tu dis ? fait enfin Claire, relevant le nez.

– Je dis qu'un certain M. Claes, que je ne connais pas, que je n'attendais pas, est en bas dans la salle et demande à voir son fils. »

Claire est à l'instant debout et si je ne savais pas qu'il lui est arrivé quelque chose d'inhabituel, ressemblant à ce qu'en disent férocement nos bonnes femmes – *les béguins de par en bas, des fois, ça remonte par en haut* –, il suffirait pour m'en convaincre de la regarder : effarée, étranglée à ce point qu'elle a de la peine à hoqueter deux mots :

« Son père ! »

Elle ne souffrira pas longtemps, heureusement. Notre hôte, qui nous observait, incrédule, presque méfiant, froissant machinalement entre ses doigts une peau de mouton, dite *chamois*, change de visage. Visiblement touché par l'anxiété de Claire et par mon embarras, il lâche la peau qui lui tombe sur le pied, côté fleur, et soudain, une main sur l'estomac, il éclate d'un rire saccadé, qui n'a rien de joyeux, qui le secoue longuement. Il est devenu tout rouge et, quand il s'interrompt, les yeux dans ceux de Claire, c'est pour jeter d'une traite :

« Mon père? Vraiment, c'est la meilleure! Il est mort voilà plus de trente ans. Je ne l'ai jamais connu. Je suis un enfant posthume... »

La phrase s'éteint sur des lèvres qu'il s'est mordues trop tard. Eh bien, Hix, Mutix, M. Trente et aujourd'hui M. Claes, ça se vaut, rien ne lui colle à la peau. Pour la justice, pour l'administration, pour l'amitié, pour l'amour, il est encore intact. Mais il vient de lâcher deux renseignements d'importance, susceptibles de circonscrire une enquête : son âge, à quelque chose près, et une particularité, plutôt rare, de naissance; et cela, circonstance aggravante, n'a pas été entendu que de nous. Le vrai ou le faux Belge, sur la pointe des pieds, est monté derrière moi; il s'est embusqué sur le palier; il apparaît maintenant dans l'encadrement de la porte.

« A quoi se fier? » dit-il simplement.

S'il en était encore besoin, sa tranquillité le trahirait. Qu'il soit venu de Bruxelles, je le crois : les bureaux de recherches ont des correspondants partout, et l'apparence physique de celui qui reste encore « l'inconnu de Lagrairie » peut suggérer une filiation flamande, d'en deçà comme d'au-delà de la frontière. Toujours aussi raide, aussi massif, M. Claes, sans se soucier de notre silence réprobateur, avoue tranquillement :

« Dommage! C'était plausible. Mais je ne regrette pas ma visite : ce que vient de dire Monsieur est très intéressant. »

Je ne pourrai me dispenser de le raccompagner, de subir son sourire en coin et cette dernière réflexion pas tout à fait gratuite, mais qui ne cerne pas vraiment la vérité :

« Entre nous, monsieur Godion, vous n'êtes pas très coopérant : on dirait que vous êtes flatté d'abriter un phénomène et soucieux qu'il le demeure. »

XXIII

MARDI NOIR : ce n'est pas moi, c'est la presse qui l'a
surnommé ainsi, stupéfaite d'enregistrer, sur un
modèle américain que nul ne croyait exportable,
cette panne nationale d'électricité, bon test de la
fragilité de notre « civilisation du kilowatt », soudain privée de chauffage, d'éclairage, de réfrigéra-
teurs, plongée dans une vraie nuit, une nuit grelot-
tante du XVIIᵉ siècle sans autre recours que la bûche
ou la chandelle.

Déjà au petit matin, très piquant, très salé de
givre, nous avions eu une première alerte, une
coupure d'une heure, sans doute un délestage, mais
le courant était revenu, avant que nous partions
pour la gendarmerie procéder au pointage mensuel,
assuré cette fois par le brigadier Baumogne lui-
même, lourdement assis devant son bureau : bonhomme d'ailleurs, nullement vexé, plutôt amusé par
cette persévérance dans l'anonymat que nul n'arri-
vait à déjouer ni même à expliquer et philosophant
là-dessus sous un képi de travers :

« Finalement, mon garçon, je vous soupçonne
d'être honnête, à quelques gardons près. Mais diable! Plaquer la société ça marque mal, c'est un
impardonnable désaveu : ne vous étonnez pas
qu'elle vous cherche des noises... »

Il suçait un mégot, il en tirait une courte fumée :

« Qu'est-ce qu'un homme après tout ? Le produit d'une culture, d'un temps, d'un espace donnés. Une abeille dans la ruche. Quand une abeille se perd, la ruche n'en souffre guère; mais l'égarée, qui n'a plus de raison d'être, en meurt toujours. C'est l'exemple qui, chez vous, me paraît condamnable. »

Il ne s'attendait pas, le brigadier, à déclencher la moindre réponse. Elle fusa pourtant, à l'improviste :

« Je ne cherche pas d'émules. L'exemple suppose l'imitation et ce n'est pas en proposer que de s'écarter de la foule; ce serait plutôt le contraire.

— Pas un exemple, alors, mais une protestation ! » s'est écrié le brigadier, le derrière à demi soulevé, l'œil très intéressé.

Mais il n'a plus rien obtenu.

Nous, si. Enfin, un peu plus. Un taciturne, il y a des jours où il a besoin de se relâcher, sinon de s'épancher. Et puis (bien que notre ami nous ait avoué que *le houret, en dehors de son flair, avait aussi l'avantage de pouvoir écouter sans comprendre*) la parole est une contagion que la solitude évidemment ignore, mais dont l'intimité se défend mal. Amant de la fille, ami du père qui en toutes occasions s'était montré son allié, je le voyais bien depuis quelques jours tracassé par la gratitude, s'efforçant de participer, de dire des choses – sans cesser de les filtrer – comme s'il me devait bien ça. Et pour dire des choses, comme pour en faire, l'obscurité a des vertus...

Nous étions encore dans l'atelier quand, sous les ronds d'émail suspendus par leur fil au-dessus de nos places habituelles de travail, les ampoules de soixante s'éteignirent, nous laissant aveugles, ma fille sur l'étau à endosser, moi sur le massicot à rogner.

« Les plombs ont sauté, dit Claire, d'une voix identique à elle-même et pourtant comme étouffée dans l'ombre.

– Non, fit notre hôte, posté près de la fenêtre où il bricolait je ne sais quoi, il n'y a plus une lumière dans le bourg. »

Nous avons prévu dans l'atelier, pour ces cas-là, une Lumigaz vissée sur Bidon-bleu. Mais pour quelques minutes à quoi bon aller la chercher à tâtons sur le haut de l'étagère?

« On fait une petite cure de noir? proposai-je.

– J'ai l'habitude, fit la voix venant de la fenêtre.

– Papa adore ça », fit la voix venant de l'étau.

C'est vrai, j'aime le noir, riche d'autant de variétés que le sont les bleus ou les gris du jour. Ne parlons pas des noirs de ville, rayés de néon, clignant de minuteries. Mais des noirs d'avril qui n'annulent pas les fleurs que leur parfum localise; des noirs de juillet, plus courts, plus lourds, où s'entend le coup de dent des vaches restées dehors pour brouter de l'invisible; des noirs d'hiver où la lune s'attarde au flanc pâle des bouleaux, mais ne réussit pas à s'infiltrer sous les sapins. Pour l'instant nous étions dans le noir de maison où c'est la mémoire qui loge les objets et au centimètre près, si besoin est, assure leur présence.

« Si c'est le transfo communal qui a flanché, nous en avons pour une heure.

– Bof! Ce n'est qu'une éclipse totale un peu longue. »

Précédées de frôlements de chaussons, les deux phrases provenaient cette fois du même endroit, la région du cousoir, où un bruit de baiser confirma la conjonction.

« On serait tout de même mieux dans la salle. »

J'en convins. Le pied, la main en quête, nous savons situer, sans craquer une allumette, la porte donnant sur le palier, l'arête de la première marche, la rampe qui se termine en bas par une boule de verre, l'accès de la salle par le travers des carreaux de l'entrée et enfin, en évitant le guéridon, l'un des fauteuils qui occupent le côté salon, face au coin repas. C'est même un très vieux jeu pour moi comme pour Claire, toujours gagnante, mais attardée ce coup-ci à soutenir son bonhomme. Dans la salle où, par la baie donnant sur le jardin, ne pénétrait qu'une nuit de jais, la moindre luisance, y compris celle du battant de cuivre de l'horloge, avait disparu. Je pus, au jugé, trouver le transistor sur le buffet et, sauvé par ses piles de la trahison du 220, tomber sur les informations d'un poste lointain, probablement suisse, maltraité par le fading, qui nous apprit qu'Indira Gandhi venait d'être arrêtée, que les plus grands médecins se relayaient au chevet de Boumediene agonisant et qu'en France une partie du réseau, surchargé, venait de sauter.

« Si j'avais su, j'aurais monté du bois pour vous faire une flambée. Je vais allumer les brûleurs du Butagaz et laisser la porte de la cuisine ouverte », dit Claire.

Et c'est ainsi que, ne réalisant guère la gravité de la panne, croyant que le courant allait revenir d'une minute à l'autre, nous avons attendu en bavardant tandis que les radiateurs se refroidissaient lentement. On est toujours en peine de reconstituer ce genre de parlote. Il me semble que ce fut Claire qui l'amorça, disant :

« Pas mauvais bougre, ce Baumogne, au fond! Mais il a de ces définitions... »

Et voilà, c'était parti, pour une suite de propos décousus, intermédiaires entre le dialogue et le monologue, s'enfonçant par moments dans le muet pour resurgir, plus loin, dans l'audible. On chuchota d'abord :

« Le brigadier a tout de même prononcé un mot juste : celui de protestation. Le refus d'être complice, c'est important... »

Les battements de la comtoise occupèrent le silence : une cinquantaine, au moins. Puis, à ma stupéfaction, le murmure reprit :

« Quand j'ai été blessé, j'ai crié : *A l'hôpital, vite!* L'inspecteur me l'a fait remarquer. D'après lui il y avait là une contradiction, un réflexe, prouvant que je ne vivais pas seul depuis longtemps. Et c'est vrai que j'y suis venu progressivement... »

Indécise, Claire parla d'autre chose. D'un problème de reliure, notamment. Je comprenais bien ses craintes. Qui s'explique en même temps se persuade... et vous en voudra, demain, de ses confidences. Savoir, en certains cas, loin de donner un pouvoir, restreint celui que vous avez. Mais l'ombre s'anima :

« J'aimerais qu'au moins vous me compreniez, vous. Alors que s'accroît la multitude, tout le monde se plaint de sa solitude. Et en même temps les gens ont besoin que d'autres gens les gênent, les limitent, pour se sentir exister... Curieux! Puisque de toute façon chacun vit en soi une réclusion à perpétuité, autant s'y faire! »

Et un rire, un vrai rire accompagna la boutade :

« A ma connaissance, Dieu est seul de toute éternité, il s'y est très bien fait, et les hommes ayant été créés à son image... »

La pause qui suivit dura bien deux minutes. Puis il reprit :

« Chacun de nous est unique aussi, paraît-il. Pourtant ce n'est plus l'être qui compte, mais l'avoir. Sommés de consommer, vous êtes accomplis, vous êtes possédés par ce qui vous appartient. Moi, c'est le luxe inverse qui m'intéresse : vivre sans biens, sans règle, sans sécurité, sans ambition, sans mémoire, sans nom...

– Presque sans toi, en somme! » dit Claire.

Une voiture passa dans la rue et le pinceau de ses phares balaya brièvement le plafond. La chatte miaula dont, faute de voir les yeux (les yeux de chat ne sont que des cataphotes), je ne pus savoir si elle venait de sauter sur le rebord de la fenêtre. Claire, qui s'agitait sur son siège, n'osait aller plus loin. C'est moi qui, pour la première fois, rompis le pacte et posai une question :

« Pourtant vous nommez les gens, les plantes, les animaux, les choses. Pourquoi faire exception pour vous-même? »

Je m'attendais à être rembarré. Il n'en fut rien. Mon hôte répondit calmement :

« Nous ne faisons que changer d'âge, d'apparence physique, parfois de situation, d'habitation, d'idées... Qu'y a-t-il de commun entre tous ceux que nous sommes, du poupon au vieillard? Un nom. Un repère arbitraire, mais fixe. Le rejeter, c'est vraiment le refus le plus radical, le plus paralysant pour les autres. Vous ne leur laissez plus de prise. Privé du mot qui doit vous qualifier, privé de raison sociale, vous devenez irréel, hors la langue, hors l'usage, hors la loi. Aux histoires qu'on me fait vous voyez, comme moi, à quel point ça déroute! Je respire, je dors, je mange, je vis très bien, mais je ne devrais pas : je ne figure pas au répertoire!

– Vous figurez dans le vôtre : on ne s'oublie pas! fis-je, agacé par la tirade, inattendue chez ce silencieux.

– C'est vrai que le souvenir aussi vous possède, répliqua-t-il aussitôt. Mais on peut oublier comme apprendre par cœur. Du moins on peut essayer... »

Sur cet aveu, il redevenait naturel : celui qui, sans doute, avait un passé en travers de la gorge, qui refusait désormais de s'intégrer. Il n'avait répondu qu'à la moitié de mon *pourquoi*. Il n'irait pas plus loin, il ne pouvait pas tout dire. Il ajouta quand même, se reprenant :

« On peut essayer... Précisément quand un nom est devenu si lourd qu'il faille l'abandonner pour lui survivre. Je vous l'accorde d'ailleurs, c'est une décision extrême dont le succès n'est pas assuré et qui n'est pas de tout repos. Je ne la conseillerais à personne. Il y faut trop d'effort.

– Et d'orgueil...? » souffla Claire.

La remarque ne fut pas contestée ni suivie d'aucune autre. Etre le seul à ne vouloir être personne, on peut bien en effet douter que le ressort – même s'il n'est pas unique – en soit l'humilité. J'entendis Claire se lever. Pas de retour du courant. Pas de vraie solution de l'énigme. Ma fille, sur ma droite, se mit à gratter le briquet de salon qui ne sert qu'aux visiteurs, éventuellement fumeurs. Il y restait assez d'essence pour allumer six bougies de cire, intactes, plantées dans les deux chandeliers à trois branches de la cheminée, d'ordinaire purement décoratifs.

XXIV

Que dire de cette fin d'année, du commencement de l'autre ? Se sont succédé le Noël laïcisé que chôme et festine l'incroyance, la mort de Boumediene, un jour de l'An riche de souhaits villageois – plus rituels que les urbains –, la catastrophe de l'*Andros Patria* au large de La Corogne, une vague de froid, une belle et bonne commande de cinquante demi-reliures à dos janséniste, la naissance d'un bébé-éprouvette en Ecosse, la fuite en Egypte du shah d'Iran, les oreillons de Léonard qui nous ont privés de lui durant une quinzaine, la défection de notre vieux congélateur... bref, ce mélange de satisfactions, de désagréments ménagers, de drames de petit écran, d'informations vite banalisées par les médias qui en sont fournisseurs comme les charcutiers le sont de saucisses.

Mais ce que j'ai retenu, surtout, de cette période, c'est bien sûr une série d'incidents, concernant notre ami.

Nous avions vraiment cru dans les jours qui suivirent la grande panne de l'E.D.F. qu'il allait progressivement s'exprimer, s'admettre, revenir à lui. Père et fille, gênés de nous désavouer, nous n'en parlions guère. Mais Claire, tantôt voulant savoir, tantôt ne le désirant plus, balancée entre le désir de fixer et la crainte d'éloigner, avait tout de même trouvé moyen de me souffler :

« S'il dit tout, que feras-tu ?

– Mais rien, ma chérie, rien. »

Rien, en effet. En supposant telle aventure, je ne voyais ni pourquoi ni comment une autorité quelconque aurait pu apprendre que nous savions et nous contraindre à parler. Quant au secret lui-même, en avais-je vraiment envie ? Pas moins, dirai-je, mais pas davantage que Claire. La confiance flatte, mais peut aussi décevoir. Notre inconnu, défini comme tel, unique en son genre et soudain dévoilé, nommé, ordinaire... il en serait sorti sûrement diminué. Et c'est une loi qu'un confident s'entraîne à la confidence, qu'un silence, rompu pour l'un, devienne ensuite plus accessible à d'autres...

Rien de moins facile que de vivre entre deux tentations. Pour notre ami, encore moins que pour nous. Un jour détendu, prévenant, je n'oserais dire : heureux ni amoureux, bien qu'il en fournît tous les signes, mais en tout cas si bien intégré qu'il en devenait presque un gendre, nous le retrouvions le lendemain tout différent, fermé, soupçonneux, contrit, indigné comme un curé qui aurait un moment songé à défroquer.

Il pouvait alors devenir ingrat, répéter qu'il n'était pas chez nous de fondation, mais de passage, que nous en faisions trop, que nous n'avions aucune raison de vivre reclus avec lui, qu'il ne fallait pas craindre de le laisser seul comme un jour forcément il le redeviendrait. Il pouvait reprocher à Claire de ne plus voir sa tante, comme à moi d'avoir interrompu mes parties de bridge. Il pouvait aussi s'enfermer dans l'appentis pour y jouer tantôt de la flûte, tantôt de l'harmonica. Il pouvait s'éclipser de nouveau, pour une journée entière, en partant très tôt, en rentrant très tard, en nous ramenant avec un demi-sourire, légèrement provocant, soit un lapin de garenne étranglé par son chien, soit de grosses anguilles qu'il dépouillait lui-même, de tête en queue, avant de les transformer en matelote. Il disparut même toute une nuit et je ne l'appris que par hasard en entendant au petit matin, encore noir, le bruit sourd du bateau butant contre la berge et le raclement d'une chaîne qui s'enroule. Claire, qui ne dormait pas chez elle mais chez lui, pourtant ne m'en souffla mot. Je crus bien faire en l'imitant. Et je ne compte pas ceci au nombre des incidents dont j'ai parlé.

Le premier, à la vérité, m'a paru cocasse et plutôt bénéfique en réactivant le problème de vivre sans état civil.

Comme nous descendions à la sous-préfecture – pour un troisième visa –, j'écornai légèrement dans un tournant la ligne jaune et deux motards de la route, distincts comme l'on sait des pandores locaux, surgirent de derrière une haie, nous prirent en chasse, nous encadrèrent, nous obligèrent avec de grands gestes du bras à stopper sur le bas-côté, nous saluèrent avec une froide politesse avant de nous réclamer nos papiers.

Je dis bien : *nos*. Pas seulement les miens, qui furent sourcilleusement épluchés, mais ceux de mes passagers. Bon pour un procès-verbal, j'étais du moins en règle et pus fournir tout ce qu'il fallait, y compris la carte de membre bienfaiteur de l'Amicale des policiers qui, glissée dans le permis, inspire parfois l'indulgence – et plus souvent irrite les intraitables –, Claire eut tort, en extirpant de son sac un livret de mariage, de maugréer :

« Vous ne croyez pas, messieurs, que pour dix

centimètres d'écart, à tout casser, vous pourriez passer la main? »

Mes pneus furent aussitôt trouvés trop lisses, coupables de me déporter dans les virages; et notre hôte, sur la banquette arrière, entrepris à son tour. Les motards, ces ambulants du carnet à souche, n'étant pas de la région et n'ayant apparemment jamais entendu parler de l'inconnu de Lagrairie, trouvèrent tout de suite fort louche un bulletin de sortie de prison que ne soutenait aucune autre pièce, et le feu roulant des questions habituelles : *Date et lieu de naissance? Fils de qui et qui? Profession? Domicile?* demeurant sans réponses, ils ne s'embarrassèrent pas de nos explications, pour eux confuses, invraisemblables, coupées de *Laissez donc parler Monsieur* – qui justement n'ouvrait pas la bouche. Ils nous intimèrent de les suivre, pour tirer les choses au clair, à la gendarmerie la plus proche.

C'était précisément notre destination et l'éclat de rire du brigadier, les laissant déconfits devant leur prise, aura sans doute marqué dans leur carrière.

Moins drôle fut le second incident. N'ayant plus de nouvelles de Mme Salouinet, nous avions fini par croire qu'elle s'était résignée à nous ficher la paix quand, sur le coup de dix heures, un matin, elle s'amena impromptu. C'était plus ou moins son droit – d'après maître Millet, consulté après coup – de contrôler dans quelles conditions j'hébergeais un libéré conditionnel. Elle ne le fit pas valoir. Elle se présenta seulement, nimbée de son autorité :

« Il y a longtemps que je voulais rendre visite à votre pensionnaire... »

Elle tombait bien. Je la fis monter pour lui offrir le louable spectacle d'un laborieux en train de visser la presse, en compagnie de ma fille. Je la fis redescendre pour lui montrer qu'il était logé à part dans l'appentis, sans trop ni trop peu de confort. Elle en convint, souriante, mais d'un certain sourire et sans demander pourquoi voisinaient sur deux cintres, dans le placard bêtement resté ouvert, une vieille robe de chambre masculine et un soyeux déshabillé féminin, brodé d'un C à la place du cœur.

Quant au troisième incident, peut-être faudrait-il l'appeler autrement. Un mercredi, Léonard nous est arrivé, décidant :

« Après déjeuner, on va voir les chevrettes. »

Il faisait moins dix. Le gel garnissait les carreaux de blanches fougères (où souffler chaud, ho, ho, pour s'y faire un œilleton) et pétrifiait le jardin où nos agrenoirs attiraient les chardonnerets, ailleurs réduits à picorer des graines de centaurée, de chardon à foulons, comme les merles n'ayant d'autre pitance que les baies noires des vieux lierres. Excellent temps pour les voyeurs! L'auto servant toujours de base d'approche, nous pouvions entreprendre une marche lente, mesurée, ménageant une jambe guérie, mais encore incapable de longues performances. Avec ou sans chevrettes, j'avais envie d'arpenter la saison. Une forêt de nivôse (j'emploie à dessein ce terme, plus logique que celui de janvier, exportation coloniale du dieu romain Janus, aussi peu nôtre que la déesse Maia de mai)... Une forêt de nivôse, dans l'état de dormance qui est celui de tous les arbres comme celui de l'écureuil, du loir ou de la vipère, semble d'abord désaffectée. Pour le pied, pour l'œil, pour l'oreille, c'est dans le même espace un autre lieu : mutation qu'ignore la ville, toujours semblable à elle-même, à l'exception de ses squares. Pour nous les traversées de futaies, de taillis, dans l'air coupant, sur sol raidement feuilleté, garni de plaques d'herbe réduites au tapis-brosse, de plantes brouies, flétries, méconnaissables, réclament une expérience plus aiguë, servie par moins de signes.

Manquent en effet une foule de présences : migrateurs effacés par l'exode, sédentaires engourdis au terrier, flore retirée dans ses bulbes. Manque l'intimité feuillue remplacée par l'envahissement de ciel froid où baignent des ramures nues. Manquent les odeurs, les couleurs. Manque cet enchevêtrement de cris, de chants, de bourdonnements, de stridulations dont l'hiver s'appauvrit à tel point que, seuls, quelques pépiements d'oiseaux fidèles, quelques grognements de bêtes mal nourries, mal cachées et d'autant plus farouches attestent que, tout de même, l'époque du hors-sève n'exige pas le hors-vie.

Notre hôte (je m'exprime mal : en forêt j'ai toujours eu l'impression de devenir le sien) était dans un bon jour. Il avait pris Léonard par la main. A son appel (non pas le craillement pour courte distance, mais le coup de sifflet, inaudible pour nous, car il s'agissait d'un sifflet de braconnier à ultra-sons) le chien a répondu très vite. L'étrange corniaud, tenant du malinois par sa robe fauve, du beauceron pour sa tête noire qui avait l'air greffée sur le reste, nous contrôla du nez, un par un, à distance et partit devant lui, humant haut, humant bas, mais au besoin retenu d'un claquement de doigts par l'associé qui, très à l'aise, rentré dans son élément, choisissait sans hésitation les détours nécessaires pour assurer le succès du safari-prunelles. Nous traversâmes ainsi, durant vingt minutes, une haute chênaie, puis une basse, plus serrée que, d'après les encoches faites par une serpe au flanc des moins

194

beaux sujets, un balivage éclaircirait bientôt. Suivit une zone buissonneuse. Quand le chien s'aplatit, n'avançant plus qu'à patte molle, la truffe pointée, la queue frémissante, une main de chef, battant l'air, nous enjoignit d'en faire autant, puis attira le petit :

« Cinq, murmura-t-on. Ils vont traverser la coupe. Ils ont soif. »

Je me souvins qu'en effet près de la clairière, simple abattis dégagé depuis deux ans, il y avait une mare, surpeuplée en août de larves de moustiques et à cette heure sûrement couverte d'une couche de glace difficile à casser pour un léger sabot. Tomber sur une harde, c'était chanceux, mais non miraculeux pour qui connaît le territoire d'un chevreuil, animal si casanier et en même temps si résistant à la disette qu'il préfère grignoter quelques vieilles graminées, quelques tiges ligneuses plutôt que d'aller au loin chercher meilleure pitance, surtout s'il lui faut troquer la faim contre la peur.

« Un brocard, tu vois : son bois pousse sous une gaine de velours. Quatre chevrettes : elles n'ont rien sur la tête et leur derrière blanc a la forme d'un cœur. »

La harde, en livrée plus grise que rousse, tournillait, se faufilait entre des repoussis, la dent en quête, l'oreille ourlée de brun, mobile, attentive. Vision fugitive. Qui découvre est toujours vite découvert en forêt. Le chevreuil a l'odorat si sensible qu'il évente un intrus de très loin. Le brocard se mit à taper des pieds, bêla sourdement, puis lançant le cri d'alarme de sa race – une sorte d'aboi – s'enleva d'un bond, suivi de toute la harde.

Alors, gagnant la clairière, la traversant jusqu'à la mare, le grand blond se mit à en casser la glace à coups de talon, tandis que le petit garçon, ramassant au bord du trou des morceaux vitreux, blanc-bleu, les faisait glisser sur la nappe. J'appréciai le geste comme j'avais apprécié le regard du voyeur, aussi intéressé que le mien. Je ne détestai pas la franchise du chasseur qui se retournait en avouant :

« C'est bien dommage, mais je ne digère pas le foin. J'ai dû manger deux ou trois faons... »

Il tapa dans ses mains pour libérer le houret qui nous quitta aussitôt et partit à fond de train s'exciter sur les traces. Il ajouta :

« Les renards aussi, à l'occasion, mangent du faon. Puisque vous les protégez, vous ne pouvez pas m'en vouloir.

— Tu as assez marché, dit Claire. Lancelot ne veut pas que tu forces. Rentrons. »

Elle lui prit le bras et nous fîmes demi-tour. Cette fois, Léonard me donna la main, spontanément, pour un *C'est quoi l'arbre*?, variante écolière de nos curiosités. Il en savait déjà long, le gamin, bien plus que la plupart des citadins qui, de la Toussaint à Pâques, ne voient plus que du bois debout, dont le port ou l'écorce ne leur apprennent rien. C'est quoi l'arbre? Tronc court et gros, puissamment ramifié, creusé de profondes gerçures horizontales : un chêne commun. Ecorce moins épaisse, striée de fissures droites : un rouvre. Lisse et cylindrique : un hêtre. Lisse et cannelé : un charme. C'est quoi, l'arbre? Fût olivâtre, longuement prolongé : un frêne. Fût tortillé, s'épanchant en ramifications retombantes : un aune... Léonard m'a lâché la main, a rattrapé son ami :

« C'est quoi, toi? »

Il a été soulevé, l'innocent; il a traversé l'air, il s'est retrouvé à cheval sur deux épaules dont le propriétaire piaffait et galopait en chantant, pour donner le change, la vieille comptine :

Moi, c'est moi
Toi, c'est toi.
Nous deux, ça fait la paire;
Mais avec ton grand-père,
Qu'il soit grec ou chinois,
Qu'il soit russe ou gaulois,
Esclave ou roi des rois,
Ça ne fera jamais que trois...

XXV

Le gel avait lentement fondu, me laissant le temps
d'achever les traitements d'hiver, mon pulvérisateur
de cuivre sanglé sur le dos et dispensant à mes
fruitiers une bruine de fongicide. Puis le ciel s'était
enguenillé de nuages foncés, rapides, filant bas sur
une sous-couche immobile, d'un gris plus clair et
lâchant six ou sept fois par jour des giboulées
précoces, poussées de biais par un vent du sud-
ouest qui déportait les choucas du clocher. Quand
elle s'y met, la pluie, en ce pays, ne fait pas
d'économie, frappe sans cesse aux carreaux,
engorge les chéneaux, fouette si fort la terre, passée
de pierre en boue, qu'elle y soulève des cloques, des
bulles vite éclatées, comme elle le fait sur le Verzou
qui oublie complètement les bleus de contre-azur,
les verts d'algues, voire les roses dont peut le
teindre un couchant, pour ne rouler à toute heure
que du jaune sale.

Néanmoins entre les tilleuls de la place de la
Mairie, la tente était dressée et au bout du parquet
démontable l'estrade attendait les acteurs de la
pièce jouée par les grands de l'école, devant un
parterre d'enfants déguisés, avant de recevoir pour
la nuit l'orchestre du bal masqué, réservé aux
adultes. C'est une des rares originalités de ce can-

198

ton. On n'y célèbre plus à la Fête-Dieu le *Grand Sacre* où figuraient des files d'anges candidement ailés à hauteur d'omoplates, des apôtres aux auréoles de carton doré, des vierges et martyres en peplums blancs, brandissant leur palme et dont un ruban rouge autour du cou rappelait la décollation. Mais se maintient la coutume du carnaval, devenue entièrement profane, encore que, derrière la sous-préfecture, au coin de la rue Jeanne-d'Arc, chez Malingault, loueur de smokings, queues-de-pie, robes du soir ou de mariée à longueur d'année, on choisisse souvent pour le Mardi gras, à côté des inévitables crinolines, combinaisons d'astronautes ou panoplies de mousquetaires, les tenues d'ecclésiastiques que ceux-ci ne portent plus. On peut être sûr ainsi de repérer Vilorgey : il est toujours cardinal, tandis que Mme Binzat tournille régulièrement sous l'antique et vaste cornette des sœurs de Saint-Vincent-de-Paul.

Mais si le docteur Lancelot se présente aussi en morticole du Moyen Age à bec antipesteux (en cas d'urgence on ira droit à lui), la plupart des danseurs, préférant qu'à leur sujet on se pose des questions, changent chaque fois de travesti, surtout les jeunes; et l'on sait qu'en détachant des loups, plus tard, certains comme certaines ont eu – et tu – quelques surprises.

Qu'il pleuve sur la fête, en raison de sa date, n'est pas exceptionnel. Dans la rue, sous de grands pépins maternels, passaient de petits arlequins, des fées miniatures. Claire était déjà partie, accompagnant Léo, transformé en lutin. Faute de consignes, je ne touche jamais à rien dans l'atelier quand elle n'est pas là. J'avais un moment pensé à me mettre au piano, mais le flûtiste n'était pas en train. Assis sur l'extrême bord d'un fauteuil (c'est rare qu'il s'y carre : on le dirait toujours prêt à se relever, à partir), il lisait en principe un ouvrage sur les *Poissons des abysses*, mais je crois plutôt qu'il ruminait. Il n'était pas impossible qu'il fût stupéfait d'avoir été pris au mot par une fille refusant de se claquemurer, décidée à sortir seule comme il le lui avait proposé. Claire n'a jamais raté un bal masqué et à midi elle était revenue de la ville avec deux cartons, un petit qui contenait le déguisement de Léo, un grand où je n'avais qu'aperçu un soyeux attirail qui ferait de ma noiraude une geisha. Si je devinais juste – la scène s'étant passée dans l'appentis –, il y avait eu à ce sujet un léger différend :

« Vous saviez qu'elle devait me rapporter un costume? me dit-on soudain.

– Quoi! »

Exclamation non feinte. Comme je ne trouvais rien de mieux à faire que ma déclaration de revenus, essentiellement constitués d'une retraite qui n'a même pas été revalorisée au niveau des 9,7 p.100 d'inflation reconnus par M. Barre, je pouvais achever l'addition qui laisserait au percepteur peu de chose à soustraire.

« Oui, me fut-il précisé, au-dessous du kimono il y a une robe et une cagoule de pénitent blanc. »

La futée! Le pénitent blanc, d'ordinaire, c'est moi. Je ne loue pas ce déguisement, je l'ai acheté voilà plus de vingt ans, je le sors chaque fois du placard et chacun le sait. Avant ma retraite, je faisais partie des cinq ou six personnes qui, eu égard à leur fonction, devaient rester identifiables. Si je pensais m'abstenir cette année, c'était pour ne pas laisser notre hôte tout seul... Mais on me le substituait. Evidemment, il pourrait ainsi bénéficier d'un certain porte-respect, et la cagoule aurait l'avantage de cacher cette blonde surabondance qui, débordant du masque, ferait aussitôt repérer notre homme. L'idée était saugrenue, mais confirmait une politique. Claire m'avait déjà demandé de réinviter nos anciens partenaires au bridge, à la belote : Lancelot, M. Pé, le curé, M. Pallans, à l'occasion maître Binzat. Notre ami désormais marchait normalement. Même sous contrôle, il pouvait très bien filer au printemps que le redoux menaçait de rendre hâtif. Je l'avais vu moi-même regarder avec intérêt la sortie des perce-neige, précédant celle des crocus; je l'avais vu tâter des bourgeons gonflés, collant aux doigts. Avant trois semaines, les pêchers seraient roses... Après le refuge, c'était la réinsertion qu'en désespoir de cause ma fille semblait vouloir jouer, confiante en son atout : l'appétit d'un amant, qu'aiguiserait peut-être un peu de jalousie. C'était, certes, oublier qu'il ne s'agissait pas d'une liaison ordinaire. Mais je n'en pouvais rien dire sans desservir ma fille ou rebuter le garçon. Du reste, il continuait, sans humeur et même avec une certaine jovialité :

« Il paraît que, ce soir, je devrais être à l'aise puisque je ne trouverais, comme moi, que des gens sans visage et sans nom. Il paraît qu'une telle situation devrait m'exciter... Enfin, monsieur, imaginez qu'un petit malin ait vent de la chose, qu'il saute sur l'estrade et se mette à crier : *L'inconnu de Lagrairie est parmi nous! Qui est-ce? Je prends les paris.* »

Et moi de rire, gentiment :

« Vous n'auriez qu'à sortir en ce cas-là... Mais n'affabulons pas. Il n'y a que ma fille qui pourrait vous trahir et ce n'est pas à craindre. A mon avis elle vous met à l'épreuve.

— De son pouvoir? »

Se dressait devant moi une tête inquiète aux yeux si rétrécis qu'on ne voyait plus qu'une raie bleue entre les paupières. J'improvisai :

« En fait de pouvoir, vous savez bien que c'est vous qui en avez sur Claire et, la connaissant, j'en suis encore surpris. Depuis que vous êtes ici, pour elle, tout tourne autour de vous. Je n'en dis pas plus... Mais vous reconnaîtrez qu'elle a sûrement moins reçu que donné. Dans ces cas-là, l'obligé se demande souvent comment s'acquitter, sans s'apercevoir qu'il suffirait d'un geste. »

Je n'insistai pas. A huit heures et demie, Claire – qui entre-temps avait ramené, photographié, fait goûter, puis reconduit Léo à la boucherie – parut, masquée, l'obi dans le dos, ses cheveux noirs savamment disposés, traversés d'épingles à tête de couleur. Bref, à peu près japonaise, sauf les pieds. On aura remarqué en effet que les dames déguisées conservent le plus souvent leurs escarpins comme les messieurs, même en toge, leurs chaussures cirées. Il pleuvait toujours et, au moment où allait monter dans la voiture une geisha bien décidée à ne pas se priver de sa soirée, le pénitent blanc qu'on n'attendait plus, le pénitent blanc pour qui c'était en effet une pénitence, surgit de l'appentis et de loup en cagoule fut aussitôt approximativement embrassé sur la bouche. Je murmurai :

« Il vaut mieux faire deux voyages pour qu'on ne vous voie pas arriver ensemble. »

J'en fis un. J'en fis deux. Un quart d'heure plus tard j'en fis même un troisième pour introduire sous la tente, dans le grand piétinement scandé par le tam-tam de l'orchestre, un nouveau pénitent blanc, de gabarit réduit; et j'arrivai auprès de l'autre, maniant sa Nippone sans excès d'entrain ni de grâce, juste au moment où le croisait le cardinal, accouplé avec une Merveilleuse et qui disait :

« Prêtez-nous-la un peu, votre fille, monsieur le directeur. C'est bien la première fois que je ne la vois danser qu'avec son père...

– Que désirez-vous, Eminence ? » fis-je dans son dos.

Se retournant, Vilorgey resta court. Pas de doute : la voix certifiant le costume, c'était bien moi; et le double, un plagiaire, peut-être venu d'une commune voisine. Surveillant le couple pour lui éviter d'autres accrochages, j'allai m'asseoir près d'une Colombine qui me confia aussitôt :

« A nos âges, monsieur le directeur, on s'essouffle trop vite. »

C'était Adèle Berron. Sans me faire le moindre signe, Claire passa plusieurs fois devant moi. Puis je ne la vis plus. Je cherchai vainement dans la foule, compacte, la pointe blanche d'une cagoule. J'attendis encore un peu, puis je rentrai pour trouver ma fille dans la salle, en déshabillé :

« Il dort, fit-elle. J'ai été obligée de le ramener. Il a voulu me faire plaisir, mais vraiment, il étouffait. »

XXVI

LE déluge continue. Les trains de nuages se succèdent, se déversent : même quand l'ondée se fatigue, il reste toujours dans l'air assez de bruine pour faire fluer l'ardoise qui n'a plus le temps de sécher. La météo parle d'un *système frontal bloqué sur l'ouest du pays* et de précipitations de 40 mm par jour relevées au pluviomètre. La crue a envahi le bas de mon jardin; mon bateau est attaché maintenant à un pommier du premier rang. En face, la peupleraie est entièrement recouverte par l'eau que refoulent les buses de drainage qui, passant sous le chemin de halage, font d'ordinaire le travail inverse. Ce matin, au conseil, qui tient souvent deux séances, la première officielle et publique autour de la grande table de la mairie, la seconde au bistro où renaît parfois une chamaille, devant les consommations dont Vilorgey d'un chèque municipal, une fois par mois, règle la note, Bieux et Gachoux, les élus fermiers, ne cachaient pas leur inquiétude. Impossible de faire quoi que ce soit dans les champs où les tracteurs s'enlisent, donc de les préparer pour les semailles de printemps. Dans la vallée même, comme certains le craignaient, les travaux de régularisation du Grand-Verzou, pour la première fois mis à forte épreuve, semblent avoir été trop chichement conçus : toutes vannes ouvertes, les barrages d'amont comme d'aval n'ont pas un débit suffisant. Quant au chantier de la troisième tranche que nous avions été voir, sur Béléglise, il paraît que ce n'est plus qu'une lagune, un cimetière de brontosaures métalliques, enfoncés dans vingt centimètres de boue.

Nous-mêmes, la plaine n'étant que glu et la forêt qu'éponge, nous avons dû réduire nos randonnées à des marches à la file indienne au ras du bas-côté gauche des routes goudronnées, en bravant sous le ciré à capuchon la douche venue d'en haut et celle qui vient d'en bas par dispersion des flaques sous les roues des camions. Dans un sens, ce temps rébarbatif n'inspire pas « le retour à la nature » (comme disaient les journaux). Ma fille est plus tranquille, bien que Lancelot, à l'occasion d'un dernier examen, ait gouaillé : *Bon, ça va, j'arrête les visites : cette jambe ne mérite plus que je m'en occupe... Vous êtes guéri, Godion !* et qu'il soit d'ailleurs revenu le lendemain avec le curé et M. Pé sans parvenir à lier une vraie conversation avec notre hôte qui, sur les instances de Claire, a bien voulu jouer le *Solo de la scène des Champs Elysées*, de Gluck, mais s'est retiré dès que nous avons commencé à taper la carte.

Trois heures sonnent, au clocher. Dans la salle, au-dessous de nous, notre hôte s'exerce, déchiffre un passage de *Devil's Holiday*, un des premiers morceaux où la flûte ait cessé d'être réputée allergique au swing. Dans l'atelier, Claire, minutieusement, exécute un crétage, trace une bordure à la roulette sur un rempli de cuir à l'intérieur d'un plat. Moi, j'ai corrigé une dictée où Léonard avait écrit *Le colonel marchait en tête de la colonne*, en commettant ainsi une faute parfaitement logique. Puis je me suis attaqué avec lui à un problème d'un réalisme financier discutable : *Un hôtelier propose à une famille composée des parents et de leurs trois fils un prix de pension journalière de 22 F par adulte et 16 F par enfant. Le prix du voyage a été de 188 F. La famille disposera quotidiennement de 12 F pour ses sorties. Quelle est la dépense à prévoir pour trois semaines de vacances?* La première réaction de Léo m'a paru excellente :

« C'est bien plus cher que ça! »

La seconde l'a confirmé dans mon estime.

« Il n'y a pas de pourboire dans cet hôtel? »

Voilà une tête qui se fait. Mais Léo n'aura pas le temps d'entamer ses calculs. Un grondement lointain, accompagné de craquements, de cris, nous attire tous trois à la fenêtre. Celle-ci ouverte, le bruit devient nettement celui d'une lointaine cataracte. Au bas du verger, le Grand-Verzou, creusé de tourbillons, fait filer à vive allure des paquets d'écume sale, des brindilles, des bouteilles de plastique et continue à envahir les prés. Puis une sorte de bouillonnant bourrelet arrive soudain, recouvre ce qui restait de visible du chemin de halage. Un second suit, puis un troisième dont les orbes se brisent au pied de chaque peuplier, y soulèvent un ressac et s'élargissent pour aller mourir au loin sur les débords. Le niveau monte. Le courant accélère, charrie des bidons d'huile de tronçonneuse qui l'irisent par plaques, des copeaux, des rondins de toutes grosseurs, calibrés au mètre, provenant sans doute d'une coupe non débardée, d'un alignement de stères qui attendaient le charroi. Puis apparaissent des grumes entières qui, elles, auront évité le voyage en fardier vers la scierie. Bien entendu la pluie n'a pas cessé : le ciel en est rayé et la nappe liquide à perte de vue pointillée.

« Le barrage d'amont a dû céder », dit Claire.

Une voix monte d'en bas où la flûte s'est tue, où notre hôte a aussi manié la poignée de l'espagnolette pour aspirer comme nous l'odeur de terre lavée et contempler la submersion du paysage :

« Ce serait presque à souhaiter que le barrage d'aval cède aussi. Sinon le bas village va être noyé. Je vais attacher le bateau plus loin : sans ça, nous risquerions de ne plus l'atteindre. »

Il a raison. Si nous ne craignons rien, même pour nos caves, nombre de maisons de riverains sont bâties très en retrait de la rue, beaucoup plus bas que la nôtre. C'est le cas pour la rive nord de l'entreprise Ravion, de l'étude Binzat, pour la rive sud de la villa Mérindeau, de la ferme de La Chouaie. C'est surtout le cas, dans son île, du pavillon de la tante Sion que nous pouvons voir d'ici. Il est déjà cerné et, au moment même où je lui prête attention, le léger pont de bois, qui lui sert d'accès, se détache de ses piles et s'en va d'un seul tenant, au fil de l'eau.

« La tante Mélanie ! » crient Claire et Léo, en se jetant tous deux dans l'escalier.

D'autres que nous s'inquiètent. Avant même que nous soyons arrivés au bas du verger pour voir notre hôte, marchant dans l'eau jusqu'aux genoux, amarrer la barque plus en arrière sur un pommier du troisième rang, la sirène s'est déjà déclenchée. Claire coiffe d'une échelle double la haie taillée à hauteur de nez qui nous sépare de la vieille voisine, Mme Cruchot, qui nous hèle avec insistance. « Sœur de communion » de Mélanie Sion, elle sait comme nous que, paralytique et vivant seule avec son fils célibataire qui doit bricoler quelque part dans le canton et ne rentrera qu'à la nuit, elle n'a aucune chance de s'en tirer toute seule. Appuyée sur deux cannes, Mme Cruchot, dont la moindre émotion aggrave le tremblement sénile, bégaie des choses confuses parmi lesquelles je crois pouvoir discerner un propos : à savoir que les pompiers sont plus qualifiés pour lutter contre le feu que contre l'eau, leur alliée naturelle...

Ils ne vont d'ailleurs pas tarder, les pompiers, qui sont ici bénévoles, donc dispersés, et ont eu du mérite à se rassembler, à s'équiper en quelques minutes. Leur capitaine, depuis au moins dix ans, c'est Colin, le domanier, qui troque l'uniforme gris contre le bleu, le képi contre le casque. Il n'a que deux hommes avec lui et – hommage indirect – s'est présenté chez moi, a repéré l'échelle qu'il vient de passer, comme vont y monter et en redescendre Vilorgey, Berron le buraliste, Varan le métreur qui habitent le bourg et ont pu hâtivement être alertés. Tout ce monde est déjà plus ou moins trempé; des gouttes glissent le long des visages, tombent du nez ou du menton.

« Qu'est-ce qu'on peut faire? dit Colin, qui sait manier une lance, mais n'est pas équipé pour ce genre de sauvetage.

– Vous voyez Mélanie? » dit Vilorgey.

A moins de vingt mètres, nous fait face le F 5 que fit construire feu l'oncle Sion, plombier comme son fils et comme lui conservant un atelier sur la « terre ferme », mais si enragé pêcheur qu'il entendait lancer, ferrer, mouliner depuis les larges baies précisément conçues pour lui permettre cette fantaisie. Le flot rend invisible le perron de sept marches, correspondant au soubassement, à l'épaisseur anormale du vide sanitaire précisément calculé pour dominer les crues; il est déjà beaucoup plus haut, il rase les tablettes de ciment des ouvertures dont l'enseuillement, en général, atteint le mètre : ce qui suppose que déjà la même hauteur d'eau doit faire valser les petits meubles et décoller les papiers peints. Mélanie elle-même, on l'aperçoit confusément à travers un vitrage. Ne pouvant que traîner d'une pièce à l'autre sa jambe morte, elle s'est réfugiée sur son grand lit de bois qui fait radeau, qui flotte en tournant lentement, qui monte inexorablement vers le plafond. Nous a-t-elle aperçus? Son bras valide se dresse, semble-t-il; mais si elle crie, elle doit déjà s'être usé la voix qui, de toute façon, ne saurait dominer le bruit de fond torrentiel.

« Bon Dieu! crie Colin, qu'allons-nous faire? »

Confusion. Impuissance. Il faudrait... Quoi, au juste? Impossible d'imaginer, d'accrocher un va-et-vient. Le bon et solide cinq-mètres à moteur réclamé par Colin qui se croise les bras sur sa vareuse, Vilorgey n'a jamais voulu en entendre parler sous prétexte que la dernière noyade date de plus de dix ans. Quant à se risquer sur ce maelström dans un bachot à cul coupé fait pour taquiner le gardon, si c'est la seule solution, elle comporte des risques...

« Vous m'encordez une barque pour l'empêcher d'être emportée et j'essaie de traverser », décide pourtant Colin.

Il expose son plan. Le bateau le plus proche – c'est-à-dire le mien – peut être tiré en bord de rive, amené à la hauteur de la maison Sion. On l'arrimerait alors beaucoup plus haut, au cyprès chauve du jardin Chaveau, de façon à disposer d'une bonne longueur de corde qui lui interdise de redescendre, mais lui permette de traverser.

« C'est la manœuvre préliminaire qui sera la plus difficile », admet Colin...

Nous repassons. Nous regrimpons à l'échelle, les uns après les autres, sous le crachin, qui s'obstine.

Un pompier – c'est le fils Ravion – s'est détaché pour aller chercher, au trot, un rouleau de filin. Mais ce ne sera pas la peine. Mon bateau n'est plus à sa place, attaché au pommier. Nous avons été devancés.

« Revenez! Vous n'y arriverez jamais », hurle Colin.

Claire est figée sur place et s'en mord les ongles. Mais notre ami ne nous prête aucune attention et s'occupe seulement de ce qu'il fait. Resté seul dans le jardin il n'a pris l'avis de personne. Il s'est lancé tandis que nous hésitions. Il godille debout, en force et à cadence accélérée, sans se soucier des trente, puis des cinquante mètres que le courant lui fait perdre. Ce qu'il veut, à coup sûr, c'est traverser, quitter le lit du Verzou. Ce qu'il vise, c'est la zone calme des prairies inondées à travers quoi il pourra remonter et par un large demi-cercle se retrouver en amont de l'île. Un moment saisie par un remous, la barque toupille et de ce fait descend encore. Mais elle se redresse et profite d'une coulée divergente qui alimente de lavasse jaunâtre, aux mouvements plus mous, le lac qu'est devenue la peupleraie. Prenant du champ, glissant entre les troncs, le batelier peut maintenant virer plein ouest et regagner le terrain perdu, s'engager sur les pâtis engloutis, franchir une à une les clôtures dont les têtes de piquets, invisibles, dénoncent la hauteur de la crue.

« Il est gonflé! » dit Léo.

La manœuvre se précise. Aux environs de la ferme de *La Chouaie* – isolée, mais dont les habitants disposent de bons greniers –, le sauveteur improvisé longe la levée naturelle de la petite route de Genetier, fait demi-tour et, revenant au Verzou, pivote, se laisse aller, l'arrière en avant, godillant juste ce qu'il faut, à contre-courant, pour ne pas prendre de vitesse. J'ai bien compris : il se maintient au milieu, il cherche à éviter d'être aspiré par l'un ou l'autre bras que leur étranglement rend trop rapides; il pique sur l'île même, sur le potager submergé que partagent en deux les hauts arceaux d'une roseraie sous laquelle il va, tout courbé, s'engouffrer comme dans un tunnel : un tunnel à claire-voie du reste, dont une taille courte ne laisse à cette époque qu'une charpente de grosses tiges entrelacées dans la ferraille. Voilà qui va lui assurer des prises et, pour souffler, des relais. A la sortie, il disparaît un moment, masqué par une rangée de thuyas, réduite à des triangles vert sombre dont la base, devenue liquide, ne cesse depuis une heure de remonter vers la pointe. Il doit s'y accrocher pour réfléchir, avant d'affronter le dangereux espace libre où le flot, au coin de la maison, toute proche, se divise méchamment et de tourbillon en tourbillon risque de ramener la barque en plein bouillon.

« Il va se faire éjecter, dit Vilorgey.

– Il y a la glycine », fait remarquer Colin.

Ce serait en effet un bon ancrage que cette glycine tressée, grosse comme le poignet, qui monte à l'angle même pour se répartir ensuite un peu au-dessous du toit, en deux cordons – si chargés de grappes mauves, en mai, que de ma cuisine j'en sens l'odeur sucrée. Pour mieux voir, nous sommes repassés chez Mme Cruchot où s'agglutinent maintenant, comme au spectacle, une cinquantaine de voisins et surtout de voisines rameutées sous une floraison de parapluies de toutes couleurs.

« Qu'est-ce qu'il attend? dit Mme Pé, qui vient d'arriver, nantie à tout hasard d'un appareil photo qui balle sur sa poitrine.

211

– Il se retourne », dit Colin.

Exact. Le voilà qui jaillit, lâche sa rame, s'agrippe d'abord au pied de glycine, puis, glissant le long du mur, tend la main vers une persienne, s'y assure en bouclant la chaîne entre deux lattes. L'eau atteint la seconde ligne de carreaux; un coup de botte défonce une vitre; une main passe et, libérée de la crémone, la baie s'ouvre d'elle-même sous la pression. La première manche est gagnée. Le bateau peut entrer dans la chambre où flottent autour du lit divers objets, une table de nuit, semble-t-il, une commode pied en l'air, une chaise dont n'émerge que le dossier. Ce n'est guère le moment de me demander : pourquoi fait-il soudain son héros, ce furtif, qui en temps normal, revenant à la brune, tâche de n'être aperçu de personne et qui ne s'est jusqu'ici montré aimable avec aucun de mes visiteurs? Que veut-il se prouver, nous prouver? Sa force, son courage, sa détermination? Ou malgré le retrait du monde dont il s'est réclamé, son appartenance occasionnelle à l'espèce, son souci d'une générosité toute physique où entrerait, envers nous comme envers lui-même, une part de défi? Je ne suis pas seul à me poser des questions.

« Ç'a été plus fort que lui », me souffle Claire.

Ses cheveux sont collés sur son front, sa robe sur ses bras, sur ses cuisses. Il continue à pleuvasser, mais ni elle ni moi n'irons décrocher d'imperméable. La seconde manche se joue. Nous n'avons pas assisté au transbordement : il n'a pu avoir lieu que du côté de la porte où il était nécessaire, sous peine de chavirement, de coincer au préalable l'avant du bateau. Pendant cinq minutes, nous n'en avons pu voir que l'arrière, dans cette chambre dont les cadres semblaient accrochés ridiculement bas. Cependant Colin, après tout responsable, sûrement un peu vexé et qui craint à juste titre que le retour soit aussi dangereux que l'aller, a fait grimper un de ses hommes sur le poteau téléphonique d'où part la ligne qui, par-dessus la rivière, raccorde au réseau la maison Sion. Le fils est coupé, rabouté au filin ramené par le collègue. Comme le bateau ressort, s'entrechoquant avec la commode qui culbute, perd un tiroir plein de lainages qui s'éparpillent et happés par le tourbillon, expédiés au Verzou, ne sont bientôt plus que de fuyantes taches multicolores, Colin porte à ses lèvres un sifflet à roulette, tandis que l'acolyte perché sur son poteau agite un chiffon rouge. Signaux vite compris. Le batelier s'enchaîne de nouveau à un volet : celui de gauche, cette fois, que domine l'isolateur et c'est avec sa rame qu'après deux ou trois tentatives prudentes, pour éviter le tangage et ménager la passagère recroquevillée dans une couverture sur le caillebotis, il finit par attraper le fil.

Et le fil ramène de la corde qui, prudemment tirée d'en face par les pompiers, ramène le bateau.

On s'empresse. On débarque Mélanie, on la transporte, on la met au chaud chez Mme Cruchot. Quant à notre hôte – dont on dirait qu'il a pris sa douche, tout habillé –, il accepte les félicitations et la poignée de main du maire, mais pour ne plus subir les flashes de Mme Pé, qui n'a cessé de le mitrailler depuis l'accostage, il s'éloigne hâtivement du groupe des villageois dont la plupart le voient en chair et en os pour la première fois.

« Excusez-moi, il faut que je me change. »

Il ne ressortira pas de l'appentis avant la nuit.

XXVII

NOUS sommes assis dans la galerie sur le long banc
d'attente lustré par les fonds de culotte des prévenus. Maître Millet vient de nous rejoindre, en robe
garnie d'un rabat douteux, d'une épitoge à bande de
fausse hermine en peau de lapin jaunie. Nous
n'aurons pas le temps de nous entretenir avec lui.
La porte du bureau de Mme Salouinet s'ouvre pour
laisser passer un garçon d'une vingtaine d'années,
boiteux, légèrement bossu, dont je reconnais le
visage en lame de couteau paru en diverses gazettes
où il a eu droit à de virulents papiers pour avoir
volé une CX et s'être offert, sans permis, une virée
de cent kilomètres terminée sur le flanc d'une
Renault dont le chauffeur a été tué sur le coup. Il
passe, ahuri, remorqué par la chaînette de son
garde.

Nous sommes déjà debout, mais il nous faudra
patienter quelques secondes de plus. Le propriétaire de la CX dont on sait qu'il n'est pas assuré
tous risques, qu'il n'a aucune chance d'être indem-
nisé, qu'il sera tenu pour responsable par la compagnie adverse et se verra retirer le bénéfice du
bonus par la sienne, a été retenu par Mme Salouinet jusqu'à la disparition du chauffard : elle a sûrement eu peur d'un incident de couloir. Rougeaud,

furieux, marmonnant de vagues menaces, vainement chapitré par son conseil, le plaignant sort à son tour. Nous entrons.

« Un mort, une veuve, trois orphelins, et je compte pour rien deux voitures neuves réduites à l'état de ferraille, grâce à un idiot qui a voulu s'offrir une heure de puissance, vraiment, c'est absurde! » grommelle Mme Salouinet à l'intention de maître Millet.

Elle s'est levée pour nous recevoir, elle nous tend la main, *à tous*, et ce geste suffit à me faire comprendre de quoi il va être question. Elle se rassied, mais son regard flotte, ne s'attarde sur personne, se pose sur ses papiers, s'en détourne comme si les blancs qu'ils comportent n'étaient pas de nature à lui redonner de l'assurance.

« Encore une fois, tous mes compliments! » dit-elle, tournée vers celui qui, en principe, sans qu'on puisse dire exactement pourquoi, est encore un prévenu.

Si elle garde un espoir parce qu'en veston, sans se résoudre tout de même au port de la cravate, mon hôte fait moins homme des bois que chanteur à la mode ou cadre moyen glorieux de son poil, que Mme Salouinet se détrompe! C'est bien le même garçon qui, s'asseyant devant elle, s'est une fois de plus figé, qui l'écoute sans paraître l'entendre, qui cille sans lever les yeux, qui semble passé de l'autre côté d'un miroir et ne figurer que par hasard dans ce bureau du palais dont les fenêtres donnent sur la place Royale cernée de bâtiments républicains : Centre des impôts, Sécurité sociale, sous-préfecture, tout un pierre-sur-pierre administratif qui n'a de commun avec la campagne que ce qui le domine : un ciel enfin bleu, pour le moment scié en deux par la double raie blanche d'un long-courrier.

« Pour être franche, je serais plus à l'aise,

reprend Mme Salouinet, si je savais à qui vont mes éloges. Vous n'imaginez pas quel casse-tête demeure pour moi votre affaire. Vous avez lu la presse? Elle vous célèbre. Elle réclame même pour vous la médaille des sauveteurs, elle s'indigne, elle exige un non-lieu, libérant le héros de tout soupçon comme de tout contrôle et de ce qui est en fait, sinon en droit, une assignation à résidence. Et c'est vrai que vous êtes innocent des pillages dont les auteurs ont été confondus et qu'on peut vous faire grâce d'un petit braconnage, probable, mais non prouvé. C'est également vrai que, malgré la diffusion de votre fiche, aucune plainte ne m'étant parvenue, vous ne semblez pas relever de la justice, un peu bafouée, convenez-en, mais assez intriguée pour que votre cas fasse l'objet d'une analyse dans *Thémis*, la revue professionnelle... »

Ce détail l'a sûrement confortée. Elle souffle un peu, et maître Millet en profite pour placer :

« J'ai lu, je me proposais d'y faire référence.

— Une opinion ne fait pas jurisprudence, rétorque vivement Mme Salouinet. Même si je la suis. Reste que toute mesure prise à l'encontre ou en faveur de votre client, à qui je dois quelques migraines, m'aura longtemps laissée perplexe. Je vous dirai même que par moments j'enviais un de mes amis, un juge anglais, qui a beaucoup moins que moi besoin d'aspirine, qui n'est pas obligé de torturer les textes pour résoudre un problème qu'aucun d'entre eux ne prévoit... J'ajoute que j'ai consulté plusieurs collègues dont aucun ne m'a sortie d'embarras. Vous rendez-vous compte, maître, que nous allons passer d'une information contre X, présent devant nous, à une relaxe d'inconnu, sans comprendre ni admettre qu'il veuille le demeurer? »

Si Claire peut s'accommoder d'un amant de ce genre, Mme Salouinet, c'est sûr, ne saurait concevoir cette monstruosité : un citoyen sans faute, mais sans nom, capable de vivre en paix sans être en règle. Ni maître Millet qui doit partager ce sentiment, ni son client qui n'a jamais paru se préoccuper des problèmes qu'il soulève, ni moi qui crains que s'en aggrave un autre, nous ne saurions faire autre chose que de nous taire, la déférence nous rabattant la paupière et nous figeant sur trois chaises séparées par cinquante centimètres de parquet à chevrons. Le puissant greffier roux porteur du même pull à col roulé qu'au jour de la confrontation (j'ai appris depuis que c'est un bon pilier de mêlée) surgit de la pièce contiguë, glisse devant Mme Salouinet un formulaire tout préparé qu'elle parcourt des yeux en murmurant :

« Enfin ! Nous pouvons considérer qu'une ordonnance de non-lieu vise un prévenu identifié, même sans état civil, par son signalement comme par le contenu et le numéro de son dossier. »

Elle décapuchonne son stylo :

« Vous n'aurez plus, monsieur, à subir de contrôles, vous redevenez libre de vos mouvements. Mais si pour ma part j'abandonne, les recherches entreprises dans l'intérêt des familles peuvent être réactivées par la vôtre et aboutir sans m'être communiquées. Vous auriez alors à choisir s'il vous convient ou non de les satisfaire. »

Mme Salouinet, qui n'est pas la Méduse, louche un instant sur ce garçon que pétrifie le seul fait qu'on s'occupe de lui. Elle signe, d'une plume qui gratte nerveusement le papier. Elle se tourne vers moi :

« Quant à vous, monsieur Godion, vous êtes déchargé de toute responsabilité. La caution, dont vous vous étiez prévalu en vertu de l'article 273 du Code pénal et qui était pour nous une garantie contre la non-représentation d'un prévenu, n'a plus d'objet. Vous n'aurez plus à me rendre compte d'absences éventuelles si l'hébergement continue. Mais en toute honnêteté je dois vous mettre en garde contre les complications prévisibles d'une situation sans issue : pour votre hôte, pour vous, pour votre fille. »

L'allusion est discrète et ne fera hocher que la tête de maître Millet. Accoudée sur son sous-main, déraidie, débarrassée de Mme le juge, la dame en gris, plutôt bienveillante désormais, reste réduite au monologue. Elle est de ces femmes qui dans l'exercice de leurs fonctions n'inspirent pas la discussion. Elle continue, elle ne peut s'empêcher de plaider au nom de la société :

« J'ai déjà fait ce que j'ai pu, monsieur Godion, pour attirer l'attention de votre ami. Je ne vais pas maintenant l'entreprendre de nouveau sur ses motivations, mais j'ai le devoir d'insister une dernière fois sur leurs conséquences. Soutenant en somme le curieux sujet de la dernière conférence du stage, il semble estimer que *la solitude est à l'âme ce que la diète est au corps*, mais oublie que, poussées à bout, l'une et l'autre l'exposent à mourir d'inanition ! Légalement il n'existe pas. Sans doute est-ce ce qu'il a voulu. Mais où qu'il aille, il demeurera un tel objet d'étonnement, pour ne pas dire de scandale, que ses ennuis présents ne pourront que se renouveler sans cesse...

– Je le sais, madame. Merci. »

Cinq mots. Acceptant une seconde d'avoir l'air concerné, le relaxé n'en dira pas davantage. Qu'il ait décidé de ne plus avoir d'existence légale, c'est sûr. Qu'il ait refusé notre monde ultra-identificateur où, grâce à l'ordinateur, l'acte de naissance ou de mariage, le casier, le livret militaire, le permis de conduire risquent d'être connectés avec notre dossier médical, familial, fiscal, scolaire, bancaire et, pourquoi pas? politique, rassemblé, sous notre numéro de Sécurité sociale, c'est possible. Mais si Mme Salouinet a changé de ton, c'est qu'elle est désormais persuadée, comme moi, qu'il ne s'agit pas d'un défi, qu'il s'agit d'une fuite. Contrainte à l'ignorance, elle veut au moins tâter de la compréhension :

« Dernièrement, reprend-elle, en enregistrant un décès, un secrétaire de mairie s'est aperçu que le défunt venait de mourir pour la seconde fois. Sans avoir jamais commis d'autre délit que cette usurpation, il avait vécu trente ans sous le nom d'un prêtre, décédé six mois avant lui. L'enquête a révélé finalement qu'il s'agissait d'un très brave homme : il avait eu si mal à sa vie qu'il s'en était amputé et se servait d'un faux nom comme d'une prothèse. »

Elle se lève et dit encore, debout :

« Je ne l'approuve pas, mais la solution était évidemment plus facile. Vous devez comprendre, monsieur, qu'en effet aucune administration ne pourra jamais accepter le statut zéro, l'absence chez un individu de tout élément de détermination. C'est ce que fait remarquer avec raison la seconde partie de l'article de *Thémis* dont le signataire, après vous avoir absous, rappelle les dispositions de l'article 58 du Code civil applicable aux enfants trouvés. L'étendre aux adultes peut sembler hasardeux. Mais l'analogie devient moins discutable, en l'absence de toute législation précise concernant l'anonymat volontaire, si l'on se réfère aux dispositions prises par divers tribunaux et notamment à Paris en faveur d'un jeune garçon amnésique dont on ne connaissait rien et qu'un jugement tenant lieu d'acte de naissance, mentionnant le sexe, l'âge apparent, la date et le lieu de découverte, a pourvu d'un nom et d'un prénom tirés du calendrier, en l'espèce le mois et le saint du jour. Là où vous vous fixerez, à

Lagrairie ou ailleurs, il faudra tôt ou tard régler la question. Vous bénéficiez encore d'un certain flottement, d'un scepticisme qui ne vous croit pas capable de tenir longtemps et autorise l'expectative... Mais ce qu'un juriste appelait " la machine à normaliser " ne grippe jamais longtemps. Autant vous le dire, votre dossier d'administré fantôme court, à la préfecture, de bureau en bureau. Au pis-aller on trouvera une procédure pour vous rebaptiser.»

Les douze coups de midi s'égrènent au clocher voisin, aussitôt répétés par l'horloge du couvent des bénédictines. Le greffier range sa paperasse. Mme Salouinet, avec civilité, nous reconduit à sa porte. Mais tandis que nous traînons dans la galerie en écoutant maître Millet, de moins en moins ingambe, bafouiller des commentaires sans intérêt, Mme Salouinet nous rejoint, nous ignore, nous dépasse et, redressant son mètre soixante, croise des collègues attentifs, des avocats pliés en deux. Sur des jambes moins sèches, une fois la grille passée, elle arrive avant nous au parking où, près d'une Austin blanche, l'attend une lycéenne à cartable qui crie :

« Alors, Maman, tu te grouilles? »

Cette désinvolture à l'égard d'une mère, dont l'autorité impressionne les malfrats et les robins, a quelque chose de rafraîchissant. Ce qui l'est moins, c'est l'approche d'un échotier spécialiste du prétoire, prévenu par Dieu sait qui à la dernière minute. Maître Millet n'a aucun intérêt à l'éviter et ne saurait hâter le pas. Nous l'abandonnons pour trotter vers l'ID. En vain. Avant d'avoir pu démarrer, nous sommes coincés par le chroniqueur haletant :

« Quels sont vos projets? Que souhaitez-vous désormais?

– Qu'on m'ignore! » répond rudement l'interpellé.

Et là-dessus maître Millet, qui suivait en petonnant, trouve moyen de se traîner jusqu'à nous :

« Une minute! Je viens d'y réfléchir. On ne sait jamais! En torturant un peu la loi du... excusez-moi, je n'ai plus la date en tête... bref, la loi qui régit les abandons tardifs, on pourrait en haut lieu recourir au certificat d'origine délivré par le préfet... »

Le moteur tourne, mais je n'ose pas avancer et cet imbécile de Millet conclut triomphalement :

« En ce cas, il vaudrait peut-être mieux choisir vous-même un nom plutôt que de vous le laisser imposer... »

C'est une réussite. Pour la première fois me réjouit le rire énorme qui accueille cette suggestion. Une joyeuseté furieuse anime mon passager qui se tape le front :

« Ben, voyons, voilà la solution, Gribouille! Afin de pouvoir tranquillement ne plus être personne, tu proposes toi-même de redevenir quelqu'un. »

XXVIII

LES sacs d'engrais, les caissettes de plants, les tourniquets chargés de pochettes de semences avaient fait leur apparition sur le trottoir devant la graineterie. Délivré des dernières gelées blanches, on voyait dès huit heures se raviver le damier des cultures où sur chaque case peinait un paysan. En face, l'herbe redevenait drue dans les pâtis où les vaches noires, ballottant du pis rose et s'envoyant des coups de langue dans les naseaux, meuglaient tendrement vers les étables où sur la paille souillée, trop fragiles pour suivre, s'affalaient leurs veaux. Quant à la peupleraie elle connaissait, sur fond de brume floue, cette période vert jeune, cette période vert-jaune où, pour traduire poétiquement la chimie organique, la fée Xanthophylle l'emporte encore sur la fée Chlorophylle.

J'aurais dû m'occuper, toute affaire cessante, de mon jardin. C'était la première fois que, négligeant la mise en place, le sarclage, le recours au soufflet, à la boîte d'hélicide contre la petite loche noire ou la grande limace rouge, j'en faisais si peu. Mes artichauts n'étaient même pas débuttés. Vides, mes godets à concombres, à courgettes, à tomates. Vide, ma pépinière d'attente où ne se repiqueraient pas tout seuls choux, laitues et céleris de février qui se morfondaient sous les arceaux de ce tunnel de plastique qu'après usage on replie comme un accordéon.

D'atelier, pas davantage question, ni pour Claire ni pour moi, bien qu'attendît une commande : la reliure, année par année, d'une collection complète de *La Vie des bêtes*.

Evidemment parce qu'il était là. Parce qu'il était *encore* là. Parce qu'il n'y serait plus d'un jour à l'autre. Profiter d'une présence que nous avions toujours sue provisoire, mais qui le devenait à chaque instant davantage, voilà ce qui importait. Surtout pour Claire. De ma superbe fille larguant ses petits amis dès qu'ils avaient cessé de plaire et jetant à son père étonné, souvent en retard d'un élu : *Georges ? Mais voyons, Papa, c'est du jadis,* je pouvais mesurer la différence avec celle-ci, bel et bien dominée, effrayée d'être tenue sans tenir, avouant, la voix fêlée :

« Tu sais, ça recommence. Je peux compter les boutons de sa veste, je peux certifier qu'il a les yeux clairs cerclés de bleu foncé... Mais il reste si proche en redevenant si lointain que j'ai l'impression de l'observer, comme à La Marouille, à travers des jumelles. »

Ou encore, un matin, en redescendant – sans explication – de sa chambre au lieu de revenir de l'appentis :

« Vraiment, Papa, je ne sais plus, il est imprévisible. Il me veut, puis il m'en veut, comme si j'étais sa Dalila. Et quand même c'est bon, chaque jour de plus... »

Or nous en étions à seize. Au sortir du Palais, je ne l'aurais pas cru. « L'inconnu de Lagrairie sera-t-il pourvu d'office d'un état civil ? Est-ce légalement possible? Et le supportera-t-il? » assurait le lende-main un article assez bref de *L'Ouest républicain*. Comme lui, je voyais mal notre hôte accepter et même attendre cette décision. Je le voyais, plutôt, sac au dos, migrateur parmi d'autres sur les routes de Pâques, jouer du pouce sur le bas-côté pour s'en aller au plus vite, au plus loin et gagner une autre retraite désignée par le hasard de la boussole.

Puis à la réflexion je m'étais dit que, s'il disposait, lui, plus aisément de ses sentiments, il lui fallait cependant les forcer un peu; qu'il s'accordait sans doute un délai de grâce en l'accordant du même coup à ceux qui méritaient des ménagements, qui devaient s'habituer à l'idée de son départ. Supposi-tions, qui, d'ailleurs, n'en excluaient pas d'autres. Notamment, qu'il hésitait à s'imposer un surcroît de refus, un exil dans l'exil, en rompant avec son présent comme il avait rompu avec son passé. Ou encore que, se sachant désormais fiché, répertorié, exposé à de nouveaux incidents, il entendait tenir compte d'un essai qui n'était pas tout à fait un échec, mais réclamait pour la suite une autre stra-tégie : *un déraisonnable sérieusement repensé*, serais-je tenté de dire avec l'humoriste.

En tout cas, ayant des choses pressantes à dire et davantage à ne pas dire, il s'en tirait curieusement. Par des paraboles. Par des sorties n'ayant qu'un rapport lointain, à première vue, avec ses préoccu-pations. Je le trouvais dans l'atelier, près de la fenêtre, regardant le cimetière où trois ou quatre familles riches – les barons de Tordray, par exemple – se sont fait élever de petites chapelles funéraires. Je l'entendais murmurer, agressif :

« Cette rage d'avoir été, d'avoir sa maison de mort comme sa maison de vivant! »

Je le trouvais, près de la rivière, au crépuscule, observant la peupleraie, véritable dortoir, vers quoi volaient dans l'ombre des dizaines d'oiseaux noirs :

« Un corbeau a de la chance, affirmait-il. Il est si peu lui-même, il est tellement corbeau qu'il peut revenir percher demain sur une autre branche ou disparaître sans que personne ne s'en aperçoive. »

Enfin, plus franchement, profitant d'une course de Claire, il m'avait entrepris :

« Quand je ne serai plus là, monsieur Godion, j'aimerais que vous ne vous souveniez pas de moi comme d'un ingrat. »

Simple formule de politesse? Voire! Le ton et, dans le regard, une insistance, une sorte de contrition, que taisaient-ils, laissant un soupçon m'envahir? Si notre hôte craignait que Claire l'eût aimé plus fortement que d'autres, qu'elle ne fût plus de celles qui oublient comme elles se lavent, qu'elle souffrît longuement de son départ, le regret était de mise. Mais non le remords. Quand on manie le *toi* avec ferveur, il est vrai que chez les sédentaires on pense naturellement à l'homonyme, à la permanence au moins relative du *toit*. Mais chez les nomades? Pourquoi seraient-ils taxés d'ingratitude si, amenés par le vent, ils s'en vont avec lui? Ce sont de dangereux innocents. A moins que...

Non, je ne voulais pas me faire des idées. Mais Claire qui devait en entendre et en savoir bien davantage ne me répétait rien. Elle devenait étrange, par moments, pas seulement silencieuse, pas seulement réservée, mais embarrassée d'elle et cherchant à le cacher par de brusques élans de tendresse démonstrative, comme les enfants qui ont fait ou qui mijotent une bêtise. Sans aucun désir de l'écourter, je commençais pourtant à trouver le temps long.

Et nous marchions, nous marchions. Au moins un

jour sur deux. Pour nous user la plante des pieds. Pour nous retrouver ensemble au milieu de ce qui nous restait commun. Pour nous soumettre à une cure de printemps.

Parfois c'était le bateau qui nous servait de base d'approche. Les barrages étant détruits, nous pouvions remonter très haut ou descendre très bas, au-delà de Béléglise, découvrant l'intimité de ces propriétés qui ont des grilles sur route ou sur rue, des murs, des haies pour les isoler des maisons voisines, mais ne se protègent pas du côté de la berge où l'eau seule fait frontière. Sur trente ou cinquante mètres de large, dans des fouillis, sur des pelouses au contraire méticuleusement tondues, le long d'allées enherbées ou passées au chlorate, tout peut se voir : un enfant qui s'efforce à croupetons, une fille les seins à l'air et qui bronze en cachette, un tâcheron velu sifflant du rouge, un vieillard en train de tailler des rosiers, une dame à genoux devant une mini-grotte où une mini-Vierge de plâtre, ceinturée de bleu, des deux mains lui dispense des grâces. Et souvent le batelier ralentissait, déramait sans bruit derrière un écran de roseaux, s'attardait sur tel spectacle, telle échappée de vie étrangère, avec une curiosité nonchalante : celle du transfuge qui a renversé les rôles, qui regarde de vagues humanités, comme les gens d'ordinaire regardent les bêtes au zoo.

Que nous prenions d'ailleurs l'auto ou le bateau, c'était maintenant pour nous permettre d'aller le plus loin possible, de traverser tous les trois – ou tous les quatre, Léo se trouvant en vacances – des portions peu connues de forêt ou de campagne. Peu connues de moi, du moins, mais où notre sauvage, qui avait dû, l'an passé, trotter dans tous les sens, se retrouvait le plus souvent, n'hésitait guère aux carrefours des chemins creux, imprimés par les roues des tracteurs, étoilés de files de bouses et qui divaguent, se croisent, repartent entre des haies malveillantes ou des clôtures à poteaux de travers, lacés de ronces métalliques empanachées de flocons de laine prélevés sur les brebis.

« On remonte au bois? »

C'était son refrain. Il les trouvait trop ouverts, trop surveillés par de gros yeux fermiers, les champs et les prés. Inquiet, il filait sans rien voir le long des talus où le blanc des prunelliers, qui font fleur avant feuille, le jaune des tussilages, des faux pissenlits, et des ficaires, ces faux boutons d'or, renaissant de petits tubercules dont raffolent les faisans, ne trouvaient guère de rouges pour leur répondre, mais seulement des bleus de véronique et dix nuances de violettes. Le festival de saison, il préférait y assister – comme nous, du reste – là où il se sentait vraiment chez lui, abrité de tronc en tronc, fêté par d'autres fleurs précoces, les sylvestres du début de frondaison : jonquille, scille, pervenche, anémone de clairière.

Exaucé, il nous récompensait alors presque toujours. Je dirai même : sur le point de nous quitter, il semblait vouloir nous prouver quelque chose. Je crois avoir le sens de l'orientation, le don d'observation, une bonne connaissance de la flore et de la faune. Mais hormis sur un point, la nomenclature (surtout latine, dont ma langue se pique assez sottement, la marguerite ne gagnant rien à s'appeler *leucanthenum vulgare* ni le blaireau *meles taxus*), je n'étais guère auprès de lui qu'un apprenti. Nous assistions à de vrais numéros. Le rappel du houret, au sifflet inaudible, bricolé par lui, ne nous étonnait plus ni ce qu'il obtenait de ce demi-fauve. Mais même sans chien, il était capable, nez au vent, d'annoncer à distance la présence d'une bête rousse ou d'une bête noire, voire de préciser qu'il ne s'agissait pas d'une laie suitée, mais d'un solitaire vautré dans une souille... et de le prouver en faisant partir peu après un vieux sanglier miré aux longs grés recourbés. L'œil n'était pas moins vif. Un regard sur une boule de poils gluante, tombée à terre, et il annonçait :

« Réjection de chouette. Probablement une effraie. »

Un regard sur une laissée, et de nos chevreuils, maintenant dispersés, croquant chacun pour soi de la pousse tendre, il pouvait dire :

« Ils ont le mal de brout. »

Léo savait le provoquer et, vicelard, criant *Chiche!* pointer le doigt vers un tronc bien haut, bien lisse. Si le grimpeur parfois renonçait, le plus souvent pour la gloire (la seule qu'il appréciât : la musculaire), il enlevait chaussures et chaussettes, il montait « à quatre mains » jusqu'à la première fourche et s'en laissait redescendre d'une seule coulée. Sa spécialité favorite toutefois restait l'imitation, le genre « Thierry le Luron des bosquets » dont j'imagine qu'il n'était pas gratuit et devait beaucoup à l'interdiction des appeaux. Nul besoin pour lui de se tailler un de ces petits engins, fût-ce le plus simple : un noyau d'abricot, vidé, percé des deux côtés. Sa bouche y suffisait, aidée à l'occasion d'un ou deux doigts, et nous l'entendions, ébahis, raire comme le cerf, glapir comme le renard, crouler comme la bécasse, margotter comme la caille, chuinter comme la chouette, cajoler comme le geai, roumer comme le ragot, huir comme le milan ou tout simplement braire comme un âne (et ce n'est pas le plus facile, si l'on veut aspirer comme il faut ce long *hi* emphysémateux qui ramône le cou et que doit suivre un bref *han* de terrassier).

Et à ces moments-là, aussi enfant que Léo, oubliant que notre hôte n'aurait jamais de ressources ni de métier ni même de suffisante stabilité, qu'il ne cesserait de nous maintenir dans les complications et l'illégalité, je le trouvais tellement à mon goût, tellement sylvain pour ma dryade que je pensais comme elle : si seulement on pouvait le garder, ce compagnon!

Mais le téléphone sonna, vers vingt-deux heures, le soir de la Sainte-Irène (une date pour moi, ce prénom, qui fut celui de ma mère). J'étais seul. Après une randonnée trop longue, un dîner vite expédié, m'abandonnant aux commentateurs en train de débattre du plan Carter et de la pendaison d'Ali Bhutto, les enfants... je veux dire : ma fille et son ami, très las, étaient allés se coucher.

C'est donc seul, l'oreille aplatie sur le récepteur, devant la glace de la console où depuis tant d'années j'ai vu le même Godion, petit garçon, jeune homme, époux constant, veuf et désormais barbon, se succéder à lui-même... C'est donc seul que je le vis, stupéfait, paralysé, écouter ce correspondant qui n'avait pu m'avoir à l'appareil, disait-il, de tout l'après-midi, qui s'excusait de rappeler si tard afin d'être sûr de trouver mon hôte au gîte le lendemain matin et, sans le fournir, se contentait d'assurer que le motif en était « facile à deviner ». Le conseil final fut lancé d'une voix suave :

« Nul n'est au courant. N'avertissez personne. Et pour vous mettre à l'aise, disons que vous n'êtes pas censé avoir été prévenu. »

Je n'avais pas réussi à dire autre chose que des *bien, bien*, adverbes automatiques, fort peu approbatifs, lorsque je reposai le téléphone, de la main droite, devenue main gauche dans la glace, bien qu'emmanchée sur poignet dépourvu de montre-bracelet.

Au bout de trois minutes, chacun des deux Godion ayant fini de regarder, d'interroger l'autre, l'image inversée d'un sexagénaire très embêté abandonna la glace... Fallait-il? Ne fallait-il pas? J'optai d'abord pour l'affirmative. Je me glissai dehors sous un ciel d'un noir insolent où clignait l'indifférence des étoiles qu'on répute encerclées de planètes où de probables vivants, saturés de problèmes, se compliqueraient aussi la vie à plaisir. Mais comme j'approchais de l'appentis, me clouèrent sur place des éclats de voix : pas ceux d'une dispute, plutôt ceux d'une discussion un peu vive, mi-rieuse, mi-grinçante. D'inquiétants bouts de phrases voltigeaient : *Expérience à deux... Un homme seul, c'est la fin du monde!...* Puis cela tomba au murmure confus. Peu fier de moi, je fis dix pas de plus sur la pointe des pieds et je fus gratifié cette fois d'une belle tirade bien claire :

« Oui, quoi! Si tu ne peux pas rester, emmène-moi. »

Déception paternelle! Fausse, comme je le craignais, l'alternative : ou il demeure avec nous ou il part sans elle. Menaçante, cette autre : ou il reste, ou il part, dans les deux cas avec elle, dans les deux cas malgré lui. C'était l'hôte, soupçonné, qui devenait plus sûr que la fille :

« T'emmener! Enfin, voyons, pour devenir quoi? Mme Personne? Je ne puis aventurer que moi. »

L'électricité était encore allumée et dans la nuit une zone lumineuse allait réveiller un pêcher en fleur. Je m'avançai un peu, je jetai un coup d'œil par l'étroite fenêtre garnie d'un vieux rideau de dentelle mécanique, passablement trouée. Assis sur le bord du lit, ils étaient nus tous les deux, côte à côte : lui tel qu'à La Marouille, grand viril doré de peau et de poil – laiton sur bronze –; elle embroussaillée de noir à tous les coins de membres. Je reculai, je repartis aussitôt : assez vite pour ne pas voir ces deux corps s'abattre l'un sur l'autre, mais non sans avoir entendu :

« Sans toi je serais déjà loin. Je n'avais pas prévu cette tentation... »

XXIX

Sachant ce qui allait se passer, partagé entre la curiosité, le regret, le soulagement, j'ai ruminé toute la nuit et conclu que, pour éviter une scène pénible, il fallait trouver un moyen d'éloigner Claire. Je n'en avais pas d'autre que de m'arranger avec Gertrude, sa tante.

Certes, mes relations avec ma belle-sœur sont devenues rares, sinon fraîches depuis que, veuve, elle m'a laissé entendre qu'elle deviendrait volontiers la belle-mère de sa nièce. Connaissant l'autorité brouillonne, l'exigence, la dépense dont se plaignait son époux, ses habitudes citadines, son incapacité à chausser des bottes et à comprendre qu'on s'exténue à produire ce qu'on trouve au supermarché, j'ai décliné cette offre raisonnable, qui lui aurait assuré une maison de campagne en m'obligeant huit mois sur douze à vivre en ville. Comme elle a une certaine fortune, le refus de ses bienfaits, tenu pour une offense à ses charmes, l'a rendue amère...

Mais elle n'a pas d'enfants, elle a toujours eu un faible pour Claire et je me suis résigné, après une nuit de réflexion, à composer son numéro, à la tirer du lit, très tôt, pour lui exposer la situation et ce que j'attendais d'elle.

« J'espère, m'a-t-elle fait remarquer, que tu es conscient de tes responsabilités dans cette affaire. »

Je n'en ai pas disconvenu ni évoqué les siennes en d'autres circonstances. Gertrude s'ennuie, elle s'est d'ailleurs toujours ennuyée. Négligée depuis six mois, elle ne va pas rater l'occasion de raccrocher, de jouer un rôle. Je lui ai laissé le choix du prétexte pour justifier l'urgence.

« J'en ai un tout trouvé, malheureusement ! » a-t-elle dit d'une voix changée.

Ce ne sera même pas un prétexte, mais un motif sérieux : appelée quelques minutes après son arrivée, juste au moment où elle introduisait des tartines dans le grille-pain. Claire s'est rembrunie très vite, puis s'est écriée :

« Il ne faut pas laisser traîner ça. Si tu as peur d'aller toute seule chez le médecin, je vais t'accompagner. Je descends tout de suite. »

Elle est montée se changer, elle est redescendue en robe, elle m'a réclamé la carte grise et la clef de la voiture. Nous sommes restés face à face devant nos bols : moi, le père qui faisait l'étonné, et lui, l'ami, qui l'était réellement, mais n'était pas du genre à faire des remarques. Cette réserve s'est d'ailleurs bientôt transformée en malaise. Il y a des silences vrais. Il y en a d'autres où même enseveli sous la barbe un visage tait mal la perplexité, l'envie mélangée à la peur de parler. Je le savais parfaitement : que Claire fût partie chez sa tante, plus ou moins malade, ce n'était pas la question. Pouvait-on toutefois profiter de son absence pour annoncer – et c'était bien gênant – à un père que son protégé, cédant aux instances de sa fille, s'était décidé à filer avec elle sans espoir de retour ni de carte postale ? Ou au contraire – et ce n'était pas plus gentil – qu'il se disposait à la laisser tomber ?

J'aurais peut-être dû, j'aurais sûrement pu l'aider, en lâchant quelques mots, d'abord anodins, en me rapprochant ensuite peu à peu du sujet. Mais à quoi bon? Si de deux maux il ne faut pas toujours choisir le moindre, le doute ici ne m'effleurait pas. S'il n'était pas mon ennemi, si j'étais sûr de me souvenir de lui avec émotion, mon hôte devenait trop dangereux... Eh quoi! Ma fille! Qu'il lui eût fait et refait l'amour chez moi, à condition que, superbe inconnu, il ne remît rien en cause, soit! Mais nous n'en étions plus là. Nous en étions au rapt de la Sabine. Et j'avais fait mon choix: l'expulsion du ravisseur éventuel. Nul besoin donc de le laisser déballer ses états d'âme, puis de trancher moi-même, d'assumer un rôle déplaisant puisque m'était offert un concours précieux. Je commençais du reste à m'inquiéter, à me dire: le visiteur devrait être là, maintenant. Claire est partie, Claire ne soutiendra pas le visité si, en fait de départ, il a choisi le double: Claire ne se tordra pas les bras, ne se récriera pas, ne barrera pas le passage s'il a choisi le simple. Mais l'heure tourne. Si ma fille revenait trop tôt... Qu'est-ce qu'il attend, mon bonhomme?

Attentif aux claquements de portière, j'en comptai six qui auraient pu être les bons. Le septième me parut trop lointain. Mon hôte venait de gagner la salle: assis sur le tabouret du piano devant une partition et la flûte en travers du visage, il commençait à déchiffrer *L'avenir, c'était plus beau hier* de Guy Béart, quand retentit le coup de sonnette qui le fit aussitôt repasser dans la cuisine tandis que j'allais ouvrir.

L'entrant, bien reconnaissable à son crâne rose, avait beaucoup changé. Ses bajoues, devenues des repli de peau, s'étaient vidées de leur substance. Il n'occupait plus le même volume, il avait entre-temps accouché de son ventre et flottait dans son gilet :

« Disparu! fit-il, en se tapotant le nombril. Ça vous change un homme. Mais le régime jockey, a sept cents calories sans sel, je vous jure que c'est méritoire. »

Serrant la mienne, il gardait la main moite : et aussi l'œil saillant, fureteur, voltigeant sur toute chose.

« Et voilà! » annonça-t-il, très content de lui, en me tendant une photographie en couleurs.

Une photo pas tellement convaincante, à vrai dire : celle d'un minet blond aux yeux bleus, aux sourcils rejoints, mais aux cheveux courts déga-geant un visage tout en peau au lieu d'être tout en poil : un visage de dessous, en somme, au modelé inattendu dont la lèvre retroussée, le menton bilobé constituaient des surprises.

« Regardez les prunelles, insista l'inspecteur. Regardez la taroupe. Regardez surtout l'oreille : il n'y en a jamais deux semblables. Ajoutez mentale-ment le crin nécessaire... Et notez que, preuve irréfutable, nous avons retrouvé, parfaitement conforme, l'empreinte de l'index gauche figurant sur une vieille demande de passeport. »

Ce disant, assez haut pour être aisément entendu de la cuisine, il pénétrait d'autorité dans la salle et s'installait dans le fauteuil contigu à l'horloge, dont je remarquai – sans doute pour me donner une contenance – qu'elle avait pris trois minutes d'avance sur ma montre (mon père disait à cette occasion : « Ça ne hâte la mort de personne. »). Nous ayant écoutés, sans aucun doute, qu'allait logique-ment faire l'intéressé? Passer par la fenêtre, ramas-ser son magot, ses affaires et se carapater? Refuser toute entrevue? S'enfermer dans l'appentis? Faire front au contraire, contester l'identification. Embarrassé de moi, je m'étais assis à mon tour :

« Sa réaction vous inquiète? reprit l'inspecteur Ricat. Mais je peux vous la prédire. »

Et dans l'instant il n'eut qu'à ajouter :

« Bonjour, monsieur. »

Mon hôte venait de pénétrer tranquillement dans la pièce, souriant, saluant de la barbe. Sans émotion apparente, il se posait sur le bord d'une chaise. Et l'inspecteur murmurait :

« Je regrette de vous décevoir, monsieur, car votre anonymat, j'en suis persuadé, est à la fois pour vous un recours et une revanche. Mais je vous l'avais dit, il y a toujours des gens qui se souviennent. Et je vous avais dit aussi : quand je reviendrai, c'est que je saurai. »

Et voici qu'on répondait également à mi-voix :

« Pourquoi vous donner tout ce mal pour rien? Vous savez sûrement que Mme Salouinet a signé un non-lieu. Vous arrivez trop tard. Comme toute personne majeure qui ne fait l'objet d'aucune plainte, j'ai le droit à l'incognito. Je ne vous autorise – M. Godion m'en excusera – ni à prononcer ici ce qui fut mon nom ni à fournir mon adresse à qui s'en serait inquiété, pour des raisons d'intérêt peut-être, mais sûrement pas d'affection.

– J'en prends acte. »

Étrange scène! Des martinets, célébrant leur retour, déchiraient l'air de longs cris en tournoyant autour de la maison. Non moins aigu, parvenait de la scierie le chant d'acier du ruban à petites dents débitant du bois dur. Dans la salle, nous formions le triangle, apparemment paisibles, jouant chacun un jeu différent, imprécis, sans gagnant : un premier qui ne savait rien, qui passait la main; un second dont c'était le métier de savoir et qui savait et qui ne pouvait rien dire; un troisième qui, ne l'étant plus, entendait rester inconnu, mais qui, à mon sens, ne pourrait longtemps se réclamer d'un secret professionnel prévu pour un disparu en possession – et non en rupture – d'état civil.

« J'en prends acte, répéta l'inspecteur, mais je suis obligé d'en référer à la préfecture et au Parquet qu'exaspérait votre cas et qui n'ont plus aucune mesure à prendre pour y remédier... Votre état civil étant connu, il serait absurde, sous prétexte que vous ne vous en servez plus, de vous en fournir un autre que, d'ailleurs, vous n'utiliseriez pas davantage. S'il est à la rigueur opposable aux tiers, le refus de porter son nom n'est admissible pour aucune administration... Cela dit, étant donné ce que je sais de vous, je peux vous comprendre. Vous êtes... Mais dois-je, en gommant toute précision, le dire devant M. Godion ? »

Circuit fermé, d'œil en œil! Le regard de l'inspecteur interrogeait le garçon, qui se consultait en observant le mien, soigneusement braqué sur Ricat. Enfin trois mots tombèrent :

« Sans précision, oui. »

L'inspecteur avala sa salive, passa une jambe sur l'autre avant de réciter *recto tono* :

« Vous êtes le fils posthume et d'ailleurs putatif d'un soldat américain, tué dans un accident de la route avant d'avoir pu divorcer de votre mère qui, séparée de lui, vivait comme on peut le deviner et n'a jamais été capable de préciser quel fut votre véritable père. Elle est morte elle-même très jeune et vous avez été recueilli, à contrecœur, semble-t-il, par vos grands-parents, commerçants de province, qui vous ont appris à détester vos origines. Ecarté le plus possible, vous avez surtout connu l'internat et pendant les vacances la colonie. Un de vos professeurs, qui enseigne encore, vous décrit

comme un enfant « humilié, renfermé, malheureux
d'exister, se mettant lui-même en quarantaine ». On
saisit mal pourquoi à dix-neuf ans, bachelier, ne
poussant pas plus loin vos études, vous vous libérez
des vôtres en vous engageant pour trois ans. Mais
sergent-chef à vingt-deux ans, sans avoir jamais
donné de nouvelles à une famille qui ne s'en
inquiétait guère, vous replongez dans la vie civile en
laissant si peu de traces qu'on se demande si vous
n'avez pas passé plusieurs années à l'étranger. Peut-
être aux U.S.A., où votre pseudo-filiation vous per-
mettait de réclamer la citoyenneté américaine ?
Peut-être au Canada d'où est parvenu, voilà dix ans,
à la seule amie qu'on vous ait connue, l'unique
spécimen qu'on possède de votre correspondance :
une carte postale représentant un petit lac de la
forêt des Laurentides et dont le texte est aussi bref
que sibyllin : *Ouf!* suivi de vos initiales... »

L'inspecteur s'arrêta un instant, considéra le
client, puis lâcha, les yeux baissés :

« Exact, n'est-ce pas ?

— Exact.

— Mais ça date de dix ans. Combien de temps
êtes-vous resté là-bas ? Qu'y avez-vous fait ? Pourquoi êtes-vous rentré ? Quels déboires, quel chagrin
ou quelle faute ont aggravé chez vous le goût de
l'effacement, ont décidé le fils de personne à cesser
lui-même d'être quelqu'un...? Mystère! Vous êtes si
doué pour le silence que nous avons failli ne pas
aboutir. Les vôtres n'ayant jusqu'ici pas bougé, vous
ne faisiez l'objet d'aucun avis de recherche. Ni
parents ni amis ne vous avaient reconnu, trop
barbu, trop chevelu, trop changé, sur la photo
publiée par les journaux. C'est la succession de
votre grand-père, récemment décédé, qui a obligé
un notaire à déclencher une enquête afin de faire

constater, au bénéfice de votre oncle et cohéritier, la présomption d'absence qui, officialisée au bout de dix ans, vous aurait réputé défunt en annulant vos droits.

— Mes compliments, inspecteur! »

Ton forcé, insincère. Je songeais, morose : même sans atteindre ce degré de scandale, cette froideur d'une famille qui, sans se poser de questions, se laisse amputer de l'un des siens, quelles illusions nous séparent des êtres qui nous sont les plus chers? Quelle image nous faisons-nous d'eux? Quelle sûreté nous les attache? Quant à mon hôte, son sourire s'était éteint. Son visage était redevenu de cire; sa voix, sortant de lèvres à peine remuées, celle d'un ventriloque.

« Vous n'imaginez pas, je pense, qu'ayant tout abandonné depuis quinze ans je vais aller disputer ma part à ce monsieur dont votre intervention, prouvant ma survie, aura au moins l'avantage de bloquer pour longtemps la rapacité.

— Je n'imagine rien. Mon rôle est d'informer. Vous l'êtes et, sous réserve, l'autre partie le sera. S'il est en effet possible qu'avant peu vous vous soyez de nouveau éclipsé, c'est votre affaire. Comme vous n'ignorez plus que le rôle de l'homme sans nom, en pays civilisé, n'est jouable qu'à condition de devenir aussi l'homme invisible, il n'y a d'autre solution pour vous que l'île déserte! »

L'agacement l'emportait, le chauve devenait bourru :

« Devenue rare, mon ami! Et par principe dénuée de ressources. Toujours lointaine, au surplus, et réclamant des trajets, des recherches, des passages de frontières où l'on se fera un plaisir de vous réclamer vos papiers. Mais il n'est pas exclu que vous trichiez un peu, que vous ayez quelque part planqué le nécessaire. Il ne l'est pas davantage que vous renonciez, en mettant toutefois un point d'honneur à ne pas nous le dire... Mon boulot, voyez-vous, c'est la recherche des vrais disparus; ceux qui ont résisté à l'envie de faire demi-tour. Vous n'avez pas idée de la variété de leurs mobiles ni de la constance des dénouements : mis à part quelques clochards et quelques suicidés, on découvre la plupart des autres plus ou moins établis, petitement pépères, dans le même genre d'existence qu'ils ont lâchée.

– Tous, vraiment! » me suis-je écrié.

Alors, dodelinant du chef, l'inspecteur s'est tourné vers moi :

« Tous, non, bien sûr. C'est même vrai que, depuis quelque temps, ça se complique. Les disparus, on les retrouve dans des sectes, dans des communautés repliées dans la montagne et même seuls dans des grottes. Allez comprendre! Je suis flic, je ne suis pas sociologue. »

Il ne s'est pas attardé et, craignant toujours de voir Claire rentrer trop tôt, je me suis gardé de lui offrir un verre. Avant de partir, toutefois, comme il doit sans doute le faire, il a sorti un document tout préparé, destiné à « la famille » et faisant état du refus formel du « disparu » de renouer avec elle. Intraitable, celui-ci a non seulement refusé de le signer, mais même de le lire. Et ce bout de papier sur lequel, avec un nom, figurait sûrement un prénom dont je me demandais s'il était américain ou français, mais que ma fille ne connaîtrait jamais, qu'elle ne pourrait pas classer dans ses souvenirs, a été replié en quatre, a réintégré une poche.

« Vous en témoignerez », m'a dit l'inspecteur, sur le seuil, en haussant les épaules.

La porte refermée, en me retournant, j'ai trouvé mon hôte devant moi, l'œil fixe et demandant :

« Vous saviez qu'il allait venir ? Vous avez éloigné Claire ? »

Il a fait un pas en arrière et ajouté :

« Vous avez bien fait. Racontez-lui ce qui s'est passé ici ce matin. Peut-être en la ménageant, en lui disant que je suis parti régler mes affaires, que j'aviserai ensuite... Je vous laisse juge. »

Etait-ce du courage ou de la désinvolture ? Et que pouvais-je dire sans être hypocrite ? Il savait bien et il savait pourquoi, aussi raisonnable qu'égoïste, je n'avais aucun dessein de le retenir. Mais il prenait tout sur lui :

« Je ne peux pas revenir en arrière et, si elle en savait la raison, Claire elle-même souhaiterait que je m'éloigne : aussi navrée, mais aussi sage que vous. Car enfin, peut-elle rêver de nous voir liés, tous les trois à perpétuité ? Peut-elle donner à Mme Pé l'occasion de titrer dans *L'Eclaireur :* « Identifié, l'inconnu de Lagrairie s'y fixe en épousant la fille de son bienfaiteur » ?

C'est la dernière fois que je l'ai entendu éclater de ce rire rauque, difficile à soutenir. Ensuite je crois qu'il m'a remercié, que je lui ai bêtement souhaité bonne chance. Nous n'avions ni l'un ni l'autre les yeux secs quand il m'a laissé dans la cuisine pour aller boucler son sac. Je pensais qu'il allait remonter pour me dire adieu et, l'espérant, me demandant quel moyen de locomotion il allait choisir, je jetais en même temps d'insistants regards à l'horloge. Mais il s'est comme dissous dans l'air. Le portillon n'a même pas tinté. J'ai su, plus tard, qu'à la stupeur de certains passagers il était simplement monté dans le car de midi vingt qui aboutit à la gare de la sous-préfecture et permet de prendre l'express de Paris ou, en sens inverse, celui de Nantes, une heure plus tard. Ce qui ne signifie pas, d'ailleurs, qu'il ait pris l'un ou l'autre...

XXX

Depuis un mois – un mois, déjà! – le mercredi, le samedi, le dimanche, nous ne sommes plus que trois; et deux, les autres jours. Et comme jadis, sans auto, sans bateau, sans relais, c'est à pied que nous traversons la campagne avant d'atteindre les lisières et de nous enfoncer dans les bois.

Ce dimanche matin, il a plu durant dix minutes : une ondée fine, rien de sérieux, juste de quoi rafraîchir ce que mon grand-père, après le *printemps de Jésus* (avril), appelait le *printemps de Marie* (mai), suivi d'ailleurs du *printemps des Apôtres* (juin)... bref, la seconde tranche vernale. Très différente de la première, trop fraîche, comme de la troisième souvent trop chaude. La meilleure, à mon avis. Désormais, tout enfeuillée d'en haut. Toute hérissée d'en bas où, par milliards de brins, l'herbe est encore de l'herbe, indifférenciée, et non la haute mer fourragère de graminées indépendantes, devenues flouve odorante, bon pâturin à vache, houque molle, ivraie, chiendent, fléole, vulpin, dactyle à gros épillets, brome barbu remonte-manche, qui se confondront de nouveau, après la fauche, dans les meules de foin.

Nous allons au plus court par le chemin de la Croix-Haute, rétréci cette année faute d'avoir été dégagé par le tourniquet tranchant de l'élagueuse municipale et qui se présente comme un couloir blanc d'aubépine, enlacée d'églantiers agressifs arborant en bout de branches leurs premières roses-de-chien. Défleurissant, les pommiers de bordure douchent de pétales le revers du fossé où le myosotis se mêle au cerfeuil sauvage, où l'humidité attire aussi le petit-gris, mollement cornu, bavant le long des fanes.

De temps en temps, aux barrières, chez nous toujours pivotantes grâce aux grosses pierres du contrepoids, je jette un regard sur des carrés jaune acide de colza, sur des houles vertes couchant par ondes au gré du vent les seigles, les avoines, les orges, les blés qui restent courts et ne se différencient que par des nuances dans le pers ou le cendré. Il en jaillit déjà, droit au ciel, où elles sont comme halées par un fil invisible, des alouettes ivres de ce chant que nos paysans traduisent : *Saint Pierre, tire-moi haut! Saint Pierre, tire-moi haut!* comme ils traduiront, en juin, celui du loriot : *A moi les cerises, à toi les noyaux!* Et, bien entendu, lassant l'écho s'en mêle le coucou, cet oiseau sans parents qui n'a de nom que son cri. Et bien entendu s'en mêlent aussi ces petits engins à battements qu'on dirait mécaniques : les papillons de choux, crayeux, ponctués de noir, et les petits argus bleus voletant au ras des pâquerettes à la poursuite de femelles brunâtres... Ah! Les couleurs, les senteurs croisées, les trilles, les amours, bon, ça va! Loin d'être accordés à la saison, nous la trouverions plutôt provocante.

« Je me touche les verrues! » dit l'homme de tête qui se trouve être Léo et qui vient de stopper devant un pied de chélidoine poussant dans la caillasse d'un vieux muret de soutènement, parcouru de fissures à lézards.

Léo brise des bouts de tige où perle aussitôt des

gouttes d'un suc roux et, comme je le lui ai appris, en dépose çà et là sur ses doigts qui bourgeonnent de partout. Des verrues, il en a plein les mains. Mais souvent efficace, ce remède de bonne femme ne les guérit pas toutes et surtout pas celles qu'on répute « nerveuses » si, avec leurs effets, doivent persister leurs causes.

Nous repartons. Pas de front. Chacun séparé de l'autre par une dizaine de mètres. La forêt forme maintenant devant nous une falaise de vie plus sombre, une limite assignée au domaine solaire de la plaine. Un corbeau – un jeune de l'an passé, sans doute – s'envole sans bruit d'une souche et plus loin se fait piquer dessus par trois autres : punition méritée, due au mauvais guetteur qui à notre approche n'a pas poussé le cri d'alarme. J'en connais d'autres qui sont ou se sentent coupables ! Celui qui me précède est outré de la rossée que lui a value une bêtise de ses carnes de sœurs, qui ont trouvé pratique de la lui imputer : ce n'est pas grave. Mais celle qui me suit n'a pas encore admis que je n'aie pas pu – ou pas voulu – retenir son ami jusqu'à ce qu'elle revienne de la ville. J'ai beau me dire que l'amour, ça la connaît et le désamour aussi : que s'il n'y a pas de pilule anti-sentimentale, agit le sirop du temps... J'ai beau me dire en l'observant, ma fille, qu'elle reste toujours sensuelle : dans sa démarche balancée dont se voit l'épicentre, dans la palpitation des ailes de son nez reniflant une fleur ou un plat, dans le coup de langue dont elle vous lèche un timbre, dans le frémissement de ses doigts, légèrement spatulés, faits pour apprécier un grain de peau ou d'écorce... je reste inquiet, contrit, comme si j'avais fait d'elle une veuve.

« Tiens ! Le père Narcisse ! » dit-elle derrière moi.

Le béret sur le nez, une botte d'osier sur l'épaule,

un goulot de litron dépassant de la poche de sa minable veste, vient à nous en effet ce vieux bonhomme, vannier d'occasion quand il trouve de la pratique en quelque métairie où on le nourrit, où on le couche dans le fenil jusqu'à ce qu'il ait tressé une manne ou une paire de ces paniers dont l'anse de cornouiller se calera au pli du coude de la fermière allant relever ses œufs dans les pondoirs. Rencontre inopportune! C'est un des derniers trimardeurs faisant sans cesse en été le tour du canton et disparaissant en hiver pour se terrer dans une masure qu'il loue, dit-on, à quelques lieues d'ici et où il retourne régulièrement, même aux beaux jours, errant domicilié qui touche la retraite des vieux. Rencontre inopportune, oui, que cette caricature du grand ambulant blond auquel il nous fait repenser!

Sans un salut, Narcisse nous a frôlés, empestant la sueur, la saleté, la vinasse, et je marche, songeant à *l'autre* qui fait mentir la citation : *Un nom, c'est ce qui reste bien souvent d'un être, non pas même quand il est mort, mais de son vivant.* Comme son anonymat donnait à sa présence une force aujourd'hui reportée sur son absence! Les gens du bourg, qui l'ont à peine aperçu, regrettent la notoriété qu'il donnait à leur pâté de maisons. Rassemblant le sentiment commun, c'est Adèle Berron qui m'a dit :

« Il restait caché chez vous comme le Saint-Sacrement dans le tabernacle, mais on savait qu'il était là. »

Et Vilorgey, sur le ton déçu, a bougonné en plein conseil :

« S'il nous a quittés, c'est bien de la faute aux

chats-fourrés. Ils ne pouvaient pas le laisser tranquille! »

Colportée, cette dernière phrase a servi de titre à Mme Pé dans *L'Eclaireur* – où elle assure qu'« identifié, mais interdisant la publication de son état civil, *notre* inconnu, pour le redevenir, s'est résigné à aller chercher ailleurs une autre thébaïde ». J'ai dû avouer mon ignorance à un brelan de reporters de nouveau excités. Prévenue par courtoisie et se sentant sans doute privée d'un faire-valoir, Mme Salouinet elle-même m'a déjà téléphoné quatre fois pour me demander :

« Alors, pas de nouvelles? »

Aucune. Et ma fille, à qui je n'ai pas voulu raconter d'histoires, sait aussi bien que moi que nous n'en aurons pas, que nous n'en aurons jamais. Elle sait aussi que personne, ni elle, ni moi, ni même ceux qui ont lu son dossier, étrangement incomplet, ne saurait décider de ce qu'était notre hôte. Encore moins de ce qu'il est devenu. Mais je suis à peu près sûr qu'il n'a pas réintégré son passé connu, déjà vieux de quinze ans, qu'il prolonge la partie secrète de sa vie. Et je suis tout à fait sûr que Ricat a tort : ce n'est pas un tricheur. Son aventure peut prendre bien des chemins, mais elle a, on le sent, quelque chose d'opiniâtre, d'irréversible. Il ne s'agit pas d'un être de série chez qui se serait inversé le fameux *Partir, c'est mourir un peu* de Haraucourt, devenu *Rester, c'est mourir beaucoup*. Il ne s'agit pas d'un quelconque gyrovague qui, au temps du tourisme passe-partout, limité aux congés payés, aurait refusé le reste de l'année, ouvrière ou bureaucratique, pour se jeter dans un nomadisme continu. Remplacer le mal du pays par le mal d'ailleurs devient aujourd'hui presque banal et les deux maux ne sont même plus contradictoires. J'hésite aussi à retenir ce que maître Millet appelait

247

le *suicide civil*. Le refus d'une existence enregistrée, la démission de l'espèce, le défi à la société, oui, dans une certaine mesure. Mais le fond de l'affaire, n'est-ce pas plutôt le choix d'une vie fruste, dépouillée, solitaire, anonyme, dans la fierté d'être autre, de n'appartenir qu'à soi-même et à la nature. Disons mieux : à l'église verte.

Mais à quoi bon m'interroger davantage ? Faisons bonne mesure à ce qui reste de plus émouvant chez un homme : sa part d'inexplicable. Essayons de ne pas regretter de n'avoir pu « le guérir », de ne pas être des investisseurs dépités, comme le sont tant de parents, d'amis, d'amoureux, de professeurs. Laissons-le rechercher, peut-être et peut-être pas, un éden où ne règne que l'harmonieux chacun-pour-soi des bêtes et des plantes. On sait qu'il est, aussi, assez féroce. Mais sûrement moins – et pas plus illusoire – que les programmes de bonheur qui ravagent ce monde.

Nous sommes entrés dans la hêtraie dont les premiers sujets sont badigeonnés de soleil côté sud, d'ombre côté nord. De plus grands arbres suivent qui se nourrissent de leur propre terreau, de leurs feuilles décomposées qu'ils ressuscitent en cette immense voilure de feuilles fraîches, dont la surface aérienne, additionnée, vaut cinq fois celle du sol et, d'étage en étage, d'écrans en écrans translucides, fait encore grâce d'assez de lumière à la seconde floraison : celle de l'ortie jaune, de l'arum gouet, du sceau de Salomon et de son cousin le muguet. On l'a déjà beaucoup cueilli, celui-là, et pour en remercier la forêt les saucissonneurs l'ont parsemée de papiers gras, de paquets de Gauloises vides, d'étrons d'où fusent des mouches bleues.

« J'aimerais... murmure Claire, remontée à ma droite.

– ... qu'on aille à La Marouille!» complète Léo, rétrogradant à sa hauteur.

Allons! Plus loin ce sera propre, ce sera vraiment la sylve réservée à ceux qui ont des jambes et qui ne la hantent que pour la gratuite amitié qui unit l'homme, seul animal debout, à l'arbre, qui l'est aussi, mais qui ne saurait rendre visite, qui ne peut que nous recevoir, car notre domaine à nous, c'est l'espace, quand le sien, c'est le temps. Allons! Au pied des plus grands chênes, ligneux de grande lignée, dont le père dut faire gland voilà bien trois cents ans, pullulent et copulent les menues punaises rouges qui ne vivent que trois mois. Les branches échangent des épeiches, des grives, des fauvettes; les fourrés au-dessous échangent des putois, poursuivant des mulots. N'arrêtons pas pour repérer, d'après le bourdonnement, la souche creusée où a fait ruche un essaim d'abeilles noires dont les butineuses, d'un vol sifflant, nous frôlent l'oreille. Ça pousse partout, dans ce désordre fait d'ordonnances secrètes, de rapports étroits, comme dans l'apparente immobilité d'un ralenti qui en deux jours soulève un champignon, déroule une crosse de fougère. Ça remue partout : dans la discrétion qu'enfreignent seulement parfois les grosses bêtes qui se sont laissées surprendre et fuient, cassant du bois.

Claire, à la demande de Léo, a soufflé dans le sifflet spécial, seul objet oublié dans l'appentis par celui qui est maintenant, au même titre que pour les siens et sans doute pour d'autres, notre disparu. Mais le houret, qui au début nous rejoignait pour une brève enquête du nez, cherchant dans l'air une odeur évanouie, ne répond plus depuis quinze jours. Taisons l'idée qu'on soit venu le chercher. Un garde l'a peut-être abattu. Il ne paraîtra pas en tout cas aujourd'hui plus qu'hier. Nous traversons des clairières où s'alignent des cordes de bois de chauffage, selon la coutume coupés en lune montante. Nous traversons une ormaie entièrement morte dont desquament les écorces, puis des taillis et encore des taillis, puis des halliers et encore des halliers, puis l'aunaie, parsemée de bouleaux maigres, qui précède les étangs. Et enfin, au-delà des jonchères, ceint de ses roselières, ce sera La Marouille.

La même et cependant une autre. Si la nature se recopie sans cesse, elle se redistribue et ainsi ne se répète pas vraiment. Toute saison la rhabille, privilégie des espèces dont le tour est venu de hisser leurs couleurs, mais qui, strictement réparties dans la durée, se dispersent dans le çà-et-là des hasards de la graine. Et puis ce n'est fixe ni de contenu ni d'étendue, un marais, qui en ce sens s'oppose à la forêt, jamais mouvante.

Nous nous sommes installés, sans raison, à l'endroit même d'où, voilà huit mois, nous avions vu l'inconnu surgir nu au bord de l'île. Nous braquons nos jumelles comme si elles avaient aussi le pouvoir de rapprocher le passé... Le site, sa fausse placidité, ses remuements confus, son fond sonore étouffé, ses remugles, ses vapeurs lentes se relient bien à une autre stagnance : celle de nos souvenirs. Les cannes frémissent de la pointe. Les nénuphars porte-grenouilles s'arrondissent bien à plat, reliés à leurs cordeaux que biaise la réfraction. La brume de dansants moucherons s'épaissit par endroits jusqu'à devenir nuage. Des poules d'eau gloussent, des foulques lancent leur cri aigre, tandis que s'emmêlent ces végétations gluantes qui n'ont jamais soif et tous ces minces bruits liquides, suçons de chevesnes qui mouchent, barbotis de ragondins, clapotis sur bords mous d'ondes aussi molles déclenchées par un plongeon de canard ou par sa remontée ou par le brusque coup de queue d'un gros brochet sous-marinant près de la surface.

« Tu vois la souche, Papa? » dit Claire.

Non, la souche qui *lui* servit de socle, la souche qu'une crue avait échouée au ras de l'île, les inondations de ce pluvieux hiver l'ont transportée ailleurs et peut-être même, par l'émissaire, poussée du Petit au Grand-Verzou et, de confluent en confluent, entraînée jusqu'en Loire, jusqu'en mer. Le banc de renoncules flottantes s'est déplacé, comme celui des macres, pour investir, pour enlacer un vague radeau de fagots aux trois quarts immergés. La cannetille elle-même, le tapis vert serré de l'an passé, a régressé. Un coup de vent chassant, tassant vers l'est les lenticules, a dégagé le chenal : on voit nettement dans l'eau, où se dissout de la lumière, le gué noyé, la file de rondins fichés dans la vase, dont certains manquent, alors que d'autres sont maintenant plantés de guingois. Si nous voulions pèleriner en face, nous ne le pourrions plus... Glou! Une carpe saute et retombe. Bec vide, le martin-pêcheur de service surgit, tire un trait bleu. Claire abaisse ses jumelles, passe un bras autour du cou de Léo, hésite, passe l'autre autour du mien :

« Dites-moi que nous n'avons pas rêvé », murmure-t-elle.

DU MÊME AUTEUR

IMPRIMÉ EN FRANCE PAR BRODARD ET TAUPIN
7, bd Romain-Rolland - Montrouge - Usine de La Flèche.
LIBRAIRIE GÉNÉRALE FRANÇAISE - 14, rue de l'Ancienne-Comédie - Paris.
ISBN : 2 - 253 - 03120 - 8